卢作孚

民国一代船王

莫　玉◎著

中国财政经济出版社

图书在版编目（CIP）数据

卢作孚：民国一代船王／莫玉著．—北京：中国财政经济出版社，2013.11

（中国梦系列）

ISBN 978-7-5095-4920-9

Ⅰ．①卢…　Ⅱ．①莫…　Ⅲ．①卢作孚（1893～1952）－传记　Ⅳ．①K825.38

中国版本图书馆 CIP 数据核字（2013）第 265656 号

责任编辑：潘　飞　　　文字编辑：魏　超

责任校对：新　言　　　装帧设计：张子航

中国财政经济出版社 出版

URL：http∥www.cfeph.cn

E-mail：cfeph@cfeph.cn

社址：北京市海淀区阜成路甲 28 号　邮政编码：100142

营销中心电话：010－88190406　北京财经书店电话：010－64033436

河北信德印刷有限公司　各地新华书店经销

710×1000 毫米　16 开　17.25 印张　190 千字

2014 年 1 月第 1 版　2024 年 1 月第 3 次印刷

定价：58.00 元

ISBN 978-7-5095-4920-9/K・0020

（图书出现印装问题，本社负责调换）

本社质量投诉电话：010－88190744

反盗版举报热线：88190492　88190446

前　言

新中国成立初年，毛泽东曾对黄炎培说过，在中国近代历史上，有四个人是我们万万不可忘记的，他们是：搞重工业的张之洞，搞纺织工业的张謇，搞交通运输业的卢作孚，搞化学工业的范旭东……

在这四人当中，张之洞 26 岁时考取进士第三名，成为“探花”；张謇在 1894 年考中状元；范旭东留学日本十余载，回国前任教于日本京都帝国大学；而卢作孚却只是小学毕业。是什么样的经历，让毛泽东把一个只是小学毕业的人与这些探花、状元、留洋生相提并论呢？

卢作孚小学毕业即辍学，但他坚持自学，后来当老师，做记者，成为报纸主笔，担任公职后在军阀割据的四川大刀阔斧地实行改革……这些都只是前奏。

他以一个文人的身份，在身无分文的情况下，创办了著名的民生公司。在他的领导下，民生公司的航运业务以一条70吨的小船起家，迅速壮大，不仅兼并了川江上所有的中国轮船公司，还沉重打击了外资轮船公司的嚣张气焰，以一己之力，收回了川江上的内河航运权。抗战爆发后，卢作孚更是以民生公司一家之力，完成了国民政府战略性西撤的计划，向大后方抢运大批军工企业的战略物资，为中国抗战事业做出了不可磨灭的贡献。民生公司实施的此次撤退被称为中国的“敦刻尔克大撤退”。到1949年，民生公司已拥有148艘江海轮船，投资了60多个企事业单位，成为中国最大和最有影响力的民营企业集团。

卢作孚是川江上的一代霸主，是傲视群雄的船王，是那个时代的一个传奇……

作　者

目 录

1

历史记住了这段时光——“1938大撤退”

1937年7月，中国人民的抗日战争全面爆发，中国军队在华北和华东两个方向上抵御日军的进攻。然而，敌我力量悬殊，国土一寸寸沦陷。华东地区是当时中国现代工业的集中地，华东沦陷，意味着中国近代工业将受到毁灭性打击，“抗日”将成为空谈。于是，在抗击侵略者的同时，后撤华东及各地的重要厂矿机器及战略物资，成为仅次于前线作战的第二大任务。而在撤退的最重要时期——1938年，卢作孚成为了指挥这场撤退的核心领袖。

中华危急

1937年7月至1945年8月的抗日战争，是中华民族近代史上遭遇的最大的一次民族危机。此时的中华民族已经到了生死存亡之际，千千万万华夏子孙为了国家和民族，不惜抛头颅洒热血，极尽个人之所能。在这当中，有一个叫卢作孚的四川人以一己之力，挽救中华命脉于生死存亡之际，他个人的行为，可以说事关8年抗战之成败。这卢作孚是何人？他一手创办了当时中国最大的民营轮船公司——民生公司，正是他和他的民生公司为抗战初期的大撤退做出了不可磨灭的贡献。

1937年8月13日，日军对上海发起进攻，叫嚣三个月内灭亡中国，历时三个月的“淞沪会战”爆发。整个战役期间，日军投入9个师团和2个旅团30万余人，对外宣布死伤4万余人；中国军队投入75个师和9个旅75万余人，经统计死伤30万人。这场战役是中国抗日战争中第一场重要战役，也是抗日战争中规模最大、战斗最惨烈的一场战役。战争中，中国军队付出了巨大的代价，但是仍然无法抵御日军优势兵力的进攻，上海的沦陷无可避免。

1937年11月12日，淞沪会战结束，尽管以中国的失败告终，但是却粉碎了日军三个月内灭亡中国的狂妄计划，同时也为长三角地带大批厂矿机器及战略物资内迁赢得了宝贵的时间。

以上海为核心的长三角地带集中了旧中国的核心工业，其中既包括与普通百姓生活密切相关的轻工业，也包括冶金、兵工等直接关系抗战前景的重工业。战事不利，上海及周边地区的失守成为定局。虽然中国有极大的战略纵深，可以不计一城一池的得失，但是中国的工业基础并不雄厚，一旦遭受损失就难以补充，为了抗战大计，重要的厂矿企业必须后撤。同时，许多爱国的民族资本家不甘心沦为日寇附庸，毅然决定向内地搬迁自己的厂矿企业。于是，神州大地上一边进行着的是前线惨烈的战斗，一边进行着的是后方紧张的搬迁运输。

最初的撤退目的地是武汉。武汉有九省通衢之便利，北有平汉铁路可以直达北平，南有粤汉铁路连接广州，向东则有长江干流可达上海进而出海。如果以武汉为中心继续抗战，那么不论日军在南、北、东何方发动进攻，中国军队都能够借助有利的交通快速支援前线。同时，武汉也有相当的工业基础，旧中国军队装备最多的武器之一——“汉阳造”步枪就是在武汉汉阳制造的。

武汉的重要性不言而喻，为了守住武汉，国民政府可谓是煞费苦心。先后调集约 50 个军 130 个师共 100 万余人和各型飞机 200 余架、各型舰艇及布雷小轮 40 余艘，利用大别山、鄱阳湖和长江两岸地区的有利地形，组织防御，保卫武汉。日本方面虽然先后攻陷上海和南京，但是并没有达到预期的战略目标，中国政府的抵抗依然异常顽强，同时大批厂矿企业内迁，也使得日军无法摧毁中国的工业基础。在这种情形下，进一步攻击武汉也成为日军的必然选择。

1938 年 6 月，武汉保卫战打响。尽管武汉极为重要，但是指挥不力以及军队腐败使得前线部队节节失利。以马当要塞为例，该要塞由德国军事顾问设计，建成的是一条拦河坝式的阻塞线，并在两岸山峰险要处设有炮台、碉堡等，水面布置有水雷防线，设有人工暗礁，自沉大量船只，同时配备重兵防守，耗资巨大，坚固异常。蒋介石对它寄予厚望，认为它至少能阻止日军攻势一个月。但是，战斗打响后，日军仅四天就攻下该要塞。尽管中国守军拼死抵抗，但是苦于军队指挥不力，命令前后不一，再加上日军肆意使用毒气弹，中国军队准备不足，防不胜防。马当要塞失守后，中国军队曾组织反击，然而血战十余次，却始终未能将其夺回。

随着前线不断失利，武汉也岌岌可危，集中到武汉的大批厂矿企业必须进一步后撤至重庆。当时重庆已被国民政府定为战时“陪都”，部分人员和设备已先期到达重庆。当时由武汉至重庆的陆路交通非常有限，规划中的川汉铁路始终未能建成，因而，主要的西撤路线就只剩下长江水道。

长江全长6000余公里，不同河段水文条件差异极大。以湖北宜昌为分界点，宜昌以上河段为上游，此段河流水急滩多，大船无法通行，只能靠小船实现运输。宜昌以下中下游河段适合大船航行，万吨轮可通武汉。由武汉向重庆撤退，大船最多可由武汉抵达宜昌，物资和人员再由宜昌转运至重庆。一时间，宜昌成为大撤退的关键节点。从武汉出发的大船装满物资和人员，到达宜昌后就再也无能为力。然而，宜昌并不安全，武汉距离宜昌不过300公里，日军飞机转瞬即到，随时可以对聚集在宜昌的人员和物资进行肆无忌惮的轰炸。

在宜昌中转的人员和物资必须及时抢运入川，然而，当时上游河段的运输能力却极为有限，能走上游河道的只有卢作孚民生公司的22艘轮船和2艘外轮，而民生公司单船运载能力只有200~600吨。到1938年10月武汉沦陷时，滞留在宜昌的物资还有9万余吨，人员超过3万人。按这样的运力计算，将全部物资和人员转移至重庆需要整整一年时间。

更为严峻的是，这年10月中旬以后，长江上游仅能保持40天左右的中水位，较大的轮船尚能航行，过后便是漫长的枯水期，大型设备根本无法入川。也就是说，所有的人员和物资都必须在 40 天内运走。中国薄弱的工业基础一时间命悬于这区区 40 天!

往前是滚滚江水，向后是日寇追兵，如何抢运这些物资？这副巨大的担子落在了卢作孚身上。而早在 1937 年底南京沦陷后，为了适应战时需要，国民政府再次进行了调整，于 1938 年 1 月 1 日颁发了《调整中央行政机构令》，决定行政院下设八个部，即外交、军政、财政、经济、交通、内政、教育、农林部。这年 1 月 6 日，卢作孚被任命为交通部常务次长，同时兼任军事委员会下属的水陆运输委员会主会，负责统一调度指挥长江上的一切民用船只，包括民生公司、招商局、三北公司在内的所有大大小小轮船公司的船只也都归这个委员会指挥。从 1938 年 1 月至 10 月间，卢作孚坐镇指挥完成了这场惊心动魄的大撤退。

沉船阻敌

1938 年初的一天，卢作孚正坐在民生公司位于汉口江汉路民生公司汉口分公司的办公室里有条不紊地处理大量的文件。突然间电报员手拿一份电报纸急冲冲地跑了进来，进门时连门都忘了敲，直接破门而入，大叫道：“总经理，出事了，出大事了!”电报员边说边把电报纸直接塞到卢作孚眼前。看到电报员如此不成体统的举止，卢作孚并没有像官老爷们那样训斥，他心里清楚，让电报员急成这样，看来真是出问题了。他接过电报员手中的电报纸，细细一看，他也不由得心里一惊：军委会怎么会下这么荒唐的命令！深吸一口气，他对电报员说道：“去把分公司几位负责人都叫来，我们要开紧急会议。”电报员接到命令后，立刻转身出去，不一会儿，分公司的负责人都到齐了，没有一人拖拉延误。

卢作孚也顾不得跟诸位负责人客气了，拿着手中的电报纸，说道：“这是军委会刚刚发来的命令，要求各公司的轮船都开到田家镇凿沉塞江，以此来延缓日军的进攻。”他边说边把电报纸递给离他最近的一位负责人手上，接着说：“这个命令一旦执行，先不说公司的损失，单是眼前的西撤任务就无法进行了，日军一旦攻占武汉，抗战的基础可就全丧敌手了。这个命令我们民生公司一定是不能执行的。”

“的确不能执行，能在上游运输的船只就这么多了，沉在江里根本就是在浪费宝贵的运力。”

“眼下最要紧的是抓紧时间西撤，抢运战略物资和人员，沉船能阻多少敌?”

“必须抵制这条命令，这种做法阻不了敌也抢不出物资和人员，利少弊多。”

听完各位负责人的意见，卢作孚说，“既然诸位都认为不能沉船，那么我这就去找他们撤销这道命令。眼下公司的事务有赖各位同仁了。”说完，卢作孚便匆匆离去。

很快，卢作孚就驱车来到了军委会办公地。尽管前线战事吃紧，但是军委会驻地的办公楼依旧装饰华丽，与其高高在上的权力甚是相衬。卢作孚抬头看了一眼，不由得叹了口气，迈着坚实的步伐走进大楼。

卢作孚是军事委员会下属的水陆运输委员会主会，守门的卫兵自然认得。他径直走向军委会办公室，表明来意后军委会数位委员纷纷表示，这个命令是军委会一致决定的，如果要更改，需要全体委员共同讨论。对于这一答复，卢作孚自然知其用意，他说道：“既然如此，就请诸位立即重新讨论此命令，此事涉及我水陆运输委员会，不经我会同意，此命令恕难执行！”

军委会万万没有想到卢作孚会如此强硬，竟然敢以水陆运输委员会的名义抵制军委会的命令！当时战况对我方存在诸多不利，后撤是必然选择，负责组织后撤的水陆运输委员会其地位自然非同一般。迫于无奈，军委会只得赶紧召开会议，重新讨论。

在讨论会上，卢作孚指出：长江中下游的船只，船大而马力小，在川江不便于航行，凿沉了亦无不可；但长江上游的船只，皆为船小而马力大，适合川江航行，如果全部凿沉，川江航运力量将完全被毁坏，将来何以完成撤退运输？

但是军委会发出的命令岂能轻易修改，否则他军委会威仪何在？于是就有军事要员搬出“保卫武汉”的大帽子来压卢作孚。这位军事要员以咄咄逼人的气势说道：“当前重中之重是集中全国力量保卫武汉，任何个人、任何组织都不得干扰保卫武汉的大计，破坏保卫武汉的战略部署，就是通敌！”

卢作孚拍案而起说道：“保卫武汉？敢问这位将军，你有几成把握守住武汉不丢，可否敢立下军令状？一旦武汉战况有变，又无船西撤，这责任你是否敢担！如此不计后果简直就是鼠目寸光！杀鸡取卵！饮鸩止渴！”随即拂袖而去。

卢作孚的据理力争让军委会不得不慎之又慎，在卢作孚的强烈要求下，长江上游的所有轮船最终得以保存下来。从武汉西撤的计划得以继续实施，大量物资和人员源源不断地西进。

此次沉船并非国民政府第一次实施。在抗战期间，为了能够阻止日军沿长江西进，国民政府组织了数次大规模的沉船阻敌行动。这些沉船行动在一定程度上起到了扼制日军进攻的作用，其中，最为知名的是“江阴沉船”和“马当沉船”。

“江阴沉船”是中国现代海军史上壮烈的一页，而“江阴沉船”形成的江阴堵塞线也是抗战中最大的堵塞线，像块鱼骨一样，死死卡住日本海军的喉管。

1937 年 7 月 28 日，为了阻遏日本海军从东北长驱南下长江，蒋介石在南京中山陵孝庐主持最高国防会议，决定采用“以快制快”、“制胜机先”的对策，利用日本关东军与日军其他部队的行动暂未统一的有利时机，抢在敌人大部队向长江流域发动大规模进攻之前，选定长江下游江面最狭窄的江阴水域，在江中沉船，堵塞航道，再利用海军舰艇和两岸炮火，将长江航路截断。这样，一方面可以阻止日舰沿长江西进，另一方面可以将长江中上游九江、武汉、宜昌、重庆一带的 70 艘日军舰船和 6000 多日海军陆战队队员围而歼之。

国民政府海军部长陈绍宽于 1937 年 8 月 1 日奉令构筑江阴封锁阻塞工程，当晚即率“平海”、“宁海”等中国海军主力舰艇连夜驶抵江阴备战。12 日抢干一天，即将事先驻此备用的逾龄陈旧舰艇 8 艘一一自沉于江底。它们是炮舰“大同”、“自强”、“德胜”、“威胜”、“武胜”；练习舰“通济”；鱼雷艇“辰”、“宿”；还有征用的商轮 20 艘；旋又增沉趸船 8 艘。9 月 25 日，复将陈旧的“海圻”、“海容”、“海筹”、“海琛”4 艘巡洋舰沉做辅助阻塞线。前后共沉大小舰艇、船舶 43 艘，达 63800 吨。又向各地征用民船、盐船 185 艘，装石子 3000 方填补空隙，工程浩大，构成具有国防意义的江阴阻塞线。

然而，由于汉奸间谍出卖机密情报，日本海军陆战队抢先一步，连夜东行。就在蒋介石的命令刚刚下达、封锁江阴要塞长江水面的行动即将展开之前，所有在长江中上游的日本军舰和商船于 8 月 6 日、7 日两天全部飞速驶来，冲过江阴江面，撤往长江口，日本侨民也都随船撤离，封锁江阴要塞的军事计划就这样破产了。

江阴位于长江下游，江流至此宽不到 2000 米，水深流急，地势险要，扼长江咽喉，为南京之屏障。南京国民政府战前即对江阴进行整建，总计装要塞炮 21 门。为了监视阻塞线和保卫这一国防堡垒，海军遂集中主力舰艇驻泊江阴。

然而，日军拥有绝对的海空优势，日军航母舰载机轮番袭击江阴要塞。最终，中国海军以第 1 舰队、第 2 舰队全线拼光的代价，阻遏了日军沿长江西进的企图，粉碎了日军三个月灭亡中国的迷梦，保护了长江下游军政机关、工矿企业向四川大后方的安全转移，为国民政府以空间换取时间之持久抗战的最后胜利作出了卓越的贡献。

在随后的武汉保卫战中，国民政府又在马当进行了第二次沉船，筑起了著名的“马当防线”。1937 年 12 月开始构筑，1938 年 3—6 月，再次加强马当工程。先后征用轮船 13 艘、趸船 6 艘、码头船 2 艘，共 21 艘，30207 吨，沉塞于马当江中。另外又在沉船间加构水下暗礁，设置钢丝拦江缆和钢丝浮水线，加强封锁力量。在敌机投弹、扫射下，施工人员不畏艰险，冒死抢筑，冯玉祥将军等曾来工地视察，深表嘉许。

经过两次施工，在江心建成一条拦河坝式的阻塞线，只在长江南岸留有仅可通行一条船的狭窄航道，并在两岸山峰险要处设有炮台、碉堡、战壕等工事。水面布置 3 道水雷防线，前后共布雷1500余枚，同时配置重兵防守。

由于海军已经全军覆没，此次沉船由商船完成。1937年12月20日，国民政府征集上海招商局“江裕”、“新丰”、“永胜”等商船和安庆等地趸船18艘，大小木船100余艘，载石块沉塞于马当江段。沉船时，附近江面上停满了大小船只，船上压着厚重的青石块和水泥墩，人们用碗口粗的麻绳将各种铁、木船拴在一起，然后将船底凿穿，依次沉下。为了彻底封锁江面，以后的日子，国民政府又组织人员在此抛下大量的石块，前后共进行了50多天。

由于卢作孚的据理力争和高瞻远瞩，国民政府在征集船只时对船只进行了限制：一是只征集不能进入内河行驶的大轮，如此一来就为西撤留下了宝贵的运输船只；二是尽量征集船龄较大的船，这样也就保存了一批新造的轮船。

尽管国民政府再次耗费大量人力、物力、财力来构筑马当防线，但是防线依旧没能挡住日军的进攻，到1938年10月，武汉也落入敌手。

雪中送炭

随着武汉战事吃紧，大量聚集在武汉的搬迁企业需要再一次搬迁。然而，不少企业最初的搬迁计划是到武汉为止，并没有为入川做必要的准备，此时他们多数已无力继续西迁，只能落入日寇之手。作为交通部常务次长，同时兼任军事委员会下属的水陆运输委员会主会的卢作孚对此事自然是心知肚明。当各家无力西迁的企业负责人正在为如何继续西迁忧虑时，卢作孚也在为这些企业做打算。

这天，卢作孚到国民政府行政院院长翁文灏家里商谈公务，谈话间偶遇中福煤矿总工程师孙越琦。中福煤矿公司原址在河南焦作，豫北战事吃紧，中福煤矿不甘落入日寇之手，便举全公司之力携公司诸多采煤设备南撤至武汉。然而，谁曾想武汉也是岌岌可危，不得不继续西迁，但是公司最初的打算只是撤到武汉，不曾为西迁入川做准备，此时公司已无力西迁。为此，孙越琦来找行政院院长为煤矿诸多设备求西迁之策。

卢作孚见此人甚是焦虑，便与之攀谈，谈话间卢作孚了解了中福煤矿的处境，颇为同情。两人商谈不过 5 分钟，即谈妥由民生公司负责，将中福公司的全部设备运往四川，与北碚天府煤矿公司、北川铁路公司合作，成立新的天府矿业股份有限公司。这个新公司，是战时大后方的最大的煤矿企业，后来为抗战作出了极大贡献。

上海大鑫炼铁厂也是撤到汉口后无力再搬。民生公司就将其主要设备运至重庆，与之合资经营，更名为渝鑫钢铁股份有限公司。新公司资本 50 万元，大鑫钢铁厂以西迁机器和五金原料作价 25 万元作为股本，民生公司则以运费 7 万元、现金 18 万元作为股金。

这些长江下游的民营企业，激于民族大义毅然西迁，不肯沦于敌人之手，但终究实力有限，撤退至武汉后，就没有了继续后撤的资金，更何论重建？民生公司在他们危难之际及时伸出援手，以不损害他们利益的合作方式，达成互利双赢的局面，使这些企业绝路逢生。

民生公司对这些企业只给予投资支持，作为新公司的股东，实施财务监督，而不要求经营权、不更换原任董事长和总经理。新组建的合资公司是独立企业，属于民生集团的投资企业，而不是民生集团的下属企业。民生的这种宽厚的合作姿态，在当时实属难得。

后来，渝鑫钢铁厂生产了大批钢、锡、锰铁、火砖、炭精等产品，同时还能制造大型轧钢机，成为大后方举足轻重的重工业企业。此外，还有武汉的周恒顺机器厂、常州的大成纺织厂，也都在危急时刻求助于民生公司，以同样的模式与民生公司结盟，顺利完成了重建。

与民生公司的慷慨相比，此时以“四大家族”为首的官僚资本集团却开始大发国难财。1935 年底全国官营、民营工厂资本总额中，官营部分只占 11%，然而到 1943 年，官营资本已占资本总额的 69%。从国民政府 1937 年 9 月设立工矿调整委员会起，官僚资本开始在抗战的背景下全面扩张，不断吞并民营工业，实行国家垄断。最终，国进民退，四大家族所代表的垄断官僚阶级占有了中国人民创造的大量财富。

四大家族官营工业主要有隶属于资源委员会和军政部兵工署的两大直属系统。1944 年，资源委员会下面有 105 个单位，兵工署下面有数十个单位。此外还有各省所办的官营工业，如贵州企业公司、四川川康兴业公司、湖南实业公司等。1943 年国民政府经济部的某份报告说明了官营工业的垄断地位。在国统区 3700 余家工业中，官营的 600 余家，民营的有 3100 余家。但官营的占资本总额的 69%，民营的只占 31%。

四大家族除官营工业外，还有所谓商办形式的私营工业，这类工业著名的有：以孔家为主的中国兴业公司，1939 年 7 月成立时的资本额为1200万元，到1943年增为12亿元，为后方资本额最大的公司，它共有13个厂，经营的主业是钢铁。在宋家控制下的雍兴实业股份有限公司，1940年成立，1942年5月已完成及未完成的有18个单位，其中绝大部分分布在陕西、甘肃两省，主要经营纺织业。除了资源委员会主办的各厂外，它是西北最大的垄断企业。1942年，它的已开工纱锭占大后方全部纱锭的1/4。陈家的有大华企业公司、华西建设公司、中国工矿建设公司等，都是规模很大的垄断企业。

四大家族是最大的高利贷主。根据在15个省展开的某次调查，在农民借款来源中，受四大家族操纵的银行、合作社、合作金库所占比重，1938年为26%，1940年为38%，1942年为59%，1944年为25%。1937年9月，国民政府设置了农产调整委员会作为控制和垄断农业生产的机构。抗战时期棉花、蚕丝、茶叶、猪鬃、桐油等由国民政府统购统销。在征购征借的措施下，大量的粮食纳入四大家族的直接掌控之中。四大家族还直接占有大量农村土地，陈家的华西垦殖公司、蒋经国的新赣南国民经济建设公司都是这类机构。

除了控制工矿企业以外，官僚资本还利用其掌握的政治权力大肆搜刮民脂民膏。

1938年至1944年，国民政府财政部发行内债18种，有的按法币和关金计算，有的按英镑、美元计算。总计法币151.92万亿（民国政府共发行法币总量在660万亿以上），关金100000000，英镑20000000，美元210000000。此外，还有谷麦粮食债券。除1937年的救国公债在民间“劝募”外，其余都不公开发行，而以总预约券的方式向银行抵押，再由银行垫款给国民政府。银行则利用它作为发行纸币的权力，发行不兑现的钞票。官僚资本既发了公债财，又发了法币财。

由于工业、商业发达的沿江沿海地区相继沦陷，关税、盐税、统税三税收入大为减少。国民政府便通过扩大征税范围和增加税率的办法，来弥补减少的税收。国民政府将统税扩大为货物税，形成几乎无物不税的状况。1943 年 10 月开征食盐附加税，开始每斤征 3 元，到 1945 年 1 月增至 60 元。由于通货膨胀，从 1941 年下半年起，实行田赋征实，按田赋的正税和附加税的税额，每元折征稻谷 2 市斗，1942 年增至 4 市斗。从 1942 年起普遍实行粮食随赋征购，征购价格远低于市价，而且多数不付现款，只付粮食库券或法币储蓄券。1943 年普遍实行粮食征借，既不付利息，还本也只是空话。从 1941 年起到 1945 年 6 月，国民政府通过“三征”，共实收稻谷和小麦 2.4 亿多担。这是对广大农民最直接最厉害的掠夺。

抗战开始后四个月，国民政府决定用增发纸币的办法弥补财政赤字。法币发行额，据官方公布的数字，1937 年底为 16 亿元。1945 年底为 10319 亿元。8 年中增加了 738 倍。实际上还不止此数。滥发钞票使四大家族的财富迅速集中，而广大人民则越来越贫困。

国民政府从 1938 年 3 月起实行外汇管制。从此，官价外汇被垄断，黑市交易随之而起。伴随法币的贬值，官价与黑市价之间的差额越来越大。抗战期间，外汇中美元与法币的兑换率一直是 1：20，而黑市 1943 年 12 月为 1：85.4，1944 年 12 月为 1：542.2。四大家族利用特权，以官价买进大量外汇和黄金，以黑市价格抛出，转手之间，牟取暴利。

1941 年 4 月，国民政府成立专卖事业管理局。从次年初开始，先后对食盐、糖、卷烟、火柴、茶叶、酒等六类物品实行专卖。这一制度，使国民政府收入大增。增收数额，1942 年为 4.78 亿元，1943 年为 17.47 亿元，1944 年为 18 亿元左右。这一制度大大加重了人民的负担。国民党官员和有关机构乘机营私舞弊，套取专卖品转投黑市，从中牟取暴利。

1937 年 9 月，在国民政府之下成立贸易委员会，该会下设复兴公司、富华公司、中国茶叶公司三大公司，对国统区的丝、茶、桐油、猪鬃等主要出口物资，实行统购统销。钨、锑、锡、汞等主要出口矿产品，则由资源委员会统购统销。1942 年 2 月，成立物资局，对棉纱实行统购。在统购统销政策下，国民政府实行低价强购，利用买卖之间的差价获取重利。以桐油为例，1942 年收购价比内销市场价每担差 100 元，1943 年差 1100 元。

官僚资本在抗战期间的种种作为让人甚是不齿，面对国家和民族危机，他们非但没有伸出援手救助陷于困境的民营资本，还落井下石，伺机大肆吞并、侵占民营资本。卢作孚作为一个民族资本家，国难当头不以利为先，处处考虑国家长久大计，极尽个人之所能，帮助一大批遭遇危机的民营企业渡过难关。这样的气魄和胸襟才是中华民族真正的风骨。

战事又起

1938 年 6 月，日军开始进攻武汉，历时四月有余的武汉保卫战开始了。此次战役横跨安徽省、河南省、江西省及湖北省，沿长江两岸进行，是整个抗日战争中历时最长、规模最大和最有名的战役。

超过100万名国民党军队在蒋介石的领导下防守武汉，以抗击由畑俊六指挥的日军，战场在长江南岸北岸，江北战场划归第五战区由李宗仁指挥，下辖23个军，主力部署北起大别山以北，蜿蜒而下止于长江北岸，江南战场由武汉卫戍总司令兼新成立的第九战区司令陈诚指挥，辖27个军，主力部署于武汉以东长江南岸，跨湖北、江西、安徽三省，战线长达400余公里，南北两军共117个师，总兵力达110万人。

由于中国军队的顽强抗击，日本动用了当时能够集结的最大兵力（用于进攻的编制人员约25万人，会战期间曾补充四、五次人员，投入的总兵力当在30万人左右），占据陆、海、空装备上的绝对优势，苦战四个半月，不但没有歼灭中国军队的主力部队，更没有使中国军队的抗战意志和战斗力有所减退，反而使日军的有生力量遭到了严重的打击。据日军发表的统计资料，第11军伤亡21886人，第2军伤亡9600人，连同海军及陆海航空兵的伤亡人数，总计约3.55万人。

会战期间，在江西省德安城西北20余公里的万家岭，中国军队取得了平型关大捷和台儿庄大捷之后的又一次大捷——万家岭大捷。1938年10月，中国军队在抗日名将薛岳的指挥下，巧设“口袋阵”，在万家岭歼灭侵华日军106师团1万余人，只有约1700人逃窜。1938年10月13日，中国军队撤出战场。此次战役是抗战以来第一次全歼整个日本师团的大捷。

中国军人在万家岭战役中为救国难不畏强暴，表现出虽死犹战的顽强战斗精神，用生命和忠诚铸成了不朽的丰碑，将千秋万载永远耸立在人们的心中。万家岭大捷与台儿庄大捷齐名，是抗战中中国军队大获全胜的著名战例，此次战役再次表现了中华民族敢和敌人血战到底的气概。

武汉会战以后，本来就感兵力不足的日军，随着战线的拉长，兵力越发感到不足，无力进行大规模的、以攻城掠地为目标的战略进攻，而被迫转为战略防守。这就使中国的抗战由战略防御阶段发展为战略相持阶段，日本侵略军则陷入了它自身所最不愿意遇见的持久战的泥沼之中，无法自拔，从而导致日本侵华政策的转变：由军事打击为主、政治诱降为辅，改为以政治诱降为主、军事打击为辅；由以主要兵力进行正面战场的作战，改为转移兵力进行敌后战场的“治安”作战。

飞抵宜昌

宜昌市位于长江北岸、三峡东口，它“上控巴蜀，下扼荆襄”，自古以来号称“川鄂咽喉，西南门户”，交通、军事地位十分显要。三国时期，宜昌周边就多次爆发大规模战争。

武汉沦陷前两天，卢作孚飞赴宜昌。到达宜昌上空之后，卢作孚并没有要求飞机即刻着陆，他在宜昌上空仔细观察情况。公路上挤满了连绵不绝的难民和溃兵，一眼望去不见尽头；不计其数的物资从港口一带延伸出来，地面堆得密密麻麻。

下飞机以后，卢作孚一刻不停地直奔民生公司设在宜昌的办公室。尽管他焦急万分，却寸步难行，小城里的情况远比他在空中看到的更加混乱，能住人的房子都住进了人，找不到住处的人只好在街边露宿，大量物资器材找不到仓库存放，只能临时堆在路边，空气里满是嘈杂的人声和器材散发的难闻的气味。

越是接近民生公司在宜昌的办公室，路越是难走，经过询问得知，原来这些人都是要到民生公司买入川的船票的，但是一票难求，许多人已经是连续数天在此等待了。这些情况让卢作孚不由得皱起眉头。最终，经过一番努力，卢作孚等人总算到了办公室。然而到了办公室之后，他见到的并不是因为卖船票而紧张忙碌的公司员工，反而是众多气势汹汹的外人。这些人单看着装就知道都是有身份和地位的人，甚至还有几位带枪的军官。公司的员工不是在卖船票，而是在好言伺候这些人。

卢作孚的到来并没有引起太多人的注意，这些人依旧气势汹汹地要求民生公司员工赶紧给他们安排船只，一个个口口声声说道，耽误了他们的运输，就是涉嫌妨碍抗战大计！大帽子一顶接着一顶地压下来，公司的员工一个个无计可施。

这时，有公司的员工认出了刚进来的人是卢作孚，马上兴奋地喊道："总经理到了！"随着这一声大喊，前来要船的诸位大员也不再跟公司的员工多说，直接蜂拥而上，眨眼间卢作孚就被围在了中间，各人纷纷自报来头，这是某某公司派来要船的，这是某某部门派来要船的，这是某某部队派来要船的……来头一个比一个大。卢作孚却不管他们说些什么，也不等他们说完，高声说道："现在请你们立即从这里出去！"

卢作孚这一举动着实令众人意外，他一个轮船公司的老总居然敢命令这些大员们出去？真是岂有此理！

当即就有脾气暴躁的军官大骂道："你是什么东西，敢这么跟老子说话！信不信我一枪崩了你！"

"本人卢作孚，民生公司总经理，交通部常务次长，兼水陆运输委员会主会。你这枪崩不了我，还是留着打鬼子吧！现在我有资格命令你们出去了吗?”

众人一听更是意外，他们万万没有想到已经把官做到这么高位置的民生公司总经理会亲自到宜昌这个小地方来。一干人等不由得惊呆无语了。那位声言要一枪崩了卢作孚的军官更是惊出一身冷汗，卢作孚的官位可比他大太多了，他这是以下乱上啊。

卢作孚看众人不再喧闹，用平静的语调说道：“好了，诸位请先回去，运输的事请相信我卢某人，我一定会给诸位一个满意的答复。”最早反应过来的人急忙接话：“是是，有卢先生这句话我们就都放心了，我们这就回去等卢先生的安排。”其余诸人也赶紧附和表示要回去等安排，唯有那个出言不逊的军官还呆呆地不敢动弹，卢作孚看出了他的心思，和颜悦色地说道：“你也赶紧回去等消息吧，特殊时期一时冲动在所难免，都能理解。”

“是是是，卢先生说的是，我这就走，这就走。”听了卢作孚的安抚，这个军官才匆匆忙忙地离去。

支走了挤在公司的众人之后，卢作孚真正的挑战才算开始，他要如何在 40 天内完成一年才能完成的任务?

要想完成这个艰巨的任务，首先要弄清楚需要运送的到底都有什么，只有根据具体运输对象来确定运输方法，才有可能完成这任务。如果不加区分地统一对待，即使天神下凡也是徒劳。

根据统计，沿江至少堆积了 9 万吨以上的物资，装箱的只有极少数，绝大多数无遮无盖地、杂乱地堆放在江边的荒地上，互相挤压，日晒雨淋，有些都已生锈。其中有汽油、炸弹、炸药等军用物资，据说还有故宫文物。另外，就是 3 万多等待入川的人员和难民。

这些物资涉及中国兵器工业、航空工业、各类机器工业和轻工业等当时中国全部的工业家底。这些都是中国工业的命脉，不论是对抗战前线的支援还是战后的重建，都离不开这些宝贵的工业基础。

众多人员中不乏各界名流。当时叶圣陶曾在宜昌等船7天。老舍也在自传中说，在宜昌一等一星期，好不容易在“民生”做事多年的朋友的帮助下，买到甲板上的铺位，“仿佛全宜昌的人都上了船似的，不要说甲板上，连烟囱上面还有几十个难童呢。开饭，昼夜的开饭。茶役端着饭穿梭似地走……”三峡的风景根本看不到，只看到攒动的人头。

分段运输

把物资和人员的情况梳理清楚之后，接下来卢作孚就召集各轮船公司负责人和轮船的驾引人员、宜昌港内的技术人员，彻夜开会，商讨紧急运输方案。

讨论会就在民生公司在宜昌的办公室里召开，没有政府大员的排场，会议直奔主题。在运输方案讨论会上，卢作孚以政府方面负责人的身份请各家轮船公司负责人提出具体的运输方案。然而讨论的结果是：以眼前的运力根本不可能完成这个任务。当前能够调用的轮船只有民生公司的22艘船以及另外2艘挂法国国旗的中国船，剩下的都是木船，数量很大，达到两千多艘，但是运力小，速度慢，难以承担这种运输任务。

看着会上参会人员的种种无奈，卢作孚说道：“诸位，民生公司在枯水期也不停船想必大家都知道，但是这其中的道理不知哪位清楚？”

卢作孚抛出这个问题，在场的众多轮船公司负责人都无言以对。他们心里都清楚，当枯水期各家轮船公司都停航歇业的时候，他们民生公司却有能力在枯水期也维持一定的运力，这其中肯定是有秘密的，这种商业机密岂是竞争对手可以轻易知晓的？

见在场众人都不作声，卢作孚继续说道：“其实我们民生公司的方法很简单，四个字：分段运输。”

“分段运输？”在场人员听后，还是一头雾水：怎么分段？

卢作孚接着说：“分段运输最适合长江枯水期。长江中上游河道情况复杂，如果用同一艘船直接从重庆到宜昌，时间长不说，很多船根本就无法向上到重庆。采用分段运输就是用不同的船在不同的河段航行，在中间设立中转站数个，一艘船仅负责一段的运输而非全程，如此一来可根据船只情况充分利用不同河道，实现最大运力。当前枯水期未至，但是我们也将采用分段运输的方法，此次运输分为三段：宜昌到三斗坪一带为第一段，三斗坪到万县一带为第二段，万县到重庆为第三段。此次分段还要依物资和人员的重要程度而定，最为紧要笨重的物资可由宜昌直达重庆，次等紧要的物资到万县为止，再次一等的物资和人到三斗坪一带。所有物资抢运出宜昌后再分批运至重庆。”

卢作孚的一席话听得在座各位豁然开朗，原来民生公司采用的是这等灵活方便的运输方法，无怪乎“民生”能有今天之规模。按照当时的情况，轮船从宜昌至重庆，去时溯江而上，要走 4 天，返回顺江而下需 2 天，来回一趟共 6 天。将整个运输划分为三段航行之后则可以大幅缩短每艘船单程的航行时间。每艘船以吃水深度、马力大小为基本依据，用一部分船只先运货物至三斗坪，当即返回，再由公司调船运至万县或直运重庆；对重要物资和大型货物则由宜昌直接运至重庆，并在重庆满载出川抗日的士兵，再顺江而下。

知晓了民生公司运输秘密的各轮船公司负责人无不表示赞同。照此方法运输，轮船往返时间势必大幅缩短，同时各种轮船都能得以充分使用，作为中转站的三斗坪和万县一带地处西南腹地，一来物资人员分散，日军无法集中进行轰炸，二来地势险要易守难攻，日军地面部队开展进攻无异于自寻死路。如此一来这分段运输法简直就是万全之策。

运输方案既然已经确定，接下来就是实施运输。根据运输要求，各个需要参与运输的单位根据己方物资情况，将物资按重要性依次分类，先集中运输重要物资。

由于长江三峡多激流险滩，要避开激流险滩保证船只安全，船只就只能在白天航行，在夜间无法航行。为了能够充分利用每一分钟，卢作孚决定让所有船只都在夜间装卸货物，充分利用白天的宝贵时间航行。一时间，混乱不堪的码头变得井井有条起来，多达三千人的装卸工人在统一的指挥调度下，有条不紊地将各种货物进行装卸。于是，人们就看到了这样的场景："每晨宜昌总得开出五只、六只、七只轮船，下午总得有几只轮船回来，当轮船刚要抵达码头的时候，舱口盖子早已揭开，窗门早已拉开，起重机的长臂，早已举起，两岸的器材，早已装在驳船上，拖头已靠近驳船。轮船刚抛了锚，驳船即已被拖到轮船边，开始紧张地装货了。两岸照耀着下货的灯光，船上照耀着装货的灯光，彻底映在江上。岸上每数人或数十人一队，抬着沉重的机器，不断歌唱；拖头往来的汽笛，不断鸣叫；轮船上起重机的牙齿不断呼号，配合成了一支极其悲壮的交响曲，写出了中国人动员起来反抗敌人的力量。”这是卢作孚本人在《一桩惨淡经营的事业》中的深情回忆。12 年后他在民生公司业务会议上回想起人声、汽笛声、机器运转声交融的这一幕，依然十分激动。

为了能够及时高效地调度使用船只，卢作孚亲自审阅和批示所有与航运相关的电文。那时民生公司设在宜昌的办公室里有 24 小时不停机的发报机，时刻接收来自各个方面的电文。海量的信息通过电报机嘀嘀嗒嗒地传到宜昌，又从宜昌传出一条条卢作孚亲自批复的命令。堆到卢作孚案头的电文最多时可达一尺多厚，普通人单是看上一遍就得花费极大的精力，卢作孚不仅要看，还要一一批示回复，而且时间紧迫，不容耽搁。整个撤退结束后，卢作孚明显消瘦了，发亮的眼睛露出了疲惫，不久后大病一场。他的辛苦绝非常人所能体会和背负。

在抢运期间，卢作孚不仅关心运输进度，也十分关心码头上的装卸工人。处理完白天的工作，他时常拖着疲惫的身体到码头巡视，慰问辛劳作业的码头工人。虽然他身兼交通部次长等政府要职，但是却没有一点官老爷的做派，在码头对装卸工人和船员嘘寒问暖，工人和船员深为感动，干劲愈加充足。

据说一天晚上，卢作孚处理完白天的工作后，照例到码头上巡视指导运输工作。这时正巧有一个报关行的经理人打扮的人在场，这人一身西装革履，脚下皮鞋一尘不染，与码头上满身污渍的装卸工人格格不入。当他看到一个貌不惊人，身穿粗布衣的小个子操着四川口音发号施令指挥装卸时，他心中甚是疑惑：这是何人，敢在此处发号施令？于是就上前质问：“喂，贵姓？”卢作孚随口答道：“卢作孚。”那人大吃一惊，连声说：“哦哦，你就是卢次长，你就是卢次长！”他难以掩饰尴尬，边说边退，眨眼之间就挤进人群里不见了。

最终，经过40天的紧张运输，以民生公司为核心执行团队的抢运任务基本完成，民生公司担负了超过90%的运输量，40天内运走了全部人员和重要物资。又过了20天，当长江水位降到没法组织大规模运输时，沿江剩下的只是一些零零星星的废铁。

有关资料显示，到宜昌沦陷前，民生公司运送部队、伤兵、难民等各类人员总计150余万人，货物100余万吨，其中包括2万吨空军器材和广东炮厂的物资。

从宜昌大撤退抢运出的部分单位有：兵工署22厂、23厂、24厂、25厂、金陵兵工厂、兵工署陕西厂、兵工署河南巩县分厂、兵工署河南汴州厂、湘桂兵工厂、南昌飞机厂、宜昌航空站、航委会无线电厂、航委会安庆站、扬州航空站、钢铁迁建委员会、上海钢厂、大鑫钢铁厂、周恒顺机器厂、天元电化厂、新民机器厂、中福煤矿、大成纺织厂、武汉被服厂、武昌制呢厂、武汉纱厂等，还有国民政府机关、科研机构以及大量的学校设备、珍贵历史文物等。

在撤退人员中，还包括大量因战争失去家人的难童。1938年3月10日，战时儿童保育院在兵荒马乱的汉口成立后，先后共收容了16000多个来自战区的流离失所的难童。随着武汉会战的失利，撤离这些难童也成为了一项重要的任务。紧要关头，宋美龄、邓颖超联合社会各界妇女发出“欲救中国，必先救儿童”的呼吁。在二人的努力下，大量难童开始从武汉撤退到宜昌。对于从武汉转运来的难童，卢作孚第一时间进行了安置。

当第一艘满载着物资和人员的轮船启航，开出宜昌港时，几百名难童在卢作孚的亲自护送下第一批上船。对这些难童，卢作孚一概免票。登船以后，孩子们扒在栏杆上放声高歌，他们摇着小手向卢作孚告别的情景，令岸边观者无不为之感动。

后来，有人曾对此评述道：“那些抢运入川的物资，很快被用来在西南建立起一系列新的工业区，尤为重要的是，以重庆为中心的兵工、炼钢等行业，构成抗战时期中国的工业命脉。正是这些撤退运输到大后方的工矿企业成为抗战的坚强后盾，生产出大批枪炮，为前线的将士们提供了源源不断的杀敌武器，为战争的最后胜利提供了有力的保证。”

公司账目

随着大撤退接近尾声，有人开始怀疑卢作孚的用心了：他的民生公司几乎独揽西撤任务，这一个多月下来，他得赚多少钱？在外界怀疑卢作孚趁机发国难财的同时，民生公司内部却在评估西撤期间的损失。难道说他卢作孚没有赚到钱？真会有人做赔本的买卖？

事实上，在西撤期间，卢作孚的民生公司可以说是损失惨重。当时外国轮船公司由鄂入川的费用每吨需要 300—400 元，维持这个收费标准才能实现稳定的盈利。然而在西撤的特殊时刻，许多公司根本无力担负如此高昂的运输费用。而且外国轮船公司为了保持“中立”，不敢运输中国物资。其他中国轮船公司运力太小，根本无法承担这样的任务。此时，卢作孚的民生公司成了西撤的绝对垄断者，他完全可以以垄断者的身份确定价格，如果不通过民生公司运到四川，就只能沦为日军的战利品。

然而，让很多人意外的是，他卢作孚非但没有借机涨价反而降价。当聚集在宜昌等待船只撤退的人们看到民生公司公布的运输价格时，一个个欣喜若狂，这价格居然比正常年月的价格还要低！卢作孚收取的费用极为低廉，兵工器材每吨只收30—37元，其他公物40元，民间器材也只收每吨60—80元。这样的价格不要说赚钱，连公司的运营成本都不够。仅1939年，民生公司航业部分的损失就高达400万元。

宜昌大撤退后，民生公司的船仍在抢运物资，作出了极大贡献。整个抗战期间，民生船只运送出川的军队共计270.5万人，武器弹药等30多万吨。卢作孚不顾危险，常常亲临现场。1939年以来，民生有9艘轮船被炸沉、6艘被炸坏，包括最大的“民元轮”。此外，政府征用用于阻塞水道5艘，损失2028吨；自行凿沉和敌机炸毁等16艘，损失11460吨；军工运输受损失5艘，损失4188吨；被日寇劫持5艘，损失2662吨，这还不含趸船和驳船，仅损失的轮船就有20338吨，船员共牺牲117人，伤残76人。

1941年8月22日，“民俗号”从巴东运送伤兵和旅客时遭遇7架敌机的轰炸，船被炸沉，船员死亡70人（其他乘客死亡180人）。民生员工在这次轰炸中的表现，更是惊心动魄、可歌可泣，民生档案中保存了一份《通、俗等轮被炸经过报告》：

加油工人邱宝定在机舱值班工作时，弹片穿破腹部，流血不止，叫他赶快离去，他却回答：“死就死吧，绝不能走！”仍扪腹忍痛工作，毫无畏怯，竟与船舶共存亡。船将倾倒，机舱人员尚望开车挽救，然而机器已被炸停，可是全体值班人员均未离去，仍照常工作。加油杨培之，看炉工罗绍修等，均随同船舶被炸沉而英勇殉职。水手长龙海云，当船将倾覆沉没时，仍屹立船头，继续工作，努力挽救船舶。船长数次催其逃生，他却慨然回答：“船长不走，我怎能离去！”船又一次被炸时，龙海云腹部中弹牺牲。三引水王炳荣奉船长之命执舵被炸伤，船长改命徐鸿章执舵，叫王速离船逃生，但王仍坚守岗位不肯离去，后随船沉没殉职。大副李晖汉，当船被炸沉时，他急赴驾驶室将航行日记簿、船舶证书及其他重要文件抱于怀中，忽一弹片飞来，削去嘴脸，即倒于血泊中牺牲。报务员陈志昌，当船被炸沉时，已不能再发电报，但仍保护着电报机而不离去，终被炸死殉职。护航组长申志成，茶房头脑唐泽民、袁文彬，当敌机临空投弹扫射时，乘客骚乱，他们却不顾个人安危，冒着枪弹，照样维持秩序，企图保持船身平稳，但敌机不断地轰炸，扫射，弹如雨下，袁、申被炸惨死，唐被炸断其臂，昏倒于血泊中，英勇牺牲。船沉没后，幸存水手辜华山，仍不顾个人安危，急泅水至岸，抢推木划筏，在惊涛骇浪中救起伤兵和旅客数十人。其余未被炸死的船员均积极抢救浮于江上呼救之客人。

面对这样巨大的损失，卢作孚对公司员工说：“我们要以事业报效国家，我们要以身尽瘁事业。我们虽然不能到前方去执干戈以卫社稷，拿起武器打敌人，当就本身职责，努力去做一员战士，以增强抗战力量。”

卢作孚是商人，但是此时的卢作孚并没有从一个商家的角度去看待这场撤退，而是把自己当作了一名抗击外敌、保卫家园的战士。他的所为与生意无关，是一种纯粹的爱国举动。

据经济部调查，在这40天里抢运进川的兵工厂和民营企业的机器设备，每月仅手榴弹就可以造30万枚，迫击炮弹7万枚，飞机炸弹6千枚，十字镐20多万把。

1939年元旦，国民政府授予卢作孚“杰出服务勋章”，以示表彰。1939年2月7日，国民政府军事委员会传令嘉奖参与宜昌大撤退的轮船。1940年10月再次嘉奖民生公司。徐盈在1948年出版的《当代中国实业人物志》中说：“没有卢作孚，（就）没有民生公司，没有民生公司，（就）没有它在抗日战争中的种种牺牲和创造。”

“基督将军”冯玉祥称民生公司是“爱国的公司”，1943年7月6日给卢作孚写信称他是“最爱国的，也是最有作为的人”，“贵公司人才之多，事业之大，有功于抗战，均为其他公司所少有，敬佩万分”。

这些荣誉和功绩正是对“民生精神”最好的赞扬，其中包含了敬业、无私和牺牲的精神，包含了员工之间相互信赖和团结的精神，这一切比任何有形的规章、资本都来得可贵。他们不是职业军人，只是一家民营轮船公司的员工，他们在面临国之大义时的慷慨从容却一点也不让于浴血战场的将士。

卢作孚说：“公司的基础不是在百余万资本上，几桩事业上，几十只轮船上，乃在这种精神上。”“民生精神”是他在1933年正式提出的，他在纪念民生公司10周年时又进行过解释：“我所见着的还在这些事业的背后，在撑持这些事业的险阻艰难者，为了事业忘却了自己，为了增加事业的成功，忍受个人的困苦。如果整个公司的人有这一种精神，就可以建设一桩强固的事业；如果整个民族有这一种精神，就可建设一个强固的国家。”

一个有着如此丰功伟绩的卢作孚，他到底是一个什么样的人？

2

穷人的孩子早当家——励志成长

卢作孚身为一代船王，在一定程度上甚至可以说影响了整个国家的发展。那么，他到底是什么出身呢？是官宦人家，还是王公贵族？是书香门第，又或是富商巨贾？都不是，他出身于一个再普通不过的平凡农家。

卢作孚出生的那个时代是中国即将发生天翻地覆大变革的时代，一切变革都在酝酿之中。封建王朝此时已经走到了终点，大清的皇帝和臣子们还在苦苦支撑，试图让自己的末日晚一点到来。

对内，清王朝经过十余年的挣扎，总算平定了太平天国的起义。而以孙中山为首的革命党则伺机而动，随时准备打击清廷，各地以推翻清廷皇权为目的的起义接连不断发生。对外，面对列强的打击清廷无力招架，不断割地赔款开放通商口岸，就连近邻日本都在不断挑战清廷的权威。

出生在这个时代的人无论如何都不能无视自己对国家和民族的责任，这是一个面临亡国灭种危机的时代。所以，卢作孚也将面临如何对待国家和民族的问题，是为国家和民族耗尽心血，还是彻底脱离这个国家和民族，归附强敌？卢作孚作出了自己的选择。

贫苦出身

卢作孚生于1893年，祖上都是贫苦农民。

卢作孚祖籍在当时的四川省合川县肖家场（今为重庆市下辖合川市的肖家镇）。这个地方距离县城合川有十几公里，就当时的交通条件而言，十几公里可以说是相当远的一段距离，甚至许多人一生都没有机会走过这段十几公里的路程。卢作孚的祖父卢仲义就生活在这个地方。尽管这里是他的祖籍地，但是他在这里却一无所有，没有农田，没有农具，没有牲畜，唯一能做的就是给地主家当长工。为了自己的家人，卢仲义拼命干活。然而他的辛劳并没有给他换来什么回报，全家人依然是食不果腹、衣不遮体，甚至在他死后家里连一块可以安葬他的土地都没有。最终，经过家人的苦苦哀求，一个地主给了卢家一小块“牛滚凼”地（四川方言，牛洗澡喝水的洼地），才勉强将老人安葬。

卢作孚的父亲卢茂林延续着上一代的艰辛。他五六岁就开始给地主家放牛，风里来雨里去，不敢有半点耽搁，晚了牛吃草少了牛喝水，等着他的不是受骂就是挨打。地主把账算得很清楚，死了一头牛那就是不小的一笔银子；而这么一个小孩，活着不能卖钱，死了不能吃肉，还得整天供他吃喝，实在不划算。

面对残酷的现实，卢茂林并没有屈服于自己的命运。终于，有一天，他愤然展开反抗。这天，地主家的小少爷又拿着皮鞭来欺负卢茂林。在这位小少爷眼中，欺负卢茂林似乎是天经地义的事。这小少爷常常无故辱骂、鞭打、侮辱卢茂林。卢茂林迫于无奈，只能强忍。这大户人家有钱有粮，得罪了他们，那就得忍饥挨饿，甚至性命不保，于是，卢茂林经常满身伤痕。这一次，当小少爷的皮鞭再次甩向卢茂林时，他不再像以往那样忍受，而是夺过那小少爷手中的皮鞭，狠狠地把这小少爷抽了一顿。这次小小的反抗，彻底改变了他和他后人的命运。

闯下如此大祸的卢茂林在当地再无容身之地，地主家无论如何也不会放过他的。卢茂林唯一的选择就是逃到合川县城去，地主家势虽大，却也不敢在县城肆意妄为。卢茂林的母亲含泪匆匆送走了自己的儿子，她唯一能给儿子的就是家里仅有的 24 个小钱（清朝的铜制钱，价值极低）。带着这点微不足道的盘缠，卢茂林开始闯荡新的生活。

到了合川县城以后，无处可去的卢茂林成了流浪儿，露宿街头，形同乞丐，情形凄惨无比。幸运的是，卢茂林遇到了一位赏识他的裁缝店老板，这位老板看出了他的机灵懂事，就收留他做了店里的伙计，后来又收他做了学徒。至此，卢茂林总算有了栖身之地。

旧时小店铺的学徒，在学手艺之余，要包揽下师傅家里的所有杂活儿。卢茂林从早上睁眼一直忙到深夜，所得报酬仅够饭钱。这样昏天黑地的日子，一过就是几年。少年卢茂林也渐渐长大，成了一个很有主见的青年，开始思考起前途的问题来。如此苟且下去，何日是个尽头？他决意另谋生路。

卢茂林虽然目不识丁，但是他却有自己的主意，他要掌握自己的命运。当时，距合川几百里之外的隆昌、荣昌两县盛产麻布。这种麻布是以苎麻纺织而成，布料细而薄，呈白色，俗称“细麻布”，因为它是做夏季长衫的专用布料，所以又称“夏布”。这种布料，在当年誉满全川，后来经过不断的工艺改进，美誉延续至今。那时，合川人要用这种布，就只能依靠商人从两县贩运回来。合川与隆昌、荣昌之间那时没有公路，只有一条崎岖山路可通行，麻布商人进货，要雇挑夫来搬运。

青年卢茂林有的是力气，他经过思考，毅然离开裁缝店去做了挑夫。干挑夫这活儿，需要翻山越岭、晓行夜宿，也相当辛苦，但只要肯下力，省吃俭用，总还能攒下几个小钱。

日久天长，他渐渐摸清了贩运麻布的路数，开始在这个行当里做起了小本经营。他发现：商人包装布匹用的粗麻布，运回合川的店铺后，一般就被当成了废品。他做买卖的第一步，就是想办法变废为宝，用很低的价钱收购这些无用的粗麻布，细致地洗一洗、熨一熨，再卖给那些买不起细麻布的贫苦人家。

这样得了一点点微利之后，手头的钱便又宽松了不少，他就在给人挑麻布时，自己也捎带从批发商那里买一点麻布，回来后卖给邻居，价钱比市面上要便宜得多。

薄利多销的策略，在卢茂林这里大获成功。久而久之，他不再做“棒棒军”（重庆流行俗语，意指挑夫）了，干脆做起了麻布小贩，自己进货，自己挑回来卖。

卢茂林的经营之道，是中国传统式的“童叟无欺”，讲究诚实、忠厚、公道。渐渐地，他在合川全县都有了知名度，街坊和乡亲们都亲切地称他为“卢麻布”。

随着卢茂林的营生有了起色，卢家的境况也较上一代有了不小的改变，不过依然还在社会最底层苦苦挣扎，一家人只能住在租来的一处阴暗狭窄、残破不堪的房子里。

卢茂林有六个子女，其中五个是男孩，最小的一个是女孩。卢作孚排行第二，最初的名字叫卢魁先。穷人的孩子早当家，卢作孚从幼年时起，就养成了勤劳、孝顺的好品质。父亲常年在外做小生意，他小小年纪就分担了一部分家务，帮助母亲砍柴、担水、抹桌扫地、照管弟弟，是一个很懂得体贴父母的孩子。

穷人家的艰难生计，没有亲身的经历，是很难想象的。卢家日常的伙食十分素淡，只有当卢茂林从隆昌担麻布到家后，妻子才做一点稍有油荤的菜。年幼的卢作孚，很懂得体贴父亲的辛苦，每逢这时就躲到一边去，照旧是咸菜下饭，决不上桌跟父亲一起吃。

每当看见父亲因挑重担而起了厚茧的那副肩膀，幼年卢作孚就会悄悄流泪，暗自盼望赶快长大，能早些为父母分忧。

卢作孚自小就有极强的道德自律，他性格和善，与兄弟、邻里都能和睦相处，遇事宁肯亏自己，也不亏别人。同时，他还养成了极为节俭的习惯，从不向父母索取任何东西。卢作孚懂事以后，就有很强的求知欲，凡事总要刨根问底。看见别家的孩子提着书篮去上学，他不禁无限向往。

卢茂林看出了孩子的愿望，在心里不知盘算了多少回。他本人大字不识一个，也不会算数，在贩运麻布的时候，因为是文盲不知上过多少当。这个川中汉子知道一个朴素的道理：要想孩子们有出息，就一定要送他们去上学。

于是，在卢茂林的努力下，他的孩子终于有机会走进学堂。

初入学堂

卢作孚的求学路可以说是充满了艰辛，谁能想象这个当过教书先生，做过报纸主笔的船王居然只是小学毕业！

1899年，6岁的卢作孚进入私塾接受启蒙教育。带着对知识的渴望，卢作孚满怀激情地投入到了全新的学校生活。卢作孚所在的这家私塾是一所由宗族捐钱办的塾馆，专为本乡本族的贫寒子弟而设。这里的教育水准一般，主要目的无非是要让贫寒子弟认识一些常见字，算得了一些简单账目，能应付日常生活之需足矣。教书先生也没有想过要培养一位多么伟大的人物出来。因而所开设课程也是旧时最常见的内容，从《三字经》、《百家姓》、《千字文》读起，而后是《四书》、《五经》，最后训练做八股文。

对于很多孩子来说，这样的内容实在是枯燥无聊，从众多描写那个时期私塾的文学作品中，我们就能略知一二。不过卢作孚却是个例外，当其他孩子听得昏昏欲睡时，他却精神抖擞地听得津津有味。卢作孚的勤奋再加上其过人的资质，使得他只用了两年时间就把先生要教的课本全部学完了。这么好学且有天分的孩子，教书先生教了这么多年书，还是第一次遇到，他心里突然萌发了一个念头：或许他这学堂里也能出个人物吧？不过，当他了解了卢作孚的家境之后，不由得摇起来头，这样贫寒的家庭，哪里来的钱财供这孩子一直读书呢？可惜啊，可惜！一阵感叹过后，教书先生也就忘了这个命运已定的孩子。

不过，卢作孚的父亲却并没有轻易给自己的儿子下定论，当他看到儿子过人的读书天分时，心中甚是欣喜，他决定即使自己再辛苦，也要让自己的儿子有书读。于是，在1901年，他把自己的儿子送到了当地最有名的瑞山书院。当时的瑞山书院已经不再是按照传统方式授课，而是开始引入新式教育，实际上已具有了部分现代小学的雏形。在1904年，瑞山书院就改称瑞山小学了。

清末实行的新政其中很重要的一项就是改革教育。中日甲午战争唤起了民族的觉醒，对“国民性”的关注和对“新国民”的呼唤已经成为战后一个时代主题，于是，肩负提高国民素质重任的“小学教育”成为了历史的选择，正如著名历史学家陈旭麓所说：“晚清新政中，最富有积极意义而有极大社会影响的内容，首推教育改革”，而这种教育主要就是指小学教育。

在统治阶层，许多开明官绅也深刻意识到了教育的重要性，纷纷推行教育改革：出钱办学校，聘请有新知识体系的教师，采用新式教学方法，教授全新的课程。正是在这样的环境中，卢作孚有机会跳出封建传统教育的束缚，在全新的知识体系里初步认识这个社会和国家。

在瑞山小学，卢作孚受到了诸多现代科学启蒙，这其中，他对数学尤为热衷。对于许多在传统私塾读过书的学生来说，数学几乎就是个完全陌生的东西。数学抽象，又不能照书死背，如果不理解其规律，即使背下教材，也是无济于事，老师只需稍加改动，学生要面对的就是完全不一样的东西。在这些不曾学过数学的孩子看来，数学甚至比四书五经都要枯燥。但是，卢作孚却凭借勤奋与天赋，很快就在数学这门课程上出类拔萃。他在数学方面的天分远远超出同龄人，后来，他甚至以一个小学毕业生的身份去给中学生教授数学。

在瑞山小学读书期间，卢作孚的聪颖好学得到了应有的回报，各科成绩名列前茅，全校师生为之瞩目，甚至有老师特意对他进行单独辅导。在瑞山小学接受的现代教育为卢作孚辉煌的未来和成功的人生打下了必要的基础。

正是在瑞山书院的学习经历让卢作孚对国家和民族有了初步的认识，国家和民族正在遭受的苦难深深刺激了卢作孚小小的心灵，对他的一生产生了重要影响。

辍学后发奋自学

成绩优异的卢作孚小学毕业后并没有去读中学，因为他当时的家境已经无力支付中学的学费。当时，有当地乡绅看到卢作孚的天资，愿意出资资助卢作孚继续读书，但是卢作孚的父亲并不愿意接受别人的施舍，他觉得哪怕再穷，都不能没有骨气。就这样，卢作孚此后再也没有机会接受正规的学校教育了。不过，辍学并不意味着不能继续学习，离开学校以后，卢作孚开始了艰难的自学过程。他自学的第一个目的地就是成都。

1908年，15岁的卢作孚满怀求知与报国的理想离开家乡合川，前往成都。由于家境贫寒，卢作孚无力支付前往成都的路费，他只能步行前往成都。这一路他经铜梁、大足、安岳，走上了蓉渝之间的驿道——东大路，一走就是十几天。对于一个年仅15岁的少年而言，连续10余天的徒步行走，其艰辛可想而知。为了换取一点生活费，他还带上一批当地的著名特产——合川桃片，准备到成都以后卖掉。

从合川到成都的这10余天旅程，可以说是卢作孚人生中的第一次“见世面”。一个15岁的少年带着好奇心和求知欲踏上了这段崭新的路途。一路上，卢作孚见到诸多不同的人，不同的事，不同的风景。但是在诸多“不同”中，他也见到了相似的东西——贫苦。他一路走来，随处可见的都是穷苦的人家，他们身上穿的都是破烂不堪的衣服，他们住的都是不遮雨不避风的草屋。而与这些贫苦人家不同的是各地的乡绅富豪，只见他们住在高墙大院，食衣无忧，好不自在。这些景象深深地印在他的心灵，让他不得不思考：为什么到处都是这样的贫苦？为什么乡绅富豪却又这样奢华？

带着种种困惑，卢作孚终于到达了成都。到达成都后卢作孚栖身何处？试想一个小小的少年来到这陌生的省府，举目无亲、无依无靠，他的生活该有多么艰难！不过，卢作孚并没有流落街头，轻而易举地，他就找到了落脚地——合川会馆。旧时的通都大邑，都有各地士绅出资设立的“会馆”，凡是本乡本土滞留于此的人，都可免费住宿。会馆的作用，起先是为了保护本土商人或移民的利益，后来演变为一种能量相当大的联络、维权与商会机构。这是得益于会馆这样的场所，卢作孚才不至于无处可去。

卢作孚到成都后，他就直奔合川会馆，会馆的管事对他的情况稍加了解后，很快就给他安排了住处。虽然住处甚是简陋，但是却无需流落街头，也省去了一笔住宿费用。这样的情况对于卢作孚这种既无亲友可以投奔，又无钱财打点的人而言，已经是最好的情况了。这样一来，卢作孚就可以省下钱来买更多的书了。

起初，卢作孚参加了一些收费低廉的补习学校，但是，在这些学校听过一些课程之后，他对课程的浅显极为不满，老师所教授的课程远不及他已经掌握的知识那么丰富和深奥。他当即决定全面自学。于是，卢作孚就在合川会馆里有计划、有目的地开始了系统自学。在合川会馆，每天来往的人员甚是复杂，但是这样嘈杂的环境并不能影响卢作孚刻苦自学的决心。他毅力坚定，不受环境干扰，把生活花销降到最低，节省的钱都拿来购买各种书籍。

他的自学能力实属惊人。在会馆闭门苦读几个月，便把当时在图书馆能看到的中文数学书籍全部读遍。他觉得还不满足，便决定进一步研修英文版的数学著作。为了能实现这个愿望，他又开始自学英文，然后再读英文版的数学书籍。前后不过半年时间，他不仅读完了一大批中英文数学书籍，还解出了大量的数学难题。

在成都滞留日久，家中有时也托人给他捎一点儿钱来。卢作孚心里非常不安，为了不给家中增添额外负担，他便开始勤工俭学，招收了一批中学补习生，收一点授课费，以解决生活的费用。刚从小学毕业一年半的卢作孚，就这样奇迹般地教起了中学生。那年，他才16岁！

这个奇特的经历，可以被视作是卢作孚从事教育工作的开端。他采取的是启发式的教学方法，教学态度非常认真。无论学生什么时候来找他，他都会立即放下自学的书籍，投入讲课。私人授课的实践，使他对自己的成长充满信心。这期间，他总结了自学和授课的经验，居然编写了专供中学生使用的教材《代数》、《三角》、《解析几何》、《应用数题新解》等，以“卢思”为笔名，在成都提学使署（教育与出版管理衙门）立案。只可惜，这批书稿，迟至1914年夏秋才交由重庆中西书局准备出版，后又因资金困难，仅有《应用数题新解》一书获出版发行。

攻下了数学的堡垒之后，卢作孚信心大增，又开始投注全力自学古文、历史、地理、物理和化学——这些知识，既然命运不能赐予，那么就要自己去争取。他还酷爱古典诗词，对许多名篇倒背如流，通晓作者的生平，熟知作品的写作年代、背景及在文学史上的地位。他特别喜欢韩愈的文章，曾经花了三年时间，逐字逐句地研习《昌黎先生集》（即韩愈文集），对每一章每一节都做了批注。这些基本功的训练，打牢了他知识结构的基础。

不该失败的失败

1909 年，卢作孚打算报考官办学校，进而再争取出国留学的机会。经过自学后，卢作孚先后考取了四川优级师范学校、陆军测绘学堂、军医学校、藏文学校。但发榜后，卢作孚思考再三，总觉得这些学校所学的专业有局限性，不能实现自己的远大志向，因而最后都放弃了。

1909 年，他在报考四川陆军测绘学堂插班生的时候，报名者有 700 余人，可谓人才济济，有许多投考者还是其他学堂的在读生，卢作孚是考生当中年纪最小者。他原以为自己肯定会名落孙山的，却不料仅录取 40 名，就有他一个！

卢作孚对于留学满怀憧憬，到了民国初年的 1912 年，在几位归国留学生朋友的鼓励下，他又在成都报考了刚刚建立的清华学堂（后改名为清华学校，为留美预备学校），准备留学。

近代中国众多的知名人士都有留学的经历，他们胸怀救国救民的理想，远赴重洋学习先进的知识，学成后回归祖国，用自己的才学为国家作贡献。在留学的人员中，很多都是通过官费来实现留学的。

最早的官派留学生可以追溯到1870年，为了“洋务运动”的需要，两江总督曾国藩、直隶总督李鸿章联名上奏，请求选派学童去美国留学。经过短期筹备，从1872年到1875年，每年派遣30名学童（年龄规定为12岁至16岁，个别年仅10岁），四年共派出120名。这些学童原本计划在美学习15年，由小学、中学到大学，“学习军政、船政、步算、制造诸学”。然而到1881年，在守旧派官僚“适异忘本”、“治其恶习”的攻击下，清政府决定裁撤留美生，下令留美学生全部撤回。归国留美学生只有詹天佑和欧阳庚完成学业，获得了学士学位。

派遣学生留美后不久，洋务派又向欧洲派遣留学生。1873年，福建船政大臣沈葆桢奏准选派船政学堂学生分赴英法学习造船、驾驶技术。在1877年、1881年、1886年、1897年，先后四次派出留英学生34名、留法学生49名（其中9名艺徒）、留德学生2名，共85名。这些留学生回国后，成为中国造船工业、海军建设等方面的重要骨干，著名人物有严复、刘步蟾、林泰曾、叶祖珪、萨镇冰、魏瀚、刘冠雄等。

此外，19世纪末期，清政府还派遣了少量的“使馆学生”。1890年，总理各国事务衙门奏准驻英法俄德美五国公使每届任期内可常留学生2名，共10名。1895年，又奏准派赴英法俄德留学生各4名，共16名，留学费用也由使馆拨给。

从1901年起，清政府开始大力提倡青年学生出国留学，并许诺留学归来分别赏予功名、授以官职。1905年清廷又宣布废除科举制度，出国留学遂成为知识分子的一条出路。

卢作孚报考的是清华学堂，当时清华学堂的学制分为甲乙两等，甲等强化学习半年英语后，即可赴美就读；乙等则需在京读完四年大学课程，然后赴美进修。甲等学制的特点是入学门槛高，但成本很低，只需在京的半年费用，整个学业可以速成。乙等的特点是入学门槛低，学业循序渐进，但是四年的学费很可观，大约需要300多块银元。卢作孚受困于经济条件，根本不能设想报考乙等，只得报考甲等。他的国文、数学、史地考试均获高分，可惜因英语未及格而落选。

第二年，他改变了策略，经过充分准备，打算报考乙等。学费方面，他是这样考虑的：学堂有规定，如果第一年成绩全优，就可拿到后三年的全额奖学金。卢作孚对此信心十足，只要筹到第一年的学费，去读清华学堂就不是梦想。可是这一年，清华学堂在成都不设考场，考生要到北京去投考。于是他急忙徒步赶回家乡，筹集学费。在家人和亲友的帮助下，卢作孚好不容易凑足学费，兴冲冲地赶到重庆，准备搭船去武汉，再由武汉乘火车沿京汉铁路北上。

不料，当他抵达重庆朝天门码头时，却被告知，去汉口的客船“蜀通”轮已于当天早上拔锚开走了。那时重庆至汉口的客轮，一个月内仅有几班，误了这班船，就无法如期赶到北京。这一次的“误船”，使卢作孚的命运再次发生改变，否则，他很可能如愿进入清华学堂，最终成为一位科学家或外交家。他本人，对这次误期所得出的教训是：凡事要“决而即行”。一旦决定，就不应迟疑。自此，他彻底放弃了留学的打算。这个不该失败的失败，却为他提供了另一种生活的可能。

3

胸怀远大的理想——最年轻的革命党人

中国同盟会（简称“同盟会”），亦称为中国革命同盟会，是清朝末年由孙中山领导和组织的一个全国性的革命政党。同盟会在 1912 年造成大清帝国的覆亡，促成中国历史上第一个共和政权——中华民国的建立，而卢作孚则是同盟会当时最年轻的会员。

革命救国思想的萌发

从 1910 年开始，卢作孚进入了自学的重要阶段。

在当时，进步青年都热衷于接触革命启蒙思想。革命派与保皇派在思想领域展开了激烈的论战。戊戌变法后，梁启超等维新派继续大力宣传维新变法思想。他们大量翻译介绍欧洲从文艺复兴到启蒙运动时期的理论著作，如卢梭的《民约论》、孟德斯鸠的《法意》、亚当·斯密的《原富》、约翰·穆勒的《自由原理》、斯宾塞的《群学肆言》以及《独立宣言》、《人权宣言》等重要论著和经典文献。

维新派主办的《清议报》和前期的《新民丛刊》成为宣传介绍西学和维新思想的主要阵地。因此，在20世纪初，维新变法思潮曾再度复兴。但是，随着时局的发展，康、梁等人保皇目的逐渐显露，维新派代表人物在思想上的日趋保守，戊戌维新思潮迅速衰落，被民主革命思想取而代之。

民主革命思潮通过革命派宣传家的大力宣传而得到迅速传播，涌现出了章太炎、邹容、陈天华三位著名的民主革命宣传家。章太炎发表的《驳康有为论革命书》一文，系统批判了康有为的保皇立宪主张，指出中国的出路只有革命："公理之未明，即以革命明之；旧俗之俱在，即以革命去之。革命非天雄大黄之猛剂，而实补泻兼备之良药矣。"邹容的《革命军》，陈天华的《猛回头》、《警世钟》等著作，也都以饱满的激情宣传反清革命，产生了巨大的社会影响。众多热血青年受革命思潮的启蒙，深感革命的必要性。

受整个社会氛围的影响，卢作孚开始深入地研究国内外一切进步的社会科学和自然科学理论，其中包括卢梭的《民约论》、达尔文的《进化论》、赫胥黎的《天演论》等名著，以及孙中山先生的民主革命学说。

卢作孚还研究了世界各国的政治、经济、军事、社会、文化等各方面的状况，特别是它们的历史发展情况；同时也研究了中国历代的政治演变及社会结构状况，特别是近代帝国主义侵略我国的情况。孙中山先生的民主革命学说对他产生了很大的影响。

他认为孙中山先生的主张，是推翻封建王朝、反抗帝国主义侵略的思想武器。

对革命思想有了足够的接触以后，卢作孚开始以此为依据，系统阐述革命理想。他针对当前社会现状，深入思考各种社会问题，将所感所悟写成文章，发表到成都当地的报刊上。

对孙中山的革命思想，卢作孚理解极为深刻。他极为赞同“民有、民治、民享”的社会理想，认为孙中山先生的主张是推翻腐朽王朝、反抗列强侵略的唯一路径。他完全清楚孙中山先生思想的核心价值所在，他说：“孙中山先生提出三民主义、五权宪法、建国方略、建国大纲，是为全中国人建设一种公共理想。”

他清醒地看到，在“始终拥护着一个人”的君主制度下，人们缺乏公共理想，所谓的“为国为民”只是一句空话，“虽然有些人在那里做一时的、表面的敷衍，亦不过因以各其利自己”。大家想的不过是“如何发财，如何升官，如何扩充自己的地盘，如何装点自己的门面”，而在走向共和以后，一个根本的区别，就是“要把大家的理想，从个人身上移到公众身上。要一心一意为公众打主意，不要再为个人打主意。”

卢作孚后来把自己创办的企业命名为“民生公司”，又把公司的第一艘轮船命名为“民生号”，都可以看出他对实现孙中山思想的执着。他显然领悟到了：民族自立、民权伸张，其目的都是为了民生。

在他读过的书籍里，当属严复翻译的《天演论》对他的影响最大。这是一部改变了中国历史的译著，是唤醒了千万青年的警世钟！

《天演论》在天津《国闻报》首次公开发表时，正是中日甲午战争之后，译者严复的用心，就是要借此唤起民智，雪耻图强。维新派领袖康有为见此译稿后，发出“眼中未见有此等人”的赞叹，称严复“译《天演论》为中国西学第一者也”。

《天演论》原著的作者赫胥黎是英国著名博物学家，是达尔文进化论最杰出的代表。他自称为“达尔文的斗犬”。赫胥黎发表过150多篇科学论文，内容涉及动物学、古生物学、地质学、人类学和植物学等多方面知识。1893年，68岁高龄的他应友人邀请，在牛津大学举办了一次有关演化的讲演，主要讲述了宇宙过程中的自然力量与伦理过程中的人为力量相互激扬、相互制约、相互依存的根本问题。这份讲稿经过整理，即为《天演论》。

赫胥黎的《天演论》认为，自然界的生物不是万古不变，而是不断进化的；进化的原因在于“物竞天择”，“物竞”就是生存竞争，“天择”就是自然选择；这一原理同样适用于人类，不过人类文明越发展，适于生存的人们就越是那些伦理上最优秀的人。

严复译述《天演论》时，不是纯粹直译，而是有评论，有发挥。他将《天演论》导论分为18篇，正文分为17篇，分别冠以篇名，并对其中28篇加了按语。他在阐述进化论的同时，联系中国的实际，向人们提出不振作自强就会亡国灭种的警告。《天演论》提醒人们亡国灭种的威胁，但又不是无所作为的悲观主义，它启示人们：中国目前虽弱，但仍有挽救的办法，这就是强力竞争，通过努力，改变目前弱者的地位，变为强者。

正是在这一系列先进思想的指导下，青年卢作孚的革命思想萌发出来，在他立志为社会奋斗之后不久，就投入到了疾风骤雨般的实践之中。

革命党

辛亥革命前，革命党曾在国内多处组织起义，试图推翻清政府。其中影响较大的有兴中会组织的广州起义和惠州起义，光复会组织的安庆、绍兴两地同时举行的起义，同盟会组织的黄花岗起义。

广州起义与惠州起义是两次有关联的武装起义，而广州起义是辛亥革命时期最早的反清武装起义。孙中山乘中日甲午战争之机，派会员募捐，用捐款购买枪支弹药并在汕头、香港等地招兵，希望一举夺取广东。半年时间，联络了会党和广州驻军数千人，定于1895年9月9日举行起义。但8日即泄密，海关缴获手枪600余支，70多人被捕，领导人之一陆皓东牺牲，孙中山流亡国外。他继续发展会员，建立分会，并积极筹备惠州起义。

1900年闰8月15日惠州起义在广东惠州三洲田爆发。直接领导这次起义的是郑士良。他们攻打新安县沙湾，首战告捷。然后东进，势如破竹，胜于佛子坳，擒获清管带杜凤梧，夺洋枪700支。攻永湖，击败清军5000人，获洋枪五、六百支。沿路投奔革命队伍55000余人。队伍进军到梅林时，孙中山自香港来电，说外援没有希望。日本帝国主义支持清政府，破坏了孙中山的接济计划。起义队伍弹尽粮绝而溃散，郑士良走避香港，第二年病逝。

1907年光复会成员在安庆和绍兴密谋举行两次起义。安庆起义是徐锡麟在巡警学堂发动的，杀了安徽巡抚，但最后失败。绍兴起义是秋瑾预定同时在绍兴大通学校举行，然而尚未举行就不幸被捕。

徐锡麟（1873－1907），字伯荪，浙江绍兴府山阴县人。年少即摒弃科举进入学堂，游学德国、日本。比较中外政治，深深感到满清政治的腐败，需要革命。

徐锡麟回国后捐了个道员，候补安徽。他到安徽后创办了巡警学堂，与革命党人经常通信，从大通等处潜运军火，准备武装起义。

潜运军火之事为安徽巡抚恩铭察觉，革命党人之一叶某在上海被捕，供出了徐锡麟并说他是首领。叶某提到徐锡麟时是报他的别名。恩铭要当时已当上警察长的徐锡麟协商侦探。徐锡麟怕事情暴露，决定先发制人。他打算先杀恩铭，再杀安徽满人官员。事定后直下南京，再商定大计。

徐锡麟与秋瑾约定于光绪1907年5月26日同时起义，伺机之后进攻南京，占领江苏、安徽和浙江。后来改期为6月10日。再后来因为浙江会党有暴露迹象，引起清廷警觉，于是徐、秋二人再次约定于5月26日同时起义。

5月26日这一天上午八点，恩铭与藩司冯煦、臬司联裕到会，徐锡麟即从靴筒内拔出六响快枪两支，一手一支，轮流向恩铭射击，恩铭身中7枪，抢救无效死去。徐锡麟宣布起义，带领学生占领军械所。后徐锡麟被捕，视死如归，被剖腹剜心，不屈而死。

徐锡麟的死讯，秋瑾6月1日才在报上看到。浙江金华、兰溪几处光复军在五月中下旬或起事失败，或因他故遭受破坏，秋瑾为之寝食不安。秋瑾的活动，清政府已闻知。6月4日，清兵包围大通学堂。学生要她从后门逃走，她却要学生先走，她独处室内，自闻知徐锡麟死讯后，义不独生。

秋瑾被捕后，始终“坚不招供”。她义正词严地回答审问她的人：“革命党之事，不必多问。”最后她挥笔写下“秋风秋雨愁煞人”七个大字，表达她对恶魔般的清王朝的愤慨和对她的革命事业夭折的痛心。她在绝笔书中写道：“虽死犹生，牺牲尽我责任；即此永别，风潮取彼头颅。”表达了她对革命的忠诚和对事业的必胜信念。六月初六，秋瑾就义于绍兴轩亭口，年仅33岁。

1910年正月，同盟会员倪焕典在广州率3000新军发动起义。起义失败，倪焕典牺牲。一些革命党人灰心丧气，企图通过暗杀来夺取胜利。针对这种情况，孙中山在马来半岛的槟榔屿开会，鼓舞斗志，并决定在广州再发动一次大规模起义。为了保证成功，孙中山先生亲自到华侨中募捐，购买武器，黄兴、赵声在香港组织统筹部和800人敢死队，许多队员写了绝命书，表示必死的决心。林觉民就是写了绝命书的一位。

黄兴在广州建立了30多个秘密机关。由于叛徒出卖，一些机关遭受破坏。由于走漏风声，总督张鸣岐、提督李准为防革命党人和受革命思想影响的新军发难，不给新军提供军械。同时，从香港过来的敢死队也只是一部分。原来的部署被打乱，参加起义的人数与原计划相比大减。原计划十路进兵，现只好改为四路进兵，黄兴集中力量攻打张鸣岐总督衙门。

起义军直捣总督衙门，张鸣岐已凿墙逃走。起义部队烧毁总督衙门门房后，分三路迎接事先已联系好的新军、防营和民军。黄兴率领的一部行至双门底时，遇到前来响应的温带雄率领的防营数百名。由于温部未按原来约定的臂缠白布为记，黄部以为是敌人，双方互射，造成大批革命士兵伤亡。温带雄被打死。黄兴

3 指伤折，逃至香港。

起义军在途中又遭清军截击，双方展开巷战。由于参加起义的人太少，终于失败。牺牲 86 人，其中不少是爱国华侨，有的则被捕后就义。广州人民冒着生命危险，收殓骸骨 72 具，合葬黄花岗。孙中山称这次失败为“吾党第十次之失败”，但“已震动全球，而国内革命之时势，实以之造成矣!”

革命党的这一系列起义令清廷极为愤怒，清政府对革命党恨之入骨，在镇压起义的同时，还不择手段地抓捕杀害同盟会成员，宁可错杀，也不使其漏网。在这样的氛围下，与革命党有过接触的人，都有可能被杀头。但是，即便形势如此紧张危险，卢作孚依然选择加入同盟会，成为革命党。

当时，随着卢作孚在成都当地报纸上发表的关于革命的文章逐渐增多，革命党人开始注意到这个不属于革命党的革命者。他们利用各种方法，要找到这个革命者。

这天，卢作孚正在他在成都的住处阅读书籍。这时一阵轻微的敲门声打断了他，听这敲门声，敲门的肯定不是会馆里的人。会馆里的人敲门往往是又急又快，而门外敲门的人却是很小心谨慎地敲了几下就停下了，生怕惊动了屋里的人似的。

卢作孚起身开门，门刚打开一条缝，门外的人就迫不及待地推开门，忽地一下子闪进屋里，紧接着又赶紧把门关好。对方完成这一切之后，卢作孚尚未看清对方的面貌。带着一脸困惑，卢作孚紧紧盯着来人。这时，卢作孚才看清楚对方，来人是大自己十岁开外的青年，一脸的警惕和小心，腰间似乎还带着武器。

尽管只有 17 岁，但是卢作孚并不惧怕对方的怪异举动，他紧盯着对方问道：“阁下何人，到此有何贵干?”

来人看了一眼卢作孚，然后又扫向屋内，说道："小兄弟别怕，在下不是歹人，事出有因，还请见谅。你这屋里没有其他人了吧？"

卢作孚道："这里是我一个人住的地方，从不曾有过他人。阁下莫不是找错了地方？"

"不会错呀，明明是这个地方，怎么是个娃娃的住所呢？"来人不再理会卢作孚，自言自语道。"我问你，你是刚搬来这里住吗？"

"我在这里住了有些日子了。你到底是谁，来做什么？"卢作孚不容质疑地质问道。

"我是谁不能告诉你，我来这里找一个人，他写了许多的文章。"来人边说边拿出厚厚一叠剪辑过的报纸给卢作孚看。

卢作孚一眼就看出了这些文章都是出自他手，这是他写的关于革命问题的文章，成都的许多报纸都刊登过。接着，卢作孚说道："这些都是我写的文章，你要找的人就是我。"

"什么，是你？"对方听到卢作孚的回复后，甚感惊讶。他手上这些阐述革命的文章，看文笔作者至少也要30岁，眼前这个一脸稚气的小娃娃居然说这是他写的，无论如何他一时间也难以接受。

"是的，这些正是鄙人的拙作。请问阁下是否要指教一二？"卢作孚问道。

"哪里哪里。这位小兄弟，此事事关重大，可不是玩笑。"再次听到卢作孚肯定的答复，来人心中还是极为困惑。

"你我素不相识，何来玩笑？"卢作孚正色道。

"当真不是玩笑？"来人再次确认卢作孚的身份。

“确实不是玩笑。”卢作孚肯定地回答。

“那好，实不相瞒，我是革命党。”来人终于不再隐瞒。

“革命党？”听到对方的答复后，卢作孚一阵激动。一直以来他对革命都充满了期待，之前也曾试图联系革命党，只可惜革命党处处受到清廷的打压，无法公开活动，时时处于暗处，普通百姓很难找到他们。现在革命党居然主动来找他，这让他很是意外。

“你说你是革命党，如何证明？”卢作孚虽说年少，但是却也谨慎，不会对方说什么就信什么。

来人并没有回答他，而是摘下了头上的帽子，他的辫子居然是粘在帽子上而不是头上！他的辫子已经剪掉了。

看到这一幕，卢作孚不再怀疑。这人连辫子都剪掉了，不是革命党又是什么人？当今除了革命党，还有哪个敢剪掉自己的辫子？

相互确认彼此的身份之后，两人当即就革命问题展开了深入的讨论。卢作孚对孙中山先生的革命理念理解得极为深刻，他认识到革命不仅仅是赶走皇帝，更重要的是切实地实行“三民主义”，即民族主义、民权主义和民生主义。民族主义不仅要反对国内民族间的压迫，更要反对帝国主义对中华民族的压迫；民权主义要实现人与人之间的平等，要让国成为民的国；民生主义则要让劳苦大众摆脱衣不遮体、食不果腹的境况，让中国成为一个富强的国家。

经过深入的交谈，卢作孚不仅对革命理论有了更进一步的认识，也开始成为一个革命的实践者。他在 17 岁这一年，加入了同盟会，用实际行动实践自己的革命救国理想。

经历辛亥革命

就在卢作孚加入同盟会的第二年，四川爆发了轰轰烈烈的保路运动。

甲午战争之后，国人民智渐开，“要想富，先修路”，国人也渐渐明白铁路有很多的好处，而清廷则看到了铁路在国防上的战略意义。随后，在政策的引导下，国内便掀起了建设铁路的高潮。20 世纪初，四川人民为了反抗帝国主义掠夺中国铁路主权，由四川省留日学生首倡，经四川总督锡良奏请，1904 年（光绪三十年）在成都设立“川汉铁路公司”。第二年改为官商合办，1907 年改为商办有限公司，采取“田亩加赋”，抽收“租股”为主的集股方式，自办川汉铁路。

1911 年 5 月，清政府宣布“铁路干线国有政策”，政策规定 1911 年前所有集股商办的干线，必须由国家收回。随后清政府强收川汉、粤汉铁路为“国有”，旋与美、英、法、德四国银行团订立借款合同，总额为 600 万英镑，公开出卖川汉、粤汉铁路修筑权。此举激起湘、鄂、粤、川人民的反对，保路风潮随之兴起，尤以四川最为激烈。

清廷劫夺商办铁路的“上谕”传到成都时，身居四川要职的立宪派绅商立即写文章、发通电、开会演说，指责铁路国有政策未经咨政院议决，违背法律程序，痛陈取消商办铁路是“务国有之虚名，坐引狼入室之实祸”，强烈要求清政府“俯顺民情”，收回成命，维持商办原案。还恳请护理四川总督王人文代奏，乞求清政府暂缓接收川汉铁路，并用现金如数退还川路股款。清政府对四川绅商的要求置若罔闻，声称对川汉铁路公司已用之款和现存之款一律换发国家铁路股票，概不退还现款，如川人定要筹还现款，朝廷必借外债，并以川省财政收入作抵押。6 月 13 日，清政府与四国银行团签订的“借款合同”寄达成都，清政府夺路、夺款、卖路、卖国的原形毕露。

6 月 17 日，由立宪派绅商发起，由成都岳府街铁路公司召开保路同志会成立大会，成立“四川保路同志会”，号召全川人民拼死“破约保路”。8 月 5 日，在成都召开川汉铁路股东特别大会，斗争日趋激烈，逐渐冲破立宪派“文明争路”的束缚。8 月 24 日，成都开始罢市罢课，声势波及全川。

随着四川保路运动的发展，清廷开始大肆逮捕运动领导人，并不断杀害革命群众。然后，血腥的屠杀不可能遏止人民的反抗，血案发生后，各地群众组织的保路同志军便纷纷揭竿而起，猛扑成都。保路风潮遂由“同志会”的文明争路演变成全川同志军的武装大起义。

清政府获知四川各地同志军起义的消息后，吓得手忙脚乱，在不到半个月的时间里先后调派端方从湖北带新军日夜兼程入川（端方带兵到四川资州时被新军斩首），还从湖南、广东、陕西、甘肃、贵州、云南等省派兵前往四川增援。但是，湖北新军被调入川，却造成了武汉空虚，给武汉革命党人发动起义提供了一个绝好的机会。

1911 年 10 月 10 日，武昌起义爆发。随后全国各地相继爆发革命，到 1912 年 2 月，仅四个月的时间，清帝便宣布退位，统治了中国 268 年的清朝正式宣告灭亡，中国 2000 年来的帝制也宣告灭亡。

辛亥革命在四川可谓是轰轰烈烈。四川的辛亥革命经历了宣传资产阶级民主革命思想，到保路运动群众风潮，再到武装起义推倒清王朝在四川的政权，这样一个艰苦的斗争过程。

在宣传资产阶级民主革命思想的过程中，四川籍的邹容、陈天华、吴玉章等革命前辈发挥了积极作用，同盟会给予了及时的指导，同盟会还在领导和宣传等方面开展了很多实际工作；在保路运动群众风潮过程中，“商办川省川汉铁路有限公司”、“保路同志会”、“四川同盟会”、“保路同志军”等有着上下交叉和重叠关系的组织机构，发挥着积极的推动与领导作用。在推倒清王朝在四川的政权过程中，“重庆同盟会”和“同盟会四川支部”及其领导的有着进步思想的新军将领，直接高举着推翻清王朝在四川的统治、建立具有立宪思想的四川军政府的旗帜。

整个四川辛亥革命的历程受到了孙中山领导的同盟会的直接领导，但在不同时期，又体现出不同的策略和方法，有着名称不尽相同的领导机构，但在实际上，却扎扎实实地进行着一场由资产阶级领导的四川历史上的反帝反封建的伟大革命。

革命打倒了皇帝，取得了胜利的革命党则开始论功行赏。卢作孚身为革命党且颇有才气，年纪又轻，在革命中不畏艰险，积极奔走，他的作为自然被革命党所认可。据说，当时 18 岁的卢作孚被任命为川东奉节的“夔关监督”，年俸 4 万两银。

在旧官场中，这是一个不可多得的肥缺。奉节又名夔府，位于长江上游三峡入口处，为出入川的咽喉要道，过往船只都要向这里的税关缴纳税金。夔关监督不仅俸禄高，而且“灰色收入”也是丰厚无比。但卢作孚与辛亥时期很多道德高洁的革命者一样，不为高官厚禄所动，谢绝了这一任命。他认为：革命的目的，不是为了“分肥”，而是为了救国。

与卢作孚不同的是，当革命的风暴席卷神州大地时，许多封建官僚却摇身一变，化身革命党，不仅免遭革命，还保住了自己的官位。这其中最为有名的就是袁世凯。

辛亥革命爆发前，袁世凯被清廷革职，赋闲在家。武昌起义爆发，清军前往镇压，然而，革命军士气高涨，越战越勇，清军指挥不当，无力招架。不得已之下，清廷只能请袁世凯再度出山。重新掌权后的袁世凯带兵镇压武昌起义。此时，各地的革命形势日渐高涨，清廷被灭亡已是指日可待之事，袁世凯清楚清廷时日不多，要想保住自己的地位，只能顺应革命。于是，他摇身一变，成了结束封建帝制的功臣。他因为逼清帝退位有功，成了中华民国第一位正式大总统。

袁世凯的成功转型不得不说是极有代表性的，在当时，对于众多封建官僚而言，不论是革命党当政，还是皇帝掌权，只要能保住自己的官位，就没有什么区别，无非是换个统治者而已。正是带着这样的目的，一大批封建官僚自诩为革命党，革命后论功行赏，继续以官老爷的威风横行霸道。

这样的革命注定了是要失败的。很快，卢作孚这些真正的革命党就遭到了杀戮，窃取了革命果实的封建官僚容不得这些革命党继续宣传革命，各地再次掌权的封建官僚开始大肆捕杀曾经的革命党人。

革命失败

辛亥革命之后，卢作孚继续留在成都，主要是给一所补习学校当老师。但是，亲身参与革命的卢作孚明白，革命根本就没有达到预期的目标，还有很多东西必须继续。在成都期间，他一边教学，一边继续给成都当地的各大报刊投稿，主要阐述关于革命的方方面面，阐述民族和民主思想，唤起民众的民族和民主意识。

目睹了革命中的暴力与血腥后，卢作孚深感革命的代价太过高昂，并且，这样的革命收效甚微。他开始思考，是否还有别的方法，可以用最小的代价来实现强国富民的目标呢？然而，不等他继续思考，反革命的屠刀再一次挥起。

袁世凯窃国以后，开始以民国的名义清算各地的革命党。被反革命势力杀害的最重要的革命派人物就是宋教仁。

宋教仁（1881—1913），6 岁进入私塾读书，17 岁升入湖南桃源漳江书院。1902 年，他考入武昌普通中学堂。翌年入学，在校期间，由吴禄贞等人组织的革命团体在武昌花园山的聚会吸引了他，此后他常与同学议论时政，并走上了反清之路。是年 8 月，黄兴到武昌，两人相识并从此成为挚友。不久，黄兴因激烈的反清言论，被驱逐出武昌，回到长沙。随后，宋教仁也回到湖南，为成立革命团体到长沙、常德一带开展联络工作。1904 年 2 月，宣扬“驱除鞑虏，恢复中华”的华兴会在长沙成立，黄兴任会长，宋教仁任副会长。同年 12 月 13 日，宋教仁抵达日本，在日本东京成立同盟会，成为同盟会的主要领导人。1910 年底，宋教仁从日本返抵上海，任《民立报》主笔，以“渔父”为笔名撰写大量宣传革命的文章。1911 年 7 月，宋教仁与谭人凤、陈其美等在上海组建同盟会中部总会，邀请或派人来往于上海、长江中下游各地，促进革命势力的发展。

1913 年中华民国国会大选，国民党大获全胜，宋教仁准备按照欧洲“内阁制”惯例，以党首身份组阁。就在同年3月20日22时45分，宋教仁被杀手刺杀于上海火车站，凶手开枪后逃逸。当时在火车站送行的黄兴、于右任、廖仲恺等将宋教仁送往沪宁铁路医院急救。手术后，情况没有好转，大小便出血严重；21日下午，宋教仁再次被送进手术室，延至22日凌晨4时48分不治身亡，年仅32岁。

1913年，四川督军胡文澜也开始在全川搜捕和屠杀革命党人，一时间四川各地的革命党人人自危，纷纷避祸。卢作孚在补习学校的同事们为他担心，都劝他速离成都避祸。卢作孚镇静自若，一面坚持教学，一面密切注视事态发展。一天，成都街头的士兵人数骤增，街面上杀气腾腾，师生们大惊，纷纷跑来劝卢作孚赶快离开。卢作孚这才迅速撤离学校，躲避了起来。果然，从这天起，成都开始了全城大搜捕。卢作孚知道来者不善，只得潜出成都，打算返回家乡合川暂避。

卢作孚逃出成都以后，就直奔合川。这天，卢作孚来到大足县的龙水镇。他沿途走来不时看到路途上设置的关卡，凡是过往行人都要接受盘查，一旦有革命党嫌疑，当即逮捕，如有反抗格杀勿论。一路上卢作孚巧妙应对，总算在天黑前赶到了镇上。

当晚，卢作孚找到了一家再普通不过的客栈住了下来。客栈的房间并不是单人单间，而是要和旁人同住一间，一间房两张小床，两个素不相识的路人就这样住下了。

由于当时风声正紧，陌生人之间往往少有言语，两人虽然同舍而眠，却也只是简单的客气几句，就睡下了。然而卢作孚尚未睡熟，就听到门外一阵的喧闹，紧接着他的房门被强行砸开，一帮持枪荷弹的官兵冲进屋内，黑洞洞的枪口对准了屋里毫不知情的两个人。

“报告队长，这里有两个革命党!”一个士兵对屋外喊道。

“把革命党都抓起来，不能让一个革命党跑了！现在都民国了，革命党革什么命？还要革民国的命吗？”说着，一个军官模样的人走进屋里。之前已有士兵上前把卢作孚和他的同屋五花大绑起来。

卢作孚心里明白，秀才遇到兵，有理说不清，眼下不能跟这些当兵的硬来，得顺着他们，否则他们随时可能开枪杀人。为革命而死是光荣的，但是，不明不白地死在这些官兵手里甚是可惜。看到官兵来捆绑自己，他也不做反抗，乖乖地让他们绑，只是柔声说道：“各位长官，我只是个穷学生，家在合川，因为家中有事要赶回家，没做过什么不法的勾当。”

“你老老实实地呆着，你是不是好人，审问过了才知道。”卢作孚的顺从让他们少了些火气，只是把他绑起来推了出去。但是与卢作孚同屋住宿的那个人表现就不同了。看到官兵来抓人，他甚是慌张，居然想要跳窗逃走。官兵看他要逃，直接冲过去把他摁倒在地上，又用枪托在他脑袋上狠狠地砸了几下，这人当即就失去了知觉。官兵不由分说，把他也捆绑起来，拉到屋外。

带头的军官听完士兵汇报，说这人要跳窗逃跑，当即大为恼火，宣布道：“此人乃革命党的死硬分子，想要颠覆我民国政府，被我们发现了还要逃跑，当真是罪大恶极，对于此等分子一律枪决!”说完，就让士兵把那个被打晕的人扔到地上，然后掏出随身佩戴的短枪，对着那人的脑袋“砰”的一枪，瞬间鲜血满地。

看到这一幕，卢作孚心中甚是恼怒，不经审问就直接枪决，这是什么“民国”！可是，愤怒归愤怒，眼下他也是泥菩萨过江，自身难保，只得强忍着自己的愤怒。

当晚，官兵就押解着卢作孚回到县城的监狱里，由于天色已晚，辛苦了一夜的官兵也无暇审讯卢作孚，把他关在牢里后就不再理会。卢作孚虽然遭了牢狱之灾，不过暂时还不曾吃到皮肉之苦，甚是庆幸。

这一夜，身陷囹圄的卢作孚心中可谓是百味杂陈，一场宣称要实现民权的革命居然会是这样的结局。官府依旧在不分青红皂白地杀人抓人，百姓依旧浑浑噩噩茫然无知地生活，除了不再对皇帝三跪九叩之外，其他一切照旧。皇帝是被打倒了，但是人们心中的皇帝却仍然活着，孙中山的“民族民权民生”依旧只是白纸上的黑字。

所谓革命，绝不是单单赶走一个皇帝这么简单，必须要让人们知道革命的真正目的。苦思一夜，卢作孚暗暗有了打算。

第二天，卢作孚被带到公堂上审讯。主审官坐在正中，两侧则是一众陪审。这些陪审都是当地有名望的人物，其中不乏一些读过诗书良心未泯的人。这些陪审对于案件的判定，起着重要作用，如果他们都认定一个人有罪，那么即使没有人证物证，也能给一个人定罪；反之，如果他们觉得犯人有可宽恕之处，主审官也会依据他们的意见减轻处罚。

在公堂上，卢作孚强忍住满腔悲愤，据理力争，有条有理，谈吐不凡，举止得当，其才学让不少陪审暗暗赞扬。期间卢作孚一再表明自己只是个穷学生，返乡途中路过该地，被官兵误认为是革命党给抓了起来。

不少陪审看到卢作孚的胆识才学甚是爱惜，同时看他确实像个学生，就提议将他释放。主审官看到不少陪审都建议释放卢作孚，自然也就不好继续审讯，只得下令放人。就这样，卢作孚躲过这样一场无妄之灾。

离开公堂之后，卢作孚又换了一家客栈暂住。客栈老板心地善良，这些日子里看到不少读书人模样的人被抓进牢房，甚至当场枪毙，心里甚是怜惜，暗中给住宿在他客栈的人提供了不少帮助。这天卢作孚一进客栈，老板看见他一身书生气，就一阵紧张，赶紧上前招呼，把他安排到客房，以免时间一长又给官兵看见来抓人。

客栈老板询问卢作孚的身份，卢作孚回答是个学生。老板就告诉他，现在读书人处境很危险，官兵随时可能来抓人。为了卢作孚的安全着想，老板建议卢作孚第二天不等天亮就走，到时他自会来给卢作孚开门。卢作孚听完老板的建议，甚是感激——世道虽说艰险，总还是有好心人。

次日早上天不亮，客栈老板果然开门送卢作孚离开。临别时，老板又告诉卢作孚，昨晚投宿到他店里的客商说，合川也在抓人，他让卢作孚千万不要回合川，建议卢作孚去重庆暂避，也许那里的风声不是太紧。

卢作孚接受了客栈老板的建议，转道去重庆。然而，重庆也不太平，抓人的官兵也是随处可见。最后，有友人推荐卢作孚到川南的江安县县立中学任数学教师，卢作孚接受了朋友的推荐，到了江安县县立中学，作为避祸的权宜之计。

逃过杀身之祸后，身心俱疲的卢作孚身体极度虚弱，大病了一场，几乎丧命。幸得一位老中医为他悉心诊疗，才渐渐恢复。而就是待在江安县县立中学的这一年，卢作孚开始系统研究教学的方法。

4

投身社会的选择——提笔救国

经历了辛亥革命的失败，卢作孚认识到暴力革命代价高昂而且收效甚微，轰轰烈烈的起义、流血和牺牲换来的只是没有了皇帝称谓的新皇帝，这个国家依然贫弱不堪，这让卢作孚不得不怀疑暴力革命能否达到预期目标。在辛亥革命之后，卢作孚开始尝试寻找新的救国之路。

初为人师

卢作孚开始从事教育的时期，正是民国初期教育改革的时期。

南京临时政府成立后，于1912年1月9日将清朝的学部更名为教育部，统管全国教育工作，蔡元培被临时大总统孙中山任命为第一任教育总长。当时的教育部，下设三司一厅，即专门司、普通司、社会司和总务厅。各司设司长，总务厅设厅长，负责各方面的工作。地方上，教育行政并未统一，各省或为都督府的教育科，或为省公署的教育司总理全省教育事务，各县则仍沿用“劝学所”制，并于每县设“视学”1～3人，视察全县教育。

为了尽快改革旧式教育制度，革新教育内容，促使各级学校走向正规化，南京临时政府教育部于1912年1月19日颁布《普通教育暂行办法》，对清末的教育进行修正。其内容包括：从前各种学堂，均改为学校，监督、堂长应一律改称校长；小学废止读经；各种教科书需符合共和国国民宗旨，清学部颁布的教科书一律禁用；高等小学以上之体操课，应注重兵式；除高等师范一种外，允许私人举办各级各类学校；废止学校出身奖励制度；提倡社会教育等等。与此同时，教育部还颁布了《普通教育暂行课程标准》，规定了小学、中学、师范学校的课程设置及时数。小学设置修身、国文、地理、算术、体操等科目，高等小学则在此基础上增设外语、图画、手工、裁缝等课程，中学、师范学校在此基础上增设理化、音乐、家政等课程。

1912年4月，临时政府迁到北京后，在教育界进步力量的支持下，蔡元培继续对教育进行大刀阔斧的改革。7月，蔡元培主持召开临时教育会议，讨论通过了新的教育宗旨，并于9月2日颁布施行。新教育宗旨明确规定“注重道德教育，以实利教育、军国民教育辅之，更以美感教育完成其道德”。新的教育宗旨，很明显是在蔡元培的五种教育基础上提出的。所谓的“道德教育”，就是培养学生树立起资产阶级的自由、平等、博爱的道德观念；所谓“实利教育”，就是发展资本主义生产的知识技能教育，不仅要学习科学理论，而且要注重生产实践的教育；所谓“军国民教育”，就是后来的军事体育教育，以培养青年学生的健康体魄，有利于保家卫国；所谓“美感教育”，就是美术、音乐等艺术课程教育，以此提高学生们的思想境界。

在民国元年一系列教育改革措施的推动下，民国初期的教育一度出现了蓬勃发展的新气象。民国教育部成立后，首先宣布废除清末学部颁布的教科书，要求新编的教科书“务合乎共和民国宗旨”。出版机构在很短的时间内，编辑出版了一些内容精简、文字浅显的教科书，如新中华教科书、实用教科书、新式教科书等。这些新式教科书的出版，对宣传民主思想，传播科学知识，推动教学改革起到了积极作用。

正是在这样的氛围中，卢作孚开始了他真正意义上的教育工作。在江安县县立中学的这一年，卢作孚开始系统地研究教学方法，经过他的刻苦钻研，他找到了一套有效的教学方法，“就是教学生如何去思想，并且如何把思想活用到数学上去”。

卢作孚的教学方法所秉承的乃是“授人以鱼，不如授之以渔”的原则。在卢作孚的课堂上，他所教授的往往不是某一道题目如何解答，而是一整套成体系的方法，而这些方法正是他在自学时期总结出来的。掌握了这些方法之后，学生不仅仅能够应对各种题目，更能根据个人的具体情况，自主进行学习。

不过，这些方法虽然有诸多益处，却不是轻易就能掌握的，很多学生一开始根本就不知道他们的卢老师究竟是在做什么，这样的教育方法他们以前哪里经历过呢？然而，随着时间的推移，学生们开始逐渐明白了卢作孚的良苦用心，也都尝到了这种新方法的甜头。

当掌握了这种新的学习方法之后，他们甚至开始抛开学校安排的教学进度，主动学习更高一级的课程而且效果极为显著。有时候一些自学了高年级课程的学生会主动找到高年级的学生“挑战”，结果高年级的学生居然解不出一个低年级学生拿出的题目，这令那些高年级学生“或瞠目不能答”。

卢作孚说：“要做到这个地步，并不困难，只要告诉学生五个秘诀：（1）看清楚；（2）听清楚；（3）想清楚；（4）说清楚；（5）写清楚。这样，使数学上的一字一句，都弄得十分明了，十分透彻，不许有丝毫模糊，将来应用于做事，也能如此，自然是事半功倍。”

在江安县县立中学当数学老师的日子应该是卢作孚一生中最安宁的日子。这一年他远离纷争与喧嚣，专心于教书育人传业授道，着实是一个优秀的教师。然而，他并没有因为安逸的生活而淡忘国家和民族的不幸。

这一年，国内大大小小的军阀为了各自的利益纷争不断，神州大地，战火不绝。1913 年 7 月，在孙中山的号召下，被袁世凯免职的江西都督李烈钧，从上海回到江西，在湖口召集旧部成立讨袁军总司令部，正式宣布江西独立，并发表电告讨袁。7 月 15 日，黄兴抵达南京，组织讨袁，宣布江苏独立。推举江苏都督程德全为南军司令，但程德全弃职，逃遁上海。随后安徽柏文蔚、上海陈其美、湖南谭延闿、福建许崇智和孙道仁、四川熊克武亦宣布独立。随即又一场战争爆发。最终，在北洋军的进攻下，各地反袁运动相继失败。

在各地的讨袁军相继失败后，袁世凯指“黄兴、陈其美、钮永建、何海鸣、岑春煊”五人为这次战乱的一等犯，其余如“孙中山、张继、李烈钧、柏文蔚、谭人凤、陈炯明”等人也都在通缉之列。在此之前或之后，孙中山、黄兴、李烈钧、柏文蔚、陈其美、居正等人也都先后亡命日本，重新开始了他们的流亡生涯。

政局的动荡进一步加剧了普通百姓生活的艰辛，众多贫苦百姓因为战争流离失所无家可归，战火所到之地无不化为一片焦土。发动战争的众多将军取胜的继续作威作福，战败的也可一走了之，唯有那些贫苦不堪的百姓，遭受着别人带来的痛苦。

这些不幸与灾难让卢作孚常常寝食难安，为什么革命之后形势反而逆转？百祸之端清政府垮台了，为何换来的只是军阀混战、民不聊生？革命的成果是如何丧失的？革命的出路何在？中国的希望何在？这些问题，苦苦缠绕着他。每天，他都要仔细阅读在江安能弄到的所有报刊，了解全川和全国的大势，渴望从中找到时局变化的转机。但是，茫茫九州，到处是愁云惨雾。他看不到一线曙光。

后来他得知，有许多侥幸逃脱的革命党人，都纷纷去了上海，便也萌生了去上海的念头。上海是个国际大都会，经济发达，信息灵通，他相信，在那里他能够学到新的知识，能够找到新的救国办法。1914 年夏，他辞去江安中学的教职，回合川辞别了父母，然后从重庆乘坐“蜀通轮”东下。

川江如练，三峡如削，一路极目都是大好河山。这是他第一次乘船在长江上航行，也是他第一次踏上出川之路。此一去，便注定了：他的人生舞台再不会仅仅局限在巴山蜀水。

他要走向的，是大上海，是全中国，是浩瀚的海洋！

闯上海

20世纪前期的上海，环境极其复杂，各国租界形成了“国中之国”，虽然极大地破坏了中国的领土主权完整，但是在一定程度上，租界也成了中国人了解西方文明的一个窗口。众多的外国租界，也让上海成为了一个名副其实的国际大都市。

上海租界，从1845年11月设立开始，至1943年8月结束，历时近百年。中国的领土在西方人的控制下按照西方的制度运行，经济的发展有了充足的保证，一时间，租界异常繁荣。

以金融领域为例，上海在开埠的80多年的时间里，从确立到发展到繁荣，一路走来，风光无限。到了20世纪二三十年代，上海的金融市场门类齐全，它不仅有被称为货币市场的同业拆借市场和贴现市场，属于资本主义市场性质的证券市场，还有内外汇市场以及黄金市场等。繁荣的金融业使上海成为“东方的纽约”。当时上海的银行主要集中在外滩、江西路、九江路、汉口路等繁华的大街，而江西路由于集中了中国的大部分银行而被称为“中国的华尔街”。

繁荣的经济，错综复杂的政治环境，也使得上海成了一个鱼龙混杂的地方。在辛亥革命之前，许多革命党人纷纷借助上海的特殊环境从事反清革命活动。这当中以“《苏报》案”最有影响力。

《苏报》原是一家以日侨出面开办的报纸，1896年6月26日创刊于上海。主办人胡璋以其日籍妻子生驹悦的名义注册，报刊内容多载市井琐事。1900年，由陈范接办，倾向改良。1902年南洋公学发生退学风潮，《苏报》首先报道，旋设“学界风潮”专栏，及时报道学潮消息，引起社会各界的关注，“声价大起”，而想“更以适时言论张之”。

1903年夏，《苏报》支持中国教育会和爱国学社的活动，聘请章士钊为主笔，章太炎、蔡元培为撰稿人，报道各地学生的爱国运动。以后，《苏报》又陆续刊登了许多热情地宣传革命的文章，旗帜更为鲜明。

1903年，邹容、章太炎分别写出轰动全国的《革命军》和《驳康有为论革命书》。《苏报》连续发表《读〈革命军〉》、《序〈革命军〉》、《介绍〈革命军〉》等文章，大骂皇帝和清政府，高呼革命为神圣“宝物”，要求建立资产阶级“中华共和国”，推荐《革命军》为国民必读的第一教科书，同时报道各地学生的爱国运动。为此，清政府照会上海租界当局，要求租界当局以“劝动天下造反”、“大逆不道”罪名将章太炎等逮捕。

1903年7月7日，《苏报》被封，租界当局逮捕了章太炎。邹容激于义愤，自动投案。章、邹在会审公廨上继续宣传革命，坚持斗争，控诉帝国主义和清朝统治者的迫害。

1904年5月，章、邹分别被租界法庭判处监禁3年和2年有期徒刑，并禁止中国人在租界内办报纸宣传革命和出版革命书籍。1905年，邹容被折磨致死，年仅21岁。1906年，章太炎刑满释放。强势的清政府企图通过这一事件压制舆论以达到镇压革命的目的，然而，事与愿违，通过“《苏报》案”，《革命军》的销路更广，革命风潮日盛。

尽管在1903年“《苏报》案”以后，租界当局应清政府的要求，加强了对报刊的控制，但上海仍然是全中国革命舆论基地，是宣传革命比较安全的场所。于右任等人在《民呼日报》放胆攻击清廷，遭禁以后，续办《民吁日报》，“吁”与“呼”只差两点。《民吁日报》遭禁后，再办《民立报》。

这种魔术般的变换，与其说是革命党人应付租界当局，还不如说是租界当局在应付清政府。那一时期，上海宣传革命的报刊先后有《苏报》、《国民日日报》、《国粹学报》、《竞业旬报》、《中国女报》、《神州女报》、《神州日报》、《民呼日报》、《民吁日报》、《民声丛报》、《民立报》等十多种。

上海不但是革命报刊的出版基地，且为联系南北、沟通国内与国外的交通枢纽，亦为海外革命书刊流入内地的中转站。形形色色、难计其数的革命书刊，从这里源源不断地流入内地，其鼓动、发酵作用，怎么估计都不过分。辛亥革命前十年间，上海媒体在革命舆论宣传方面的广度、深度、激烈程度，国内其他城市无法望其项背。

正是上海浓厚的革命氛围以及相对开放的环境，使得卢作孚决心闯荡上海。1914 年，21 岁的卢作孚带着革命的信念来到了上海滩。然而，卢作孚的上海之行一开始时就让他隐隐感到了失望。

1914 年夏，卢作孚购买了由重庆开往上海的船票。一路东行，长江两岸壮美的景象让同船的旅人无不感慨万千，然而，卢作孚却无心欣赏祖国的大好河山，因为有两件事让他深感不安。

第一件事就是一路走来看到江面上众多轮船，挂的都是外国国旗。有日本的、英国的、美国的、法国的，也有意大利的、挪威的、荷兰的、瑞典的，可就是见不到中国国旗。长江上的内河航运权，竟绝大部分拱手让给了外国人！对此，卢作孚的第一个想法就是在国家无力对抗列强的情况下，还有什么办法能够赶走长江上的外国船只，收回内河航运权？

沿海和内河，是一国领土主权不可分割的组成部分。在近代，列强攫取了中国沿海和内河的航行权，大肆进行客货营运、商品贸易，严重侵犯了中国沿海和内河的主权。第一次鸦片战争至第二次鸦片战争，列强攫取了中国沿海航行权，先是合法取得沿海转运洋货的特权，继而又在事实上获得转运土货的特权，并在第二次鸦片战争之后将这一既成事实转为条约权利。

外国商船参与沿海贸易，严重地影响了中国沿海营运船只的利益。软弱无能的清政府对此虽然并非视而不见，但对于外国船舶在沿海贩运土货已成为不可逆转之趋势的既成事实，无力也不打算加以禁止，清政府所关心的只是对这种贸易如何征税以防止税款流失。

第二次鸦片战争至中日甲午战争，列强逐渐攫取了中国主干河流长江的航行权，先是取得在长江中下游航行的条约权利，至19 世纪 90 年代，又进而获得在长江上游和其他河流航行的条约特权。沿江进行客货运输、贩运土货的贸易权，是列强所要求的长江通商航行权的主要内容。同沿海各口一样，外国船舶在开放的沿江各口，也做起了客货运输、贩运土货的沿江贸易。

伴随着列强的武装侵略和战争威胁，再到掀起瓜分狂潮，中国的航权由沿海到内河，由内河到内港，一步步地丧失殆尽。在“协定关税”特权的利益保障下，又有领事裁判权的庇护，列强船舶几近自由地航行于近代中国的沿海、内河和内港，极大地便利了其对中国进行的经济侵略，并对中国的政治、国防和经济（直接的是航运业）等造成了极大的危害。当时的长江等大江大河成为了名副其实的“国际河流”。

让卢作孚感到不安的第二件事是他乘坐的轮船。当时他乘坐的是中国轮船“蜀通”轮，原以为乘坐中国的轮船可以省去被外国人欺辱的烦恼，但是不曾想即使坐了中国船，还是得不到应有的尊重。

客舱分为几等，不同等级的待遇有天壤之别，“高等华人”和洋人享用最豪华的头等舱，贫苦乘客只能坐最低等的“统舱”。统舱里混乱、肮脏，犹如地狱。这里的乘客，需自带席子和被褥，在甲板上将就着打地铺。船上的“茶房”（即服务员）对低等乘客态度恶劣、冷漠，索要小费连一个铜板也不肯少。卢作孚越来越感到气愤，这江上的所见，简直就是腐败中国的缩影。堂堂的中华，怎会成了如此没有尊严的民族？他年轻的心受到了巨大震撼。

经过一个星期的航行，由重庆出发的轮船终于到达了上海。到达上海后，上海滩的纸醉金迷并没有让卢作孚心动，他此行的目的很明确，就是要找到流亡上海的“革命同志”，把没有完成的革命继续下去。然而，当卢作孚历尽艰辛终于找到曾经的“革命同志”时，他却大失所望。

这些曾经的革命党人早已没有了革命的热情。有的混迹于酒馆，有的沉迷于青楼，有的在赌场豪赌，有的在官场钻营。他们都告诉卢作孚清朝已经被推翻了，革命完成了，不需要继续革命，再革命就是革民国的命了，这是大逆不道的。他们的言行让卢作孚深感痛心，这些曾经的革命党人再也没有救国救民的豪情壮志了，或许他们根本就只是要赶走皇帝，或许他们已经被反革命的屠刀吓破了胆。虽然心痛，但是经过这一连串的波澜，卢作孚也总算是看清了一些所谓革命党人的革命目标。他很清楚，这些人再也不是他的革命同志了，革命的道路上也许他会越来越孤单，但是他会继续走下去。

革命还要继续，但是孤掌难鸣，卢作孚能够做的就是继续丰富自己，为将来的革命做好准备，于是他再次投入书籍的怀抱。上海是个国际都市，有很多图书馆免费对外开放，还有许多书店供读者免费阅读，这让卢作孚得到了丰富的营养。

每天，卢作孚都泡在图书馆或书店里，重点阅读实验教育、哲学和社会科学方面的书籍，使自己之前的实践经验理论化、系统化。

由于家境贫寒，家里提供的生活费来之不易，卢作孚就给上海的报纸投稿，以此来维持自己的日常生活开销。他的生活来源极为不易，他就尽可能的节省。为了省下房租，卢作孚只能租住最便宜的“亭子间”，也就是顶层的小阁楼，站在屋里腰都伸不直。吃饭也是达到极简程度，有时吃不起饭，就买个最便宜的烧饼，在图书馆里边看书、边吃烧饼充饥。

即便是这样节俭，生活费也有青黄不接的时候。他租住的阁楼下层，住着一位裁缝。有一次，裁缝见卢作孚三天没下楼，心生疑惑，爬上阁楼去看，只见他躺在床上起不来。原来卢作孚因囊中羞涩，已经三天没吃饭了。他后来回忆起这情景，仍有铭心之痛：“住在小阁楼里，饿过两三天，出来都不能走路。”

尽管他在上海的生活已经到了这样的境地，但并没有放弃救国救民的责任。

结识名流

在上海期间卢作孚结识了两位著名人士，一位是著名教育家黄炎培，另一位是有“交际学博士”之称的黄警顽。

黄炎培是中国近现代著名的爱国主义者和民主主义教育家，是中国近代职业教育的创始人和理论家，他以毕生精力奉献于中国的职业教育事业，为改革脱离社会生活和生产的传统教育、建设中国的职业教育，作出过重要贡献。

1878 年 10 月 1 日，黄炎培出生在今天的上海地区，早年父母双亡。1887 年随外祖父发蒙，接受传统教育。迫于生计，尚未成年的黄炎培即在家乡任塾师。1899 年时在松江府以第一名取中秀才。1901 年入南洋公学，选读外文科，受知于中文总教习蔡元培。1902 年后又中江南乡试举人。

1903 年黄炎培返乡兴办小学堂。期间，开始接触严复翻译的《天演论》等新学书籍。次年在乡办校，因鼓吹反清被逮捕，一度入狱，在江苏巡抚“就地正法”批文到达前一小时，由基督教外籍牧师保出，逃亡日本，一年后事息归国，继续兴办学校。

1905 年参加同盟会。辛亥革命前，先后创办和主持广明小学和师范讲习所、浦东中学，在爱国学社、城东女学等新教育团体和学堂中任教，并参与发起江苏学务总会。辛亥革命后，任江苏都督府民政司总务科长兼教育科长，后任江苏省教育司长，全力以赴改革地方教育，全面规划建设了省立高、中等学校和县立小学，先后担任省教育会副会长，上海申报馆旅行记者。

民国以后，他主要从事教育工作，这期间影响巨大，就连蒋介石也慕名把他的两个儿子蒋经国、蒋纬国送到黄炎培的学校读书。新中国成立后，黄炎培破“不为官吏”的立身准则，欣然从政。1949 年 9 月出席中国人民政治协商会议。中华人民共和国成立后，历任中央人民政府委员、政务院副总理兼轻工业部部长、全国人大副委员长、全国政协副主席、中国民主建国会中央委员会主任委员等职。1965 年 12 月 21 日病逝于北京。

当时的黄炎培已经有了相当高的社会声望，许多人都想要结交他，借他的名望提升自己。然而，这些人不学无术的态度、追名逐利的动机让黄炎培甚为不满，并对其嗤之以鼻。

黄警顽生于 1894 年，比卢作孚小一岁，上海人，是著名的出版人、“交际博士”。黄警顽 14 岁就参加商务印书馆第一届学徒考试。当时和黄警顽一起应试的人员中，还有中国伟大的无产阶级革命家、政治家陈云。在此次考试中，两人均被录取。

黄警顽被录用后，调到发行所专做服务工作，成为了有名的“交际博士”。他自称：“我在店里从 1913 年一直奔走到 1946 年，前后 33 年，变成一张会说话的活动柜堂，一本没有字的人名大字典，一具商务印书馆的活广告。”

黄警顽为人豪爽，乐于助人。早年徐悲鸿从四川到上海谋求职业，当时是一个穷途落魄的青年，一下子在上海找不到工作。徐悲鸿酷爱读书，自己买不起书，便常去“商务”的书店去“站读”，日子久了，便与营业员黄警顽相熟了，两人从交谈到互相了解，不久就产生了友谊，素不相识的黄警顽对徐悲鸿热情相助。徐没有地方住，曾住在黄家。后来黄警顽又引见《小说月报》的主编恽铁樵给徐悲鸿认识，而恽铁樵就介绍徐悲鸿为商务印书馆小学教科书画插图。

1947 年，应徐悲鸿之邀，黄警顽去北平工作。徐悲鸿于 1953 年去世后，黄警顽留在了中央美术学院从事工会工作。在 1957 年那场政治风波中，黄警顽被错划成了“右派”。接着又被迫退职，回到上海。此时他家中仅有 12 平方米一间房，住着妻子、儿子和外孙女三人。他无处容身，只得在公用过道上暂住。

1978 年，中央美院纠正了他的“右派”错案，并由全国政协恢复了他的经济补贴，分给他一套住房。一年后，黄警顽因病去世。

当时，每天早早地赶到图书馆，读起书来如饥似渴的卢作孚，引起了同样常去图书馆的黄炎培的注意。黄炎培注意到，这青年阅读的书籍，既不是情意绵绵的爱情故事，也不是打打杀杀的武侠小说，而是涉及教育等诸多社会领域的专业书籍，正是他当前从事的领域。一个青年如此关心这样的社会问题，这让黄炎培很是意外，于是上前和他交谈。这样一次谈话，让两人都有了相见恨晚的感觉。两人对很多问题的观点都有着惊人的一致，而且各自都有自己的见解。后来，两人成为莫逆之交，直至终身。

卢作孚与黄警顽的相识也是在书店。当时卢作孚由于经济原因，只能到书店看书，几乎从来没有买过。而黄警顽则是书店的服务员，其职责是向读者介绍书籍，也附带观察读者在店堂内的举动，什么人来看书，什么人买书，买什么书，以及防范“孔乙己”式的穷书生。

虽然卢作孚经常来蹭免费的书看，但是黄警顽并没有因为卢作孚只看不买而心生不满，他既没有冷言冷语对卢作孚进行挖苦嘲笑，也没有气势汹汹地赶卢作孚出去，而是友好热情地和卢作孚交流。当卢作孚找不到要看的书时，他就帮忙找到。

正是源于这样的热情、信任与尊重，卢作孚和黄警顽这两个在当时而言是小角色的人物，建立起了深厚的友谊。

卢作孚在上海的这一段时间萌发了他教育救国的理想。暴力革命的失败让他深刻意识到当前唤醒民智才是革命成功的最大保障，而唤醒民智最有效的手段无外乎教育。教育既可以是在正规学堂的教育，也可以是借助报刊的教育。找到了方向，卢作孚便开始行动起来了。

当卢作孚还在上海的时候，黄炎培推荐他去商务印书馆做一名编辑，以卢作孚的才学，自然可以胜任。而且，当时商务印书馆的编辑待遇很是丰厚，许多人都竞相争取，一旦成功，养家糊口就轻而易举。但是，卢作孚却婉言谢绝了，因为他已经另有打算，他要回家乡，从最基础做起，尝试教育救国。这时已是1915年秋，卢作孚在上海已经一年。

牢狱之灾

卢作孚的计划是到合川县立中学当数学老师，然而诸事进展不顺。最初，卢作孚在上海联系到了合川县立中学的校长刘极光，刘校长对卢作孚的才学极为欣赏，很快就答应让卢作孚担任学校的数学老师。得到答复的卢作孚也不敢耽搁，立刻收拾行装上路。可是，在上海一直以给报纸投稿维持生计的卢作孚，一时间竟然凑不出钱买一张到重庆的船票。找黄炎培、黄警顽等借款未尝不可，只是生性好强的卢作孚不愿意为了区区路费向友人开口。无奈，他只好买了到湖北宜昌的船票，然后再由宜昌由陆路徒步回到合川。

谁知这一路旅程甚是艰难。乘船到达宜昌之后，卢作孚便上岸开始了徒步的旅程。这一路先后经过施南、利川回到重庆，等由重庆到达合川时，已是初冬。此时刘校长等待卢作孚已有月余，学校的学生又要赶课程，而卢作孚一路走来通信又诸多不便，不得已，刘校长只好不再等待，另聘他人代替了卢作孚的位置。

然而，此时卢作孚家里的境况也是不容乐观，一家 10 余口人每日都在与饥饿抗争。为了贴补家用，卢作孚再次拿起笔给报纸写稿，可是稿费终究是时有时无，生活依然没有保障。直到 1916 年 3 月，由友人推荐，卢作孚到成都的《群报》担任记者兼编辑，此时才有了稳定的收入，虽然每月只有 14 元，但是勉强可以维持家人最基本的生活开销。

卢作孚在《群报》担任编辑记者时虽然薪水有限，但是这并不妨碍他仗义执言。他敢于批评时政，替劳苦大众大声疾呼。但是，正是因为直言不讳，他还遭遇了一场牢狱之灾。

当时，卢作孚的哥哥卢志林任《群报》在合川的特约通讯员。1916 年春，合川县发生一起人命案，在案件审理过程中，合川县长徇私舞弊，贪赃枉法，此举引来民众极大不满，但是这县长置民意于不顾，肆意妄为，为非作歹。卢志林出于公理和正义，公正客观地报道了这件事。虽然报道中没有直接提及县长的名字，但是其中的内容很容易就能看出来具体所指。

于是，气急败坏的县长看到报纸报道他的恶行后，立刻下令逮捕卢家兄弟。

报纸由成都送达合川的那天，合川县长和往日一样在吃饱喝足后顺势坐在他那专属的椅子里，翻开报纸细细读来。

县长看报有一个习惯，就是边看边点评，分析天下大势给周围的随从听。可是，今天县长刚点评完一篇文章，紧接着就住口不谈，然后是满脸怒气，最后居然拍案而起，拿起手边的茶杯朝地上摔了个粉碎。

县长这样的举动可是让四周的随从各个心惊胆战：县长怎么会突然发这么大的火呢？一个个呆立着不敢有一丝动静。县长发完火之后，对一个佣人喊道："去，把警察队长给我找来！这小兔崽子，看老子不宰了你！"

很快，警察队长急匆匆地跑到了县长面前，县长指着被他甩在桌子上的报纸对警察队长说："你看看去，一个姓卢的记者，居然敢对咱们前些天办的那个人命案子说三道四，简直是活腻了！"

这警察队长拿起报纸也没细看，一听县长说是有人对他们办的案子说三道四，立刻向县长请示道："县长，下命令吧，我这就把这兔崽子抓起来！"

"你现在就去，多带几个人，动静大点，要是他敢抗命当场枪毙！我就不信了，这帮刁民我还镇不住他们！让他们知道知道对官府说三道四是什么后果！"县长三言两语就布置好了警察队长的任务。

领到命令，警察队长立即召集了20个带枪的警察浩浩荡荡奔向卢作孚家里。

此刻，卢家人并不知道他们即将大难临头。当时正值午间，恰有卢家兄弟的好友来到合川，兄弟二人正在招呼朋友吃午饭。突然间，一队带枪的警察直接破门而入，20个黑洞洞的枪口指向正在桌前吃饭的3个青年。

警察队长抽出随身带着的马鞭，啪的一声抽在饭桌上，把满桌的饭菜打得飞溅。然后厉声道：“哪个是姓卢的？给老子滚出来！”

卢作孚早些年经历过辛亥革命中的血腥场面，对于警察队长的蛮横并不惧怕，站起来道：“我们兄弟都姓卢，长官有何贵干？在我中华民国境内你们私闯民宅，国法何在？”

“老子就是国法，老子想干嘛就干嘛！全部抓起来带回去！”不由分说，20个警察就把3个青年死死地摁住，拿麻绳捆了个结实，之后又在他们衣服上撕下布条，塞在他们嘴里。从头到尾可谓是干净利落，除了卢作孚有机会对质一句，其余二人皆来不及说话便被捆绑封口。

警察队长带着他的“得胜之师”凯旋，一路上他并不着急立刻押解“人犯”回县衙，而是尽找各处人多喧闹的场所。一路走一路高声喊叫：“都看好了，这几个刁民胆敢诋毁县长大人，无中生有、搬弄是非。现在我以民国警长的身份逮捕他们，交给英明的县长大人审判。今后若是还有这样肆意诋毁官员的，一概逮捕，杀头！”

就这样，警察队长一面走一面宣讲这三个“犯人”的“罪行”，同时树立他民国警察以及民国县长的威风。然而一路走来，他却没有听到一个百姓为他的“壮举”叫好，反倒是一阵阵无奈的唉声叹气。不过他并不会在意这些：一群刁民，不跟他们计较！

终于，卢作孚等3人被押解到了县衙。县长得知“犯人”被抓回来了，也就顾不得正跟他撒娇要买玉手镯的四姨太了，就直奔前堂，要立刻升堂审讯犯人。

县长在大堂正中正襟危坐，一拍惊堂木道："尔等污蔑民国县长，无中生有、混淆视听，败坏我民国声誉，这是通匪叛国。现判尔等即刻入狱，刑期待定！"

听完县长的审判，底下的警察队长补充道："你们可有话要说，如果没有就赶紧画押招供！"说着，警察们就拿着早已拟好的判决书来到三人面前，掰开他们三个紧握的手指头，粘上红色的印泥，狠狠地摁在了判决书上。警察们并不曾给他们三个施以大刑，让他们免了皮肉之苦，只是谁也不曾注意到他们三人嘴里塞得紧紧的布条。

就这样，三人就稀里糊涂地被关进了县府的大牢，这一关就是一个月有余，期间禁止家人探监，禁止一切与外界的交流。

对于卢作孚三人的遭遇，知情人无不同情惋惜，连县监狱的狱卒都十分同情他们三人。鉴于这样的情况，卢作孚想到了对策。他请同情他们的狱卒带了纸和笔到牢房，他在牢房里将自己的遭遇写成了一封长信，又托狱卒带给他小学时候的老师。很快，卢作孚的信就广为传播，读过信的人无不称赞卢作孚之文采，唾骂县吏之恶行。众多当地有名望的乡绅也得知了此事，他们不少人都爱惜卢作孚的才华，认为县长此举甚是不妥，便联名要求县长放人。

初时，县长对于众人要求放人极为不满，但是他这县长虽大，却也忌惮当地乡绅几分，看到众多乡绅都来保卢作孚等人，他也不得不妥协，只好下令放人。就这样，卢作孚这场有惊无险的牢狱之灾总算是过去了。经过这件事，卢作孚在当地也成为了有名的才子。

出狱后，卢作孚继续为《群报》写稿，他并没有因为这次牢狱之灾而有所顾忌，依旧坚持实事求是、客观公正的文风，针砭时弊，为劳苦大众鸣不平。后来，《群报》激烈的言辞终于让反动势力忍无可忍，他们试图将《群报》查封，以图一劳永逸。然而，查封《群报》并不能封住正义的口。

1917年夏，刚刚接任合川县立中学校长的杨鹤皋，来信邀请卢作孚到合川县中学担任监学（相当于教务长）兼数学教师。接到这个邀请之后，卢作孚略加沉思，便决定辞去报社的工作，再去做老师。投身教育正是卢作孚多年来的心愿，有了这样的机会，自然是不能错过的。于是，他辞去了《群报》的工作，在暑期回到合川，做了一名老师。就在卢作孚离开《群报》后不久，《群报》因其一贯观点激进的作风，被当局查封了。

五四风云

转眼间到了1919年春，卢作孚已经做了将近两年的数学老师，而此时正值“五四运动”前期。当年《群报》的主笔李劼人受人之托，在成都又创办了一家新的民间报纸《川报》，自任社长兼总编辑。报社刚一组建，李劼人就想到，昔日的同事卢作孚可当大任，于是去函诚邀卢作孚担任《川报》的主笔、记者和编辑。

李劼人是中国现代具有世界影响的文学大师之一，他生于四川成都，1919年赴法国留学。23岁任《四川群报》主笔、编辑，《川报》总编辑。建国后曾任成都市副市长、四川文联副主席等职。代表作有《死水微澜》、《暴风雨前》和《大波》。另外，发表各种著译作品几百万字。

李劼人从 1915 年担任《四川群报》首任主笔起，就聘请了周太玄、王光祈为驻上海和北京的记者。《川报》创刊后，周太玄、王光祈仍然被聘为驻外记者。1919 年 2 月，周太玄在法国组建“巴黎通讯社”。时值第一次世界大战刚结束，“巴黎和会”召开之际，作为战胜国的中国国内民众十分关注我国政府能否在“和会”上争回山东的主权。因此，“巴黎通讯社”从组建之日起，就密切注视着“和会”的动向，随时都有新消息传回国内。

有一天，会议的重要内容让他们探得了以下消息：西方列强要把战败国德国在我国山东的权益转让给日本，而中国政府已经准备在文件上签字，真是岂有此理！消息核实后，周太玄连夜写稿，最终抢在英美日等国通讯社之前，第一个将报道发回了国内。随即，“五四运动”便在北京爆发了。

“五四运动”时，王光祈正是北大的旁听生，理所当然参与了北大学生的集会和游行。敏锐的王光祈立即感觉到了这一大事件深远的历史意义。5 月 4 日当天从赵家楼出来，他就直奔电报局，用专电将北京的消息发回了成都。

李劼人收到王光祈发出的第一封“五四运动”的专电后，意识到一件历史大事件发生了。因为，在此之前，他已经编发了周太玄发回的巴黎中国留学生反对“和会”签字的新闻，现在又收到王光祈从北京发来的更激动人心的消息。他立即就在《川报》的重要位置以最大的字号登载。以后每次收到北京来的文章，他都以最快速度在最显著的位置发表。

随着“五四运动”的进行，《川报》及时跟进，大量报道，把发生在北京的一系列活动迅速传到巴山蜀水。通过《川报》，成都的学子了解到“五四运动”的情形，并且一致决定拍发通电，声援北京学生爱国运动，声讨北京卖国政府，要求罢免亲日派曹汝霖、章宗祥、陆宗舆，呼吁全国各界一致反对“巴黎和会”签字。随后，成都各校数千人开展游行示威活动，向督军、省政府请愿，通电各省各县共起反日救国，并一致通过反对日货运动。

“五四运动”在四川播撒了新思想、新文化，使大批有志青年受到了新时代的洗礼。巴金、艾芜等热血青年正是沐浴着“五四”的阳光，踏上了他们追求光明理想的人生道路。李劼人犹如优秀的火炬接力手，“五四运动”的思想之火最终经他的手燃遍了巴山蜀水。

卢作孚正是在这个时候加入《川报》，成为李劼人的得力干将，直接参与《川报》对“五四运动”的报道工作，再次感受到革命的力量。在“五四运动”前，风起云涌的国内外形势，已经让卢作孚意识到要有大事发生，此时需要借助报纸的力量来推动事件进展。当收到李劼人的邀请时，他当即决定辞去教师职务，前往成都再次从事新闻事业。就在卢作孚就职的当月，“五四运动”在北京爆发，成都各校学生群情激奋，纷起响应。以成都高等师范学校为首，各校开始罢课游行。

在“五四运动”中，卢作孚有着双重身份，其一，作为记者，他是事件的见证者、记录者，他要秉着记者的良知和职业道德客观公正地报道发生在成都的运动；其二，他是运动的参与者，“五四运动”是以爱国青年为主体的运动，没有爱国青年的发起、参与就不会有“五四运动”的成功，而卢作孚作为一个爱国青年，不可能不参与到这样一场伟大的运动中。白天，卢作孚加入到游行示威者的行列中，举起爱国的旗子，呼喊爱国的口号，即使手臂酸疼，嗓子沙哑也不能让他有丝毫松懈；晚上他又端坐案头，奋笔疾书，将当天的见闻翔实记录，写作成新闻稿送到报馆编排印刷。

运动期间，卢作孚除了参与运动和报道运动之外，他还加入了“少年中国学会”。该学会在中国历史上有着重要影响。学会是由李大钊、王光祈、陈愚生、张尚龄、周太玄、曾琦、雷宝菁等人于1918年联合各方面的青年有志之士筹备组织起来的。当时留日学生因反对日本帝国主义侵略中国，全体回国，国内各学校学生请愿受到反动军阀压迫而失败，因此感到要组织一个带学术性的政治团体之必要。这个学术性的政治团体定名为“少年中国学会”，于1918年6月30日开会筹建，后于1919年7月1日正式成立。

李大钊和王光祈是这个学会的发起人。毛泽东、恽代英、邓中夏、杨贤江、高君宇、李达、黄日葵、缪伯英、蔡和森、赵世炎、张闻天、许德珩等进步学生都参加了这个组织，而且，他们中的一部分还起到了重要的领导作用。北大校长蔡元培曾评价说：“现在各种集会中，我觉得最有希望的是‘少年中国学会’。因为他的言论，他的行动，都质实得很，没有一点浮动与夸张的态度。”

王光祈是“少年中国学会”的灵魂人物，他当时极力反对政治改革，主张社会改革，要用教育和实业来创造理想的少年中国。这些主张与卢作孚的思想有契合之处。然而，“少年中国学会”的会员多是一些年轻学生，并没有找到以教育和实业救国的途径，而“五四运动”后全国政治情绪高涨，许多人加入政党或组织新政党，又回到了政治改革的老路，一些不愿意放弃原来主张的人也找不到出路，只能安心读书做学问，王光祈自己也到德国柏林大学学习音乐，研究中国音乐史去了。

相比之下，卢作孚的做法则更加务实。王光祈、曾琦坚决要求不依靠既有势力，要和军阀官僚划清界限，要完全用青年自己的力量建设理想国家。这样的想法固然可贵，然而在当时的中国社会却无异于空谈；卢作孚则不然，他认同通过社会改革来实现强国富民的理想，而且，他认为应该利用一切可以利用的条件来实现这个理想，他不反对利用青年的力量，但是，他不赞同只依靠青年单枪匹马应对复杂的国际国内形势。最终，不同的主张让这些热血青年走上了不同的道路。

他们都是来自那个时代的人，没有人会否定他们的历史地位，只是不同的主张决定了他们不同的未来。选择政治革命的人，在枪林弹雨里缔造了一个新的国家；选择潜心治学的人，则再次丰富了中国的学术领域；而卢作孚则用自己的行动成就了一代船王的辉煌。

出任公职改革教育

1921年对卢作孚而言是具有转折意义的一年，这一年卢作孚开始把自己的想法变为现实。他不再当老师，也不再办报纸，而且接受公职，借助手中的权力来改革教育。他教育救国的伟大理念终于进入实质性阶段。

在1920年，川军著名的军阀杨森任川军第9混成旅旅长、泸永镇守使、第9师师长，一时间成为地方上最有权力的人物。杨森出身军官学校，早年加入同盟会，有一定的革新思想，当杨森执政之后就提出了“建设新川南”的口号，而卢作孚作为当时四川省内知名的改革人物，自然得到了杨森的重用。杨森邀请卢作孚到泸州任永宁公署教育科长，让他主持当地的教育改革事宜。

得到杨森的邀请之后，卢作孚认为这是一个实现自己教育救国理想的好机会，他可以通过行政命令来更加快捷有效地推行自己的改革主张，可以用最少的时间收到最大的效益。于是，他欣然接受杨森的邀请，离开成都的报社，赴泸州与杨森面谈。

两人之前虽然从未谋面，但是见面之后谈起改革大计让彼此感觉相见恨晚。尽管杨森推行的改革更多的时候是为了炫耀其执政的功绩，但是他支持改革的态度却能够为卢作孚的改革提供强大的支持。最后，杨森以卢作孚“为人谙练有识，劲气内敛”，任命他担任永宁道尹公署教育科长，主持川南的教育行政工作。

接受任命之后，卢作孚就满怀热情地投入到他的社会改革实践中去，怀抱“教育救国”的理念，领导川南的新建设。卢作孚大力推行教育改革，革除学校教育弊端；广泛开展民众教育以开启民智唤醒民众，整个泸州地区呈现出一派勃勃生机，一时间，“新川南、新教育、新风尚”的口号传遍全川。

卢作孚在川南施行的教育改革试验主要针对民众教育和学校教育两个方面。民众教育针对全体民众，把辛亥革命未完成的任务继续下去，要让民众从思想上把皇帝赶走，摆脱精神上的枷锁，接受民主共和的观念，认识到自己就是国家的主人；学校教育则是为了培养国家的未来，让孩子从小就接受认可新的世界观和价值观，让他们以全新的状态走进这个全新的社会，适应这个与以往截然不同的时代，以此为国家和民族培养合格的新主人。

卢作孚进行民众教育的第一步就是创办“通俗教育会”。他一上任就创办了该会，而且亲自负责。同时，他还建立图书馆、阅览室，举办各种展览，还派人挑担送图书下乡，开展阅读活动。他这些工作所针对的都是最普通的劳苦大众，这其中的许多人甚至目不识丁。卢作孚认为启蒙最广大的底层人民尤为重要。早期的思想启蒙都只是集中在某个特定的阶层，往往与人数最多的普通大众无关。例如，清末的资产阶级改革，虽然是一次思想启蒙，然而启蒙的对象都是具有一定眼界和学识的上层人物，目的是要让他们接受资产阶级思想，至于普通大众则几乎是毫无相关。“五四运动”时期的思想启蒙则集中在学生等青年阶层，虽然“五四运动”启蒙了一大批青年，但是最广大的贫苦百姓依旧无动于衷。卢作孚深感底层人民不觉醒，国家就难以真正富强起来。因而，他社会改革的第一步就是民众教育。

“通俗教育会”是卢作孚进行民众教育的主要机构，他们通过定期举办时事讲座、辩论会等方式来传播新思想。当时传播新思想的主要场地就设在了泸州白塔寺的旧戏台，粉刷一新的旧戏台夜夜灯火通明，吸引了大量围观的人群。

最初很多人以为是要唱戏，就纷纷上前，谁知上台的不是穿戏服抹花脸的演员，而是一个个子不高穿着一身中山装的年轻人。这年轻人看到台下密密麻麻的人头，却也不怯场，镇定自若地说道：“各位乡亲父老，本人卢作孚，是泸州永宁公署教育科长，在此讲授时事，传播新思想。”一位官老爷居然摆下戏台，说要讲授时事，传播新思想，这在当地可以算件新鲜事。于是，本来要看戏的百姓也忘了最初的目的，专心听这位官老爷要讲什么样的新思想。

果然，卢作孚所讲授的新内容让身处西南内陆的普通百姓眼界大开，人们渴望新知，为时尚新潮的演讲题目所吸引，比如“什么叫新文化运动”、“青年要摆脱保守、闭塞的思想”、“勇敢地创造青春的中国”、“男女平权”等。

在以新文化为主题的暑期讲习会上，主办者还曾邀请北大教授陈启修和商务印书馆《小说月报》的编辑茅盾前来演讲。泸州的教育机关人员和各校师生济济一堂，洗耳恭听。就连杨森、王缵绪这样的军政首脑，也不愿放过机会，每天都与卢作孚一起来听讲。

那一时期的泸州城内外，开展了声势浩大的移风易俗活动，宣传放脚、剪短发、男女合校等新思想，讲解卫生知识和疾病防控方法，为中小学生普种牛痘。卢作孚还组织举办了四川省首次由学生和军人联合参加的体育运动会，有1400多名运动员参加，吸引了10万名观众。卢作孚担任大会总裁判，他利用这次民众聚集的机会，进行大规模的舆论宣传活动。

运动会开幕的当天，会场上到处是宣传标语，会场四周还举办了各县土特产和学生的学习成绩展览。一批学生和女教师担任了义务宣传员，接待民众入场，宣传男女同校读书的新思想。在卢作孚的鼓励下，妻子蒙淑仪也成了义务宣传员之一。在运动场的进口处，大会设立了“剪发棚”，为勇敢冲破封建意识束缚的女性剪发。当天，杨森夫人头一个剪了新式短发，笑容满面地登上主席台，引起全场观众鼓掌喝彩。

这场运动会对川南地区民众带来的心理冲击空前巨大，各县的学校就是在会后才开始开设体育课的。就这样，卢作孚在泸州努力营造了一种新文化氛围，鼓励民众摆脱陈腐、愚昧的宗法社会模式，打开狭隘的眼界，建立起新型的人际关系，开始健康文明的新生活。民众为这种氛围所感染，迅速地接受了新风尚。在卢作孚的努力下，泸州乃至整个永宁地区，呈现出一派生机勃勃的新气象。

卢作孚社会改革的另一个重点则是学校教育改革。此项改革以川南师范学校为试点，推行新的教育标准，摈弃旧的教学体制。川南师范是永宁道25个县的最高学府，如果改革成功，其示范效应定会影响整个川南。

对于在川南师范学校的改革，卢作孚并没有利用手中的权力强行推行，而是先争取了学校老师的支持。因为卢作孚明白，只有获得了改革对象的支持，改革才能进行下去，如果违背改革对象的意志强行推行，势必事倍功半，甚至适得其反。为争取川南师范学校教师的支持，卢作孚亲自出面，召开全体教师大会，阐述自己的教育理念，如同下级向上级汇报一般认真诚恳。学校的老师为卢作孚的态度所打动，他们既称赞卢作孚社会改革的理想很伟大，也感叹卢作孚教育改革方案的完美。

卢作孚的改革具体有两点：第一打破教科书的挑选范围，即不用教本，最低限度亦只能选择教本当中一部分适当的教材；第二打开校门，使学生日常能与自然和社会接触。不但要让学生到自然界或社会里去，并且要让社会的或自然的教材到学校里来。

卢作孚此举正是针对中国传统教育脱离实际的弊端，这也恰恰符合现代教育讲究学以致用的宗旨。中国的古代教育，因科举制和“学而优则仕”观念的导向，实际上就是死记硬背书面知识，清末转型为现代教育之后，仍然忽视培养学生的自学能力、实践能力和道德培养。民国以来，学校所教知识与社会脱节，致使学生走上社会后，不仅适应能力差、道德感欠缺，而且要依靠自我的感悟，积累起一套社会知识来。这个重新积累的过程，完全是凭个人自身的领悟，既艰难，又带有盲目性。

卢作孚推行的改革就是要克服这样的弊端，他的目的不仅仅是教会学生书本上的东西，还要教会学生如何学会自主学习书本上的东西。不仅要授人以鱼，还要授人以渔。他主张“教育的意义，是在教人学习，教人从实际生活中去学习”，他对“有的人们竟被学校教死了”深感痛心，呼吁“教育要从小学起，把如一张白纸的儿童，一直教好下去，不要教成死人，甚至教成坏人”。

为推广试验，他成立了一个教育巡回指导人员训练所，训练指导人才，加强对各校教育改革的督促。

一次，他以初小国文教材《校园中桃花盛开》一课为例，对训练所工作人员讲到现行教材是如何脱离泸州地方实际的。他说：“试问，哪几个学校有校园？哪几个校园有桃花？讲桃花那一课的时候，是否桃花盛开？没有校园桃花，而这样教学生，不是对学生扯谎？于是乎便会使学生获得一个印象：‘所谓读书，就是扯谎！’”

教育试验推开之后，卢作孚深感能胜任推广工作的新人才太少。于是，他在杨森的支持下，专程到重庆，向介绍他加入“少年中国学会”的陈愚生求助。陈愚生时任川东道尹公署秘书长，对卢作孚的教育试验大为赞赏，他热情推荐了王德熙担任川南师范的新校长。王德熙到任后，又邀请了恽代英来川南师范做教务主任。

王德熙原在川东道尹公署任教育科长，恽代英原在安徽宣城师范任教，两人都是“少年中国学会”会员。他们的到来，使卢作孚如虎添翼。此后，又陆续引进了穆济波、周晓和、胡兰畦、秦德君、朱昌文等一批新派人物，使得教育试验有了较为可靠的人事保障。

恽代英，祖籍江苏武进，1895年生于湖北武昌，是中国共产党早期青年运动的领袖之一。1921年10月，他到川南师范就任时，刚刚入党不久。卢作孚与恽代英在人生轨迹上的这一段交集，堪称传奇。恽代英先前也有志于从事教育改革，但因环境不好，志同道合者太少，愿望就此落空。此次到达泸州后，精神不由为之一振。他看到，川南师范虽然校舍凋敝，仅由一座古庙改成，但校风已颇有朝气。

恽代英在给朋友杨效春（后成为著名的平民教育家）的一封信中，按捺不住惊喜："到此校后的感想，德熙勤朴真诚，出我意外。校内气象颇好。"他还特别提到："道教育科长卢思，人更可注意，真可谓济济多贤。"

在恽代英到任之前，卢作孚与王德熙已废除了学校的旧式学监制度，建立了"学生自治会"。恽代英来后，主持制定了新的教育方针，对教材进行了改革，其中国文课改教白话文，教材选用"五四"以来的进步文章，教学方法也采用了讨论式。学校还新辟了阅览室，订阅了大量进步报刊，使学生眼界为之大开，整个学校呈现一派欣欣向荣之气。

恽代英还带领学生发起"学校公有运动"，也就是实施民主化管理，迫使守旧势力退出。这一时期，川南师范学校不仅成为传播新文化的大本营，也一跃而成为享誉四川全省的名校。由于报考人数太多，后不得不在城郊忠山设立分校。卢作孚倡导的川南"新教育"试验，获得了永宁道民众的衷心欢迎。"新川南、新教育、新风尚"的名声不胫而走，渐次传遍全省乃至全国。

1922 年 3 月，即将“三十而立”的卢作孚，被杨森任命为永宁道教育行政（相当于地区教育局长）、“官爵”又升了一级，说明杨森对他新教育试验成绩的肯定。当月，王德熙调去富顺县做了知县，由恽代英代理川南师范校长。4 月，卢作孚敦促永宁道下属各县教育局长、中学校长组团出省考察教育。但考察团出省考察归来后，成员却分成了两派，一派骂“川南教育太新”，一派又骂“川南教育太旧”。

这一年的暑假，一切都还在高歌猛进。川南师范向永宁道争取到 1000 元的拨款，恽代英亲赴上海，购置图书和教学仪器。杨森似也有意要更加重用卢作孚，把改革试验推广到永宁道其他的行政部门。然而，军阀混战的局面却为这一切埋下了失败的隐患。

四川军阀再次爆发大战，杨森所属的一派军阀战败，杨森退出泸州，投奔了下野军阀吴佩孚。新到泸州的军阀为了树立自己的威信，对杨森等人的改革全面否定。下令严禁男女合校，严禁女子剪发，严禁学校师生演戏，查禁所有进步报刊，新拨教育经费一概取消。同时，还明令免去了卢作孚的道尹公署教育科长职务，免去了恽代英的川南师范代理校长职务。

在此之前，卢作孚已经制订好对各县教育局长为期三年的培训计划，要求他们在集中学习期间，掌握文书、会计、出纳、统计等各门知识，“作为处理事务之基础”，然后再学习校务管理、师资培训、教材选择、教学方法等课程。待培训有效果后，再外放各县任用。这个长远计划，也因政局变化而中断。

川南师范此时已被守旧派视为“罪恶之薮”，新派教师全部被解聘，守旧派教师重登讲台。卢作孚倾注了大量心血的“新教育”试验，转眼间烟消云散。川南地区移风易俗所取得的成果，也都全部丧失。泸州城内原先被清除掉的100多座土地神庙，全都各自“归位”。一场军阀混战让卢作孚数年心血化为乌有，泸州的社会生活，一夜之间回到了从前。

教育救国失败

经历泸州变故之后，卢作孚于1922年8月间携带妻子蒙淑仪、长子卢国维和前一年出生的长女卢国懿来到重庆，租住在校场口大观坪的一所民居，准备另做打算。

卢作孚到达重庆之后，恽代英并没有就此放弃川南的改革，他再次回到泸州，试图以“学校公有运动”的方式，来保存“新教育”试验仅存的硕果。然而，气急败坏的军阀直接下令逮捕了恽代英，最后幸而得到多方营救，恽代英才得以获释。

1923年秋，四川军阀再次内战，杨森战败。由于卢作孚与杨森有过一段交情，为了避免被杨森的对手报复，卢作孚离开重庆避祸。随后，军阀纵容士兵进重庆城抢劫，卢作孚因为提前避难，侥幸躲过了此劫。

如此动荡不安的时局，让卢作孚教育救国的理想失去了实现的土壤，在军阀混战的局面下，他对通过政治力量推行教育改革深感怀疑。1924年，杨森所属的军阀派系再次称霸四川，此时的杨森出任四川省军务行政都督，进驻成都，成了封疆大吏。杨森意气不减当年，刚一上任，就又开始“厉行新政”，电召卢作孚出任四川省教育厅长，要把在泸州夭折了的教育试验继续在全省推广。

已经认清了现实的卢作孚，并没有答应杨森去当这个全四川的教育厅长，他认为在全省没有统一之前，任何全省范围的改革尝试，都万难成功。因而，他对朋友说："四川未统一之前决不做省政工作，更不为军阀内战服务。"

卢作孚虽然辞谢了杨森授予的官职，但是他又从另一个角度考虑：杨森上台，也不失为一个好机会。可以借助这个力量，尝试一下自己酝酿已久的"集团生活"试验。因此，他向杨森提出建议，成都还没有一个通俗教育馆，他愿意担负筹建之责。

通俗教育馆是民国初年的北京政府时代各省、市、县都有的社会教育机构，20 世纪 30 年代后改称"民众教育馆"，1949 年以后全部改造成为"文化馆"。1915 年，全国第一所通俗教育馆——江苏省立通俗教育馆在南京成立，北京政府令各省依照执行。四川省头一个建立通俗教育馆的是三台县。作为堂堂一个省会城市，成都迟迟未建通俗教育馆，确有不妥，于是，杨森欣然采纳了这个建议，请卢作孚全权办理。

随后，卢作孚到达成都，杨森给予相应的场地和经费，卢作孚迅速行动起来。首先，他把原来脏乱差的周边环境整顿了一番，栽树木，种草坪，建花园，使得周边环境短期内来了个大变样，成了环境优美的公共活动场所。

卢作孚的通俗教育馆分为六大部分：博物馆，包括自然、历史、农业、工业、教育、卫生、武器、金石等八个陈列馆；图书馆，包括成人与儿童两个分馆；公共运动场，包括足球、篮球、排球、网球、田赛、径赛等场馆；演奏厅，可供中西音乐、京剧、川剧演出；动物园；游艺场。

为了充实馆内文物珍藏，卢作孚下了很大功夫，到成都各寺庙或旧衙署内搜集了一大批文物，放在馆内陈列。还未等通俗教育馆建完，卢作孚就决定对公众开放，为成都市民的文化生活增添前所未有的内容。开馆之后，这里举办的各类活动丰富多彩，每天吸引民众数以万计，有如盛大的节庆。

在博物馆里，举办了古物、货币、金石、中国画、西洋画、卫生、革命史等各类主题展览会；在游艺场内，上演了话剧、川剧、京剧、魔术，还随时配合卫生、教育宣传放映免费电影；在运动场内，举办了大型运动会、球类比赛、自行车比赛、团体操表演。最重要的是，在通俗教育馆内，还经常举办有关科学、教育、社会改革的演讲会，把“五四”以来的新文化思潮带给渴望变革的民众。

为了能够不断更新、充实通俗教育馆的内容，卢作孚可谓是煞费苦心。他们可以一夜之间更换十几个陈列馆的展品，可以在几天之内堆起一座小山，可以在十几天之内建起一幢房屋。成都市民们发现，只要一个月没去，就会发现通俗教育馆大不一样了；如果一周没有去，也会发现有所不同。甚至一夜之间也会有令人惊异的变化！

通俗教育馆的成功也使知识分子们感到振奋，他们纷纷被吸引到卢作孚身边来。其中有机械工程师、土木工程师、体育教练、音乐家、古董专家、画家、园艺家、中西医专家、兽医等，他们为通俗教育馆出谋划策、参与活动，不收分文报酬。

1924 年 4 月 22 日，卢作孚还主持了四川省第一届联合运动会，有军队、学校、行业公会的 20 多个单位参赛，吸引了近万人来观看，仅开幕式就进行了两个半小时。许多现代体育项目，就是在这次运动会上第一次在川人面前亮相的，特别是网球比赛，吸引了大批观众。然而，这次盛会筹备仅用了12天，经费一共才花了2000元，且绝大部分是支付搬运工人和建筑工人的劳务费。至于在通俗教育馆内举办的学生运动会，更是分文不收。

1925年，就在卢作孚的通俗教育馆如火如荼之时，军阀之间的战争再次爆发，卢作孚当初的担忧成为现实。此次，杨森战败，继任者对通俗教育馆毫无兴趣，不仅不支持，反而派人审查卢作孚的“贪污腐败”行为。结果查出来的事实却是，卢作孚多次拿出自己个人的收入贴补通俗教育馆的经费。这次虽然没有抓到卢作孚的把柄，但是在此后的日子里，卢作孚通俗教育馆的运作处处艰难，举步维艰。

对教育救国心灰意冷的卢作孚辞去了通俗教育馆的职务，他决定回到家乡合川，开辟一项真正属于自己的事业。正是这个决定，最终成就了卢作孚伟大的一生，他由家乡合川开始的事业，对国家和民族都有着非凡的意义。

5

实业救国的梦想——初创民生公司

1925 年 8 月，卢作孚由成都返回合川。回到合川之后，他开始迈出他那伟大事业的第一步。事实上，如果不看卢作孚返回合川后的作为，单看他从成都返回合川这一行为，也许许多人会认为这是卢作孚迫不得已的退却。一个在省会成都无法立足的人不得已才会退回家乡谋求生路。事实上，卢作孚并不是在退却，而是要开辟新的战场，他以无所畏惧的勇气，挑战一个全新的行业——航运。一个曾经的教师、记者、官员放弃自己熟悉的行业，进入一个完全陌生的领域，这得需要多么大的勇气！而卢作孚就有这样的勇气，他不仅做了，而且做到了最好。

一个公司的诞生

卢作孚回到合川后，做的第一件事并不是找码头、造轮船，而是四处吃饭。

卢作孚早已是合川名人，他在外的作为常常被家乡人民视为当地的荣耀。因此，当卢作孚从成都返回合川之后，许多敬重卢作孚的人家都来请卢作孚到他们家吃饭。对这样的邀请，卢作孚来者不拒，一来是盛情难却，二来是卢作孚另有别的意图，他要利用吃饭的机会，和家乡的父老乡亲商议集资开办公司。

是的，卢作孚要开办公司，可是他几乎是身无分文。尽管卢作孚当过教师、记者、官员这些在今天看来都是油水丰厚的职业，但是他却依然是身无分文。卢作孚当教师时，并没有利用自己手中的权力要求学生和家长为自己提供怎样的好处，而是尽职尽责，把一个教师应该做的做到最好；卢作孚不仅是记者，还是主笔、社长，然而，他只是把自己作为一个新闻工作者，他对自己的要求就是客观公正及时地报道新闻，他不懂得以新闻的名义赚取额外的利益；卢作孚做过行政官员，然而，他这个所谓的行政官员只懂得如何利用自己手中的权力为民众谋福利。就这样，十余岁离家，在外漂泊十余年的卢作孚带着空空的口袋回到了家乡。

卢作孚回忆当时的情景："许多长辈和朋辈见着这位不容易回到乡里的人，都有深厚的感情，必得从'请吃饭'表现出来。甲当了早饭的主人，乙又当了午饭的主人，丙又当了夜饭的主人。当我们离开甲家便到乙家，离开乙家便到丙家，废时利用，便讨论起事业来了。如果资本集得起来的话，我们应得造一只小船走重庆合川间，或办一个工厂在合川城内外。大家认为造小船比较容易些。"

就这样，卢作孚在饭桌上向家乡的亲朋好友透露了自己要发展航运的决心，并且分析了市场前景，对当前的行情做了充分的预估，对于发展航运能带来的社会效益和经济效益，卢作孚都有十足的把握。

在社会效益方面，卢作孚认为，发展航运可以把四川内陆的特产运送到沿海经济发达地区，同时也可以把沿海发达地区的先进机器设备运送到内地，进而发展四川的现代工业。尽管当时长江上有许多外国轮船公司，但是，他们往往垄断了价格，肆意妄为，这样就导致被运送的货物价格大增，经过他们一运输，运费很可能就要赶上货物的成本了。如此一来就使得被运送的货物价格奇高，往往是销路不畅。

至于中国的轮船公司，虽然有一些，但是实力都非常弱小，在外国轮船公司的联合打压排挤下，几乎都是朝不保夕，处在破产的边缘。依靠他们是无法为四川提供便利的水上运输线的，所以，卢作孚认定，在四川，必须要有一家大型的中国轮船公司，打破外国人的垄断，打通四川与外界沟通的水上要道。

在经济效益方面，卢作孚坚持“薄利多销”的原则。他认为只要有足够多的业务量，即使把利益降到最低，在规模的基础上，一样可以获得可观的利益。而且“薄利多销”能够带来一个庞大的市场，把风险降低。外国轮船公司依靠垄断，把价格定得奇高，虽然短期内能够获得大量收益，但是业务量有限，市场基础不稳定，一旦市场有变，势必带来巨大风险。

在对宏观方面作了充足的分析判断之后，卢作孚还有更为具体的实施计划。他看到，从重庆到合川之间，至今没有通航，这是空白一；所有的轮船公司都以货运为主，因为赚钱多，客运只是附带，且航班多不定期，这是空白二；所有的航运公司都是单一事业，都只为了赚钱，没有谁把宗旨定为便利民众、造福地方的，这是空白三。基于以上三点，卢作孚给未来的公司确定了业务方向：首先是发展周边地区的短途航运；其次是发展客运，要有定期航线，同时要有优质的服务；再次是要为地方百姓造福，要发展对地方百姓生活有利的业务。

有了这样清晰的分析，未来公司的生存空间一下就无限扩大了。卢作孚的设想是：立即着手开辟合川至重庆间的定期客运航线，并着手为合川县城供水供电，两者同时进行。

他的战略远见在于，一个白手起家的民营公司，要与强大的外资和官营企业竞争，唯一的本钱就是“走群众路线”。两个项目，都是给合川民众带来便利的，这就是成功的基点——民众受惠，必然会踊跃来坐你的船，给你最实在的支持。这才是真正的“人民企业”，它其实是跟企业所有制无关的，私营企业也可以做到这一点，公营企业也可能做不到这一点。

与卢作孚这样的高瞻远瞩者相比，当今的民营企业家有些人就显得过于短视，在他们的经济效益概念里，没有“赢得民心”这一条。在发迹时，他们不惜损害消费者的利益，只有在遇到危机时，才想起要恳求民众援手，这不是太幼稚了么？

在分析市场来规划公司业务的同时，卢作孚还亲自到沿江各处研究水文及周边情况。他详细了解了合川和嘉陵江三峡地区（指合川与重庆之间的沥鼻峡、温塘峡、观音峡）的自然与社会状况。

合川地处嘉陵江、渠江和涪江三江交汇处，是川北一带农副产品的集散地。川北的货物要集中到这里来，然后转运重庆，再由重庆走长江出省。因而，合川商贾云集，居民众多，是个热闹的县城。可是，它的经济发展水平却很低，几乎没有任何工业，城区没有自来水，也不通电。

嘉陵江三峡地区，是一个资源丰富的峡谷，遍地矿藏，风景绝佳。可是一直没有开发过，沿江唯有土匪横行。对合川人来说，这真是守着金山受穷。

正是基于对市场的分析以及对客观环境的研究，才使得卢作孚有足够的信心发展航运事业。试想，如果卢作孚不研究实际情况，只凭自己空想，怎么可能成为一代船王？卢作孚初创民生公司的成功正是得益于他对现实的充分认识。他认识到了既有条件下存在的不足，也就是发现了可以被开辟的新市场，有针对性地解决问题，就能够占领新市场。

事实证明卢作孚的方法是最有效的方法，然而，这样的方法即使在今天，仍然有许多人不懂得利用。一些人往往是想到什么就是什么，不愿意用客观环境来检验自己的想法，通常是自我感觉良好，认为自己的想法就是对的，就能够成功。事实上并非如此，往往是自我感觉越良好的人越容易失败。其实，这其中的道理很简单，自我感觉良好的人所依据的只是自己的感受，而对同样的事物每个人的感受是不一样的，用一个人的感受来代替众多人的感受，是不可能让众人满意的。于是，这些自我感受良好的人往往得不到众人的认可。只有依据事实，意识到周边环境的特定条件，从现实出发，才能找到成功的道路。

做足了前期准备之后，卢作孚的计划开始实施了。

1925 年 10 月 11 日，决定性的时刻到了。这天，卢作孚邀约一批志同道合的朋友，在合川县的通俗教育馆召开了第一次发起人会议，讨论并决定兴办航运公司的资金募集问题。与会者共 13

人，除卢作孚外，还有陈伯遵、黄云龙、彭瑞成、赵瑞清、刘勃然、陈念孙、卢志林、周尚琼、张成远等人，多为他的旧日老师和同学。

这一批人，几乎没有为利益而来的。正如卢作孚所说，股东们“以合川为最多，其投资大半为了朋友关系，而非为了事业关系；并非有了认识，而是为了尝试”。当时真正清楚卢作孚将要做到多大的，可能寥寥无几；但是，相信他能做出一番事业的，应占全部。一个企业领袖的人格魅力，以及同仁的投身热情，就是这个企业的巨大软实力。在座者多为教育界人士，既无钱亦无社会势力背景，要从零起步，那就只有同心合力。

会议最后成达决议：未来的公司筹集股金 2 万元，分为 40 股，每股 500 元，分 4 次缴纳。股金由发起人负责分头劝募。这次会议，标志着民生公司创业的正式起步，这一天，后来被定为民生公司成立纪念日。

民生号

民生公司成立之后，要做的第一件事就是要有一艘民生公司自己的轮船。毕竟，一个公司要做航运业务，但是却没有自己的轮船，这岂不是痴人说梦？

要造船就必须有资金，尽管股东会议已经确定要筹集股金 2 万元，可是实际上真正行动起来开始募集资金的时候，他们才发现这个计划要实现起来是多么不易。

首先，所有的发起人几乎都是清贫的读书人，他们多与青灯古卷为伴，向来没有赚取大笔金钱的机会和想法。他们翻遍家底也不过是数人才能勉强凑出一份，这与最初的计划相去甚远，根本不可能完成当初的募股计划。

此时，卢作孚意识到，他要募股的对象应该是当地的乡绅、商人等富裕人家。普通百姓实在太过贫寒，他们几乎过的是食不果腹、衣不遮体的生活，根本无力筹集资金来开办公司。在地主和商人的双重剥削压迫下，大量的社会财富都流向了为数不多的地主、商人手里，这极少的一部分人占有了大量的财富。于是，卢作孚便一一登门，拜访当地的乡绅、商人，希望他们能够伸出援手，支持自己的事业。

卢作孚最先拜访的是当地有名的几位开明乡绅。他们乐于接受新事物，敢于尝试，勇于冒险。当卢作孚登门拜访说明来意之后，他们即刻表现出了浓厚的兴趣，仔细询问卢作孚创办公司的各种细节，从公司业务、市场前景，再到人员任用、管理方式，等等。卢作孚针对询问，一一作答，详尽有序，甚是认真。听完卢作孚的一番介绍，这些开明乡绅表达出对卢作孚提供支持的意愿。但是，仅有几位乡绅的支持还远远不够，他们能够认购的股金只是一小部分，仍然有大量的资金缺口。于是，卢作孚就继续拜访其他乡绅和商人，然而，以后的事情可远没有最初那么顺利。

这天，卢作孚又到了一位乡绅的宅门前，他向门口的守门人通报了姓名，说想要见见他们家的老爷，商量一些要紧的事。守门人虽然不认得卢作孚，但是看他一身书生打扮，虽然简朴却不失读书人的气度，想来也是个做学问的人。他们家的老爷向来注重诗书礼教，对读书人也是礼待有加。这守门人也不敢怠慢，赶忙进到内院回报他们家的老爷。

这位乡绅老爷一听是卢作孚来拜访他，心底就明白了十之八九。他早就听说有个叫卢作孚的合川才子要办公司，只是一直没有资金。看来今天是要到他这里借钱来了。碍于情面，他不得不见上卢作孚一见，于是就让人把卢作孚引到了客厅。

一见面，这位乡绅老爷就是一阵恭维，称赞卢作孚的人品和才学，给足了卢作孚面子。卢作孚自然也是一一回敬，与人应酬颇有一番手段。

很快，两人便谈到了卢作孚此次来访的关键——请这位乡绅老爷拿钱募股。这位乡绅老爷听完卢作孚的一阵介绍，依旧是对卢作孚的构想一阵称颂。只是最后谈及募股时，道出了一句“心有余而力不足”。说着还让仆人拿来了一本账本，翻给卢作孚看。

他告诉卢作孚，他的钱已经都拿去买地、放贷、购置房产了。今年他手上已经没有闲钱，剩下的就是全家上下的口粮，要等闲钱，得到明年秋天看看收了租子是什么情况，如果年景好，或许可以拿出一部分钱来。他还信誓旦旦地向卢作孚保证，如果卢作孚真要到了不得已的地步，他宁可让全家饿上一两个月，也要给卢作孚凑出股金。话说到这里，卢作孚自然也早就知晓了对方的用意，不得已，他只好再寻别处了。

在之后的一次次拜访中，卢作孚所遭遇的都是同样的境遇，乡绅老爷都以各种冠冕堂皇的理由推脱，始终不肯表示要认股。更有甚者断然拒绝，都不给卢作孚面谈的机会，直接让守门人赶走了卢作孚。

一开始就如此不顺利，难道是天要亡了他卢作孚？可是卢作孚不信天，他要把握自己的命运，他不会向这样的困难低头。尽管困难重重，但是卢作孚并不气馁，他继续奔走于各位乡绅商人之间，努力说服他们募股。

有一天，卢作孚来到了原合川县知县、原重庆警察厅厅长郑东琴的府上，请郑东琴募股。郑东琴详细地听取了卢作孚关于创办公司的计划，十分认可。当他得知卢作孚多日来一直奔走各处，想要为新公司募股却始终难以实现时，心中甚是为卢作孚感到惋惜，当即决定要利用自己的声望帮助卢作孚。

于是，郑东琴开始亲自出面，给各方打招呼，替卢作孚募股。不少乡绅地主碍于郑东琴的情面，不好拒绝，只得表示认股。就这样，在郑东琴的参与下，股金一事终于有了眉目，民生公司的轮船终于有希望了。

最初计划募集的股金是2万元，尽管2万元股金都已被认股，但是实际到位的资金只有8000元，多数股东仍然是持观望态度，迟迟没有交付相应的股金。但是，事不宜迟，迟则生变。1925年冬，拿到这8000元股金之后，卢作孚当即决定去船厂订购船只。

当时的重庆并没有造船的能力，要造船只能前往上海。此次到上海订购船只，由卢作孚和黄云龙两人前去。然而在临行前，他们又遇到了一件难事：两人没有路费。尽管他们有8000元的股金，但那是造船的经费，不能挪用分毫。不得已，卢作孚只好找人借钱。最后，东拼西凑，两人总算是凑出了一些路费，这才上路。

到达上海之后，卢作孚并没有立刻找船厂商定造船事宜，而是到各家造船厂先考察一番。经过一番观察，卢作孚联系了9家合适的造船厂开始商定造船。他根据嘉陵江水浅流急的特点，与各厂家详细磋商船型与性能，对各厂家的设计能力与报价进行反复比较，先后费时两个月。

在这两个月中，卢作孚就像一台不知疲倦的机器，马不停蹄地在各家造船厂之间奔波。然而，卢作孚最终得到的结果却是令他心中一寒：两万元股金根本就不够造船！他发现他当初的预估出现了重大偏差，在上海要造一条适合他要求的船，最低的价格也需要3.5万元。而当初公司募集的股金全额也只有2万元，真正到手的也只有8000元。

面对这样的困境，卢作孚是选择放弃还是冒着违约的风险签订造船订单？卢作孚自然不会轻易放弃，他选择了先交订金造船，再回合川另筹资金。最终，卢作孚和一家造船厂签订了制造一艘长22.86米、宽4.27米、深1.52米，载重70吨，吃水较浅、马力较大的客运小轮船的合同。

造船的合同签订之后，卢作孚立即返回合川，向认股的股东们如实说明了上海造船的情况。得知这一消息后，股东们开始动摇了：船还没有看到，钱却花了一笔又一笔。而且，就在卢作孚在上海联系造船期间，川江上发生了几起轮船公司破产的事件。几家小的中国轮船公司因为经营不善，最终破产倒闭，而前期投资了股金的股东们也血本无归。这几起破产事件的影响让股东们对于投资航运更加谨慎。

这样的情况让卢作孚措手不及，他万万没有想到，就差临门一脚，股东们反而心生退意。如果股东们不能及时投入资金，前期交付造船厂的订金无法收回不说，他实业救国的伟大计划也将就此夭折。他卢作孚甚至从此以后会成为合川的笑柄。此时的卢作孚已经没有任何退路了。

卢作孚知道，此次筹款的成败关乎公司的生死。一方面，卢作孚和前期认股的股东们商议继续投资的问题，努力使股东们相信新的轮船公司绝对会与之前倒闭的公司截然不同，他们肯定不会重蹈破产倒闭的覆辙。可是实事求是的股东们更加愿意相信眼见的事实，卢作孚美好的设想很难让他们打消对现实的担忧；另一方面，卢作孚向各个银行、大商家借款，然而，他们只是一家新成立的公司，连基本的固定资产都没有，更没有其他任何可以抵押的物品，基于这样的情况，他们坚决不同意借贷给卢作孚。

此时，卢作孚几乎是陷入了绝境，他似乎没有一丝翻盘的机会。然而，天无绝人之路，就在卢作孚一筹莫展之际，转机出现了。

这天，为了筹款事宜在外奔波了一天的卢作孚带着失望和忘记了疲惫的身躯回到合川的家里。正当他在为明天去哪找人筹款苦苦思索时，有人敲开了卢家的房门。卢作孚出来迎接客人，来人让卢作孚甚是意外，居然是合川当地有名的三个大人物：一是民生公司发起人之一、合川县视学（相当于教育局长）陈伯遵；二是早已资助过卢作孚的郑东琴；三是合川士绅郑礼堂。这三人见到卢作孚之后，仔细询问了卢作孚关于集资造船的事。卢作孚也不隐瞒，把造船遇到的资金问题详细告诉了这三人。

三人听后，告诉卢作孚，他们此次前来就是为了帮卢作孚解决一部分资金的问题。他们的这一表态让卢作孚甚是不解。陈伯遵虽是合川县视学，但他也是个清贫文人，没有什么资金，否则当初发起民生公司时，他就已经认股了；郑东琴在前期已经投资过，他投入的钱现在就在上海造船厂当订金；士绅郑礼堂虽有积蓄，可是并不是当地最富有的士绅。

当三人看到卢作孚的疑惑之后，便纷纷解释这资金的来源。陈伯遵出资的部分并非个人资产，而是合川县的教育基金，在上司和同僚的默许下，陈伯遵从县教育基金中大胆借出 8 千元，以县教育基金的名义入股民生公司；郑东琴拿出的则是自己的养老积蓄，看到卢作孚的困难之后，他不忍看到这个有梦想的年轻人就这样失败了，于是果断拿出了自己的养老钱；士绅郑礼堂也为卢作孚的作为所动容，集中了家里的资金，借给卢作孚。

就这样，三个人的资金凑到一起，刚好够造船的预付款。终于，第一道难关算是闯过去了，当前的燃眉之急算是解了。当即，卢作孚就派人携款到上海，去船厂办理付款和接船事宜。根据预期，新造好的轮船将在 1926 年夏初回到重庆，届时，卢作孚等人将在重庆召开公司成立大会。

然而，夏初已至，民生公司的轮船却迟迟没有出现在重庆的码头。这新造轮船究竟去哪了？原来，民生公司的第一条轮船——“民生号”，首航便遭遇了一系列的凶险。

1926 年初夏，“民生号”在上海造成下水。卢作孚派到上海接收船只的人员不敢有半点耽搁，当即起航返回重庆。轮船一路向西，在长江滚滚的波涛中全速前进。可是当年汛期提前，刚刚初夏时分大水就已经灌满江面，汉口以上竟成千里泽国。“民生号”毕竟只是一条仅有 70 余吨的小船，在一望无际的汛期长江上航行着实危险，稍有不慎就是船毁人亡。为了能够保全船只，船员采取了最稳妥的方法，尽量在安全的时间安全的水面航行。如此一来势必大幅影响轮船的航行速度，因而时间一再延误。

事实上能够威胁到“民生号”的除了汹涌的江水，还有江上四处出没的匪盗。

长江上的匪患在新中国成立前，一直是影响长江航运的一大威胁。由于长江河道漫长、河面开阔、地形多样、水文复杂，这给长江上的盗匪创造了大量的生存空间；同时，由于旧中国的水上军事力量极其微弱，面对贯穿中国东西的长江，几乎无力维持其治安。于是，长江上的匪患让众多的小船船主胆战心惊。在从上海返回重庆的途中，“民生号”就两次遇到长江上的盗匪。

当时搭乘“民生号”的还有一名上海大学的学生，他事前曾向“民生号”的船员提起，去年他乘坐日本轮船夜宿江心岛——东湾小镇，船差一点遭惯匪劫持。船员们得到这个消息后，不敢有一丝松懈，当晚就把船停在了距岸边六七十米处，彻夜值班，轮流警戒。

后半夜，就在值班船员困顿异常之际，忽然听到了有人喊：“匪来了！”船员一看，果然岸边有灯火闪现，一伙惯匪纷纷爬上几艘小船，顺风还传来鼓噪声：“先开一枪！”船员们当即按照事先的安排，各就各位，做好警戒。与此同时，水手长立刻手摇机器，悄无声息地起锚，引水员和轮机员不等锚起完，就开动轮船，全速向江心驶去。盗匪见猎物逃脱，急忙驾舟追赶，连连开枪。船员们毫不理会，全速向上游开了几十公里，终于把盗匪甩开。

第二次遇到盗匪时船员们因为有了经验和准备，一发现盗匪就按照事先的安排顺利摆脱了盗匪。就这样，“民生号”一路有惊无险地艰难向西。当预计要到达重庆的日期来临时，“民生号”事实上只是刚刚到达宜昌。焦急万分的卢作孚此时已在宜昌等候了半个月。当得知“民生号”这一路的惊险时，卢作孚唏嘘不已，如果不是船员的机警和勇敢，一旦船只被抢，损失该如何弥补？好在新船完好无损，卢作孚满心欢喜：未来所有的事业，都将由这条小小的轮船载负着启航了。

1926 年 8 月 3 日，在卢作孚的带领下，“民生号”在经历了长江三峡的激流险滩之后，终于完整无缺地回到了合川。当天下午轮船抵达合川时，县城沿江两岸人山人海，人们倾城而出，都来追看这平生从未见过的“火轮船”。

改革

回到合川后，卢作孚当即就展开了航运业务，开通了由合川到重庆的定期客运航线。这么一家只有一条小船的轮船公司，要怎样努力才能在激烈的竞争中生存下来呢？对此，卢作孚有他自己的打算，他要做的就是彻底颠覆过去的管理模式，以一种全新的模式来开办全新的民生航运。

首先，卢作孚废除了当时各家轮船公司都通用的“包办制”，实行公司统一管理的“经理负责制”这种全新的管理方法。

“包办制”这种轮船管理方式是由外国轮船公司发明的，也被称为三包制。最初，外国资本家看到长江航运有利可图，就在中国开办航运公司，从事长江上的运输工作。但是外国人在中国不熟悉水文条件，不了解人文地理，不懂语言，直接从事航运极为不便。于是，他们就请来了中国人做他们的代理人。外国资本家出钱造船成立航运公司，然后把船承包给中国人去运营，他们从航运受益中抽取利润。如此一来，外国人既赚了钱，也省去了处理航运事物的麻烦，可谓是只赚不赔。后来中国的投资人也看到了这种做法的便利，纷纷采用这种“包办制”来运营自己的轮船公司。

采用包办制的轮船会把船上的驾驶、轮机、事务三个部门分包给个人。承包驾驶的叫做“水手长”，承包轮机的叫做“老鬼”（大管轮），承包事务部门的叫做“大买办”。承包人对本部门的一切活动负责，有完全的人事权。所以，一条船上，就分成三个团伙，且大团伙之下，又有小团伙。比如，轮机部聘用的火夫长，又可以自主聘用火夫；事务部聘用的二买办，可以自主聘用理货员，等等，形成二、三级承包。所有被雇佣的人，都要向顶头上司缴纳押金。

这样一种人事构架具有浓厚的封建色彩，人身依附的性质非常明显，是无法进行现代管理的。“包办制”导致的结果，就是用人不必求贤，只要被雇佣者愿意接受较低的薪金即可，因此，船上雇用童工的现象非常普遍。再有就是用人唯亲，三亲六故、亲朋好友都一起来混碗饭吃。由于公司管理达不到基层，下面的事情做得如何，就完全凭各级承包人的“良心”了。

为了减少支出，多捞钱，承包人有各种办法，压低工资只是其中一种，其他还有偷工减料、随意涨价、携带私货贩运、报虚账、卖“黄鱼”（私自招揽乘客，收入不上缴），等等。在这种管理框架下，工作效率就可想而知，各自为政、资源内耗的事不可避免。船上服务员态度蛮横、服务不到位、索要高额小费，甚至打骂乘客的事，就更是家常便饭。“包办制”导致轮船公司的成本很高，效率和服务质量却很低，严重损害了公司声誉。长江上各家轮船公司都因为实行“包办制”，使得乘客怨声载道，却又无能为力。如果说此时有一家轮船公司废除了“包办制”，切实考虑乘客的感受，那么一定会得到大量的客源。只是，一心只想到赚钱的资本家对于所谓的乘客感受，根本就不屑一顾。

当民生公司的航运事业开始时，全新的轮船管理模式也就随之被用于运营活动中。“民生轮”在开航之初，就不实行“承包制”，而是实行“经理负责制”。轮船经理代表公司进行管理，执行公司管理层的决策。经理的选用，注重的是才干，不仅要求候选人要有总揽全盘的能力，还要求其熟悉经营上的一切大小事务。经理对公司负责，而公司对经理的制约，则是通过绩效考核和财务制度直接管理，这样，就能保证公司的管理直接达到基层。

卢作孚对“民生号”的经理提出了极高的要求：在乘客登船时，轮船经理要亲自接待乘客、安排座位；起航后，要亲自查验船票；在重庆停靠期间，要亲自上岸去售票。

后来，随着民生航运业的成熟壮大，卢作孚又在“经理负责制”的基础上，实行了“四统制”，即人员由公司统一聘用，财务由公司统一掌管，燃油消耗由公司统一定额配发，全船技术业务由船长统一指挥。

正是借助这样全新的管理模式，民生公司迅速在川江上打开局面。搭乘民生公司轮船的乘客在登船时看到接待他们的不是一般的服务员，而是笑脸相迎的轮船经理，这样的举措让乘客感受到了民生公司真诚服务乘客的诚意，也让乘客认识到了民生公司的管理不同于其他轮船公司，对员工的管理可谓是严格有序。

此后，这样全新的管理模式成为民生公司最大的财富，先进的管理模式极大地提高了员工的工作积极性，同时也为乘客提供了极大的便利。正是这样先进的举措，使得民生公司在日后的竞争中始终立于不败之地。

在对轮船上的人事管理进行改革之后，卢作孚便在乘客服务上进行改革，而这方面的改革则是民生公司抓住乘客的关键。

当时，由于各家航运公司都采取“包办制”，层层克扣，只要向上级上缴相应的利润就可以自行处理自己权限范围内的任何事情。于是，处于最低层的服务人员在层层剥削下，自然不会有好心情也没有动力为乘客提供优质的服务。他们对普通乘客的态度极为恶劣，轻则辱骂嘲笑，重则可能是拳脚相加。如果乘客感到不满意，他们当即会要求乘客下船。可是即使乘客下了船也找不到所谓的管理部门来投诉，因为这些船多数是外国轮船，中国管理当局无权管辖，要投诉得到外国去投诉。而且，下了船再换另一条船的时候，遇到的依旧是这样的待遇。久而久之，乘客只得忍耐，坐一次船，受一次罪。

当然，船员并非对所有的乘客的态度都是如此恶劣，某些乘客完全可以享受到贵宾的待遇，服务员对他们礼待有加，随时满足他们的各种要求。这些人就是外国人和有钱有势的华人，这些人对普通中国人作威作福，肆意欺辱，但是作为被剥削压迫的底层服务人员面对他们时，却都是笑脸相迎，不敢有半点违背。

当初卢作孚乘船出川到上海时，就曾亲身感受过这些轮船对待乘客的态度。登船之后连座位都没有，只能把自己随身携带的被褥就地铺开当座位。在船上的一日三餐更是难以下咽，别说油水，即使是不腐烂的蔬菜都难见。更有甚者，如果有乘客的被褥挡住了服务员走动，服务员往往是不由分说一脚踢开，甚为霸道。对此，卢作孚是深恶痛绝，他决心如果有机会，一定要彻底改革这种近乎野蛮的服务方式。

终于，当“民生号”开始运营时，卢作孚得到了实现他梦想的机会，在全新的“民生号”上，卢作孚彻底废除了其他船上盛行的服务方式，他要求“民生号”上的服务人员必须像对待自己的家人一般对待“民生号”上的乘客。对乘客要笑脸相迎，说话要客气礼貌，不管是普通服务员还是轮船经理，都必须做到这些。同时，他还要求轮船上一定要提供可口的饭菜，要让乘客吃得饱、吃得好，不能用劣质饭菜糊弄乘客。

为了观察船上的服务员是否能够切实执行公司关于改善服务质量的要求，卢作孚往往会乔装打扮一番后，悄悄搭乘“民生号”，亲身体验“民生号”的服务。对于发现的问题，卢作孚仔细留意记录下来，及时指导船上的工作人员进行改进。同时，他还注意加强对员工的思想教育，向员工宣教“顾客就是上帝”的理念，要求员工把为乘客提供优质的服务当成第一要务来对待。就这样，在卢作孚的指导和教育之下，民生公司招聘的员工与其他轮船公司的员工有了天壤之别，成为民生公司吸引乘客的一大法宝。

再有，卢作孚对航运的改革就是禁止向乘客索要小费。

当时在实行“包办制”的轮船上，由于基层服务人员受到层层克扣，收入微薄，为了弥补自己的收入，他们就强行向乘客索要小费。与其是说要小费，实际上就是赤裸裸的勒索。小费原本是在服务人员为顾客提供了优质服务之后，顾客为了向服务人员表示感谢而主动给予的回报。然而，在当时实行“包办制”的轮船上，普通乘客根本就没有得到所谓的优质服务，就连最基本的需要也很难得到满足。而船上的服务人员凭着其垄断的特殊地位，以近似勒索的方式，强行向乘客索要小费。如果乘客拒绝给小费，那么服务人员就会冷言冷语，还会找机会为难乘客。由于当时轮船速度慢，航行时间一般比较长，为了在漫长的航行中少受欺负，乘客只好忍受服务人员的勒索，在得不到优质服务的情况下给所谓的小费。

对这样的事情卢作孚是深恶痛绝，这样的行为缺少对人的基本尊重，严重损害了乘客的利益，在一个现代国家，这是不应该有的行为。于是，在“民生号”开始运营的时候，卢作孚就明确提出坚决禁止“民生号”上的服务人员向乘客索要小费。

此举的推出让“民生号”又有了一个吸引客源的绝招，当乘客看到民生公司的轮船不仅服务质量好，还不收小费的时候，无不喜出望外，纷纷搭乘民生公司的轮船。

卢作孚发展航运事业，除了对自身进行深刻变革之外，还利用自己的影响力，为航运事业营造一个优良的外部环境。

民生公司创立的时候，四川依旧是军阀割据，大大小小的军阀为了争夺利益时不时爆发各种冲突。在混战中打打杀杀的军人认为自己流过血杀过人，面对普通百姓时往往就横行霸道，蛮不讲理，为所欲为。当他们乘船时以不买票乘船为荣，登了船还要以寻衅滋事、阻挠航船正常开航为乐。这样的行为给航运带来极大的不便，许多轮船公司都因为惧怕他们手中的枪而不得不妥协，任由他们胡作非为却不敢阻拦。

对于这个问题，卢作孚却是要坚决制止，他绝对不允许这些恶霸流氓一样的人来滋扰正常的航运秩序。打定这个主意之后，他就亲自找到合川的驻军长官陈书农，把士兵乘船必须买票这件事确定了下来。之后，对于那些肆意妄为的兵痞，卢作孚严厉打击，后来还为公司的轮船配备了护航队，维护轮船正常的运营秩序，保障乘客的安全。

尽管卢作孚有改革公司管理制度、改造外部营运环境的能力，但是对于大自然他却无能为力。1926 年年底，嘉陵江进入枯水期，此时“民生号”无法继续航行。这样的现实对于事业正在蒸蒸日上的卢作孚而言，简直就是当头一棒。因为枯水期的到来，公司的航运事业就要暂停数月，直到丰水期的到来才能继续运营。如此一来公司就要蒙受数月的损失，这对于一个刚刚组建的公司而言，是难以承受的，卢作孚必须要有新的对策。

果然，即使是无可匹敌的大自然也难不倒卢作孚，合川到重庆的航线不能运营之后，他经过周密的调查研究，决定开辟由重庆至涪陵的航线，把他的航运业务从嘉陵江转换到长江。在开辟了新的航线之后，民生公司在冬季枯水期的运营收入有了保障，公司的又一个危机总算是解决了。

就这样，凭借全新的管理机制和灵活的运营策略，新生的民生公司在卢作孚的带领下顺利地度过了第一年，并且实现了盈利。有了这样坚实的基础，民生公司即将迈开全力冲刺的脚步。

造福一方

卢作孚成立民生公司的时候，并没有把航运事业当作民生公司唯一的业务。他要做的是一个可以为国为民的公司，航运事业只是民生公司众多业务中成就最辉煌、最引人注目的一项罢了。在其他方面，卢作孚还有许多值得称赞的功绩，其成就也是令许多人无法赶超的。

卢作孚确定创办民生公司时，最初给公司确定的业务除了发展航运之外，还有另外一项可以让当地百姓直接感受民生公司诚意的业务——办发电厂。

对电力的使用是第二次技术革命中最重要的发明之一。从

1875 年法国巴黎北火车站建成世界上第一座火电厂开始，世界各国纷纷大力发展电力行业。到 1913 年，全世界的年发电量达 500 亿千瓦时，电力工业已成为一个独立的工业部门，进入人类的生产活动领域。

然而，在贫穷落后的旧中国，电力行业的发展始终都极其艰难。到 1949 年底，全国发电装机总容量只有 184.86 万千瓦，全年发电量 43.1 亿千瓦时，分别排在世界第 21 位和 25 位。全年实际用电量 34.6 亿千瓦时，只相当于 2002 年浙江省一个中等规模的市一年的用电水平。人均年用电量才 7.94 千瓦时，相当于现在我们家庭客厅里的立柜式空调开 4 个小时的用电量。

此外，旧中国的发电厂分布极为不均，仅有一些大城市才有少量的发电厂。当时的发电厂主要集中在江苏、浙江、广东、辽宁、湖北等地的大中城市，其中以上海最多。到 1925 年，对电力的使用已经持续了半个世纪，然而，对于深处西南内陆的合川县而言，“电”依然还是一个遥不可及的事物。许多当地人根本就没有听说过“电”的存在，他们认识的“电”只有电闪雷鸣中的那一闪而过。尽管一些上层人士对发电厂也有所耳闻，只是发电对于他们老旧的思想而言，实在有太多新奇，相比之下他们还是更愿意使用已经存在了数千年的油灯和蜡烛。

卢作孚在外奔波多年，经历过上海滩的繁华，见识过电力给上海滩带来的神奇。当民生公司要创立时，他就决定，一定要让家乡的人民也用上电。

创办发电厂的资金和造船的资金都是来自最初的两万元股金。当初卢作孚带着筹集到的第一笔 8000 元股金到达上海后，他除了和造船厂商谈造船之外，还要负责给发电厂购买发电设备。

在上海，经过一番考察，卢作孚发现，发电设备都是现成的，可以直接交款取货。一套能够满足合川县城用电需求的发电设备需要5000多元。一套发电设备就要占去第一笔资金的一大部分，这让卢作孚心中甚是为难。航运是重点业务，如果把钱投入到发电厂，很可能会因此而耽误造船，进而严重影响航运业务的开展。

但是经过一番考虑，卢作孚决定先订购发电设备。他的理由只有一个：民生公司要为民众的利益考虑。发展航运业务固然重要，但是，发电厂却能够直接给合川的百姓带去实实在在的好处，只要可以切实服务民众的行业，都是民生公司最重要的业务。

打定主意之后，卢作孚就在上海订购了一套德国产的发电设备。交完货款，他手上只有2000多元，而他还得用这2000多元来造一条价值3.5万元的轮船，幸而得到多方帮助，卢作孚最终不仅购买了发电设备，还成功地订购到了民生公司的第一条船。

1926年1月，卢作孚在上海订购的发电设备如期送达合川。他的发电业务比他的航运业务提前8个月开始了。

民生公司发电厂的厂址选在了当地药王庙的前殿，而后殿则是民生公司最初的办公场所。卢作孚把发电厂和公司办公场所选在庙里，并非是希望借助庙里神仙的保佑获得成功，而是因为当时公司拮据的财务状况让他们无力建造合适的厂房和办公场所，迫不得已只好借神庙暂用。

民生公司一干人小心仔细地把这套价值5000多元的发电设备搬到了药王庙里，可是摆放好机器之后，谁也不知道怎么操作这台机器，毕竟这些人在此之前从来都没有见过发电机。幸而卢作孚有先见之明，他事先就从成都请来了一位教授工科的老师，他希望这位老师可以给他们提供相应的技术指导。谁知，当这位老师看到发电机之后，也是一阵摇头叹息，直言不懂不懂。这下，在场的众人可就束手无策了，连教书的先生都不懂这机器，谁还能把这机器开动起来，开不了机器，这发电厂还能办起来吗？

正当民生公司为了发电机一筹莫展时，在上海学习技术的几个合川学生恰好返乡。得知这个消息后，卢作孚又看到了希望，虽是学生，但总算是学过一些技术，总不至于一窍不通。于是，他就亲自去请这几位学生来帮忙。可是，这几个学生学的技术跟发电机没有一点联系，面对这笨重的机器也是无能无力。不得已，卢作孚只好决定自己摸索。他索性又请来了几位熟悉机械的工人，一帮完全不懂发电机的人对着这机器你一言我一语开始琢磨起来。终于，在他们不断地摸摸试试之后，发电机居然启动了。轰鸣起来的机器让这些人欣喜若狂。

可是，正当众人庆贺终于开动了机器时，突然间，一个飞轮被甩了出去，打在正对着机器的一面墙上，墙壁当即就被打了个粉碎。正在欢庆的人群瞬间吓呆了，庆幸的是这轮子没有伤到人，又是一次有惊无险。

又经过一段时间的摸索，民生公司的技术人员总算是掌握了各项技术，可以确保安全发电了。这时已经距离发电机送到合川有三个多月。接下来的工作就是推广使用电灯了。如果百姓不愿意使用电灯，发电厂的存在又有什么意义呢？

可是，在一个封闭落后的西南小城推广全新的照明方式，其难度是非常大的。此时，虽然辛亥革命已经过去十余年了，但是人们的思想并没有因为皇帝的消失而变化，尤其是在封闭的内陆，人们依旧沿袭着千百年来一贯使用的方法。在照明方面，普通人家依旧在使用传统的油灯，在灯盘里加入灯油，放上灯捻，点着灯捻，昏昏暗暗的火苗就开始冒出一缕缕黑烟，在灯下坐上一阵，整个鼻孔就会被黑烟熏得黑乎乎；富有人家则喜欢使用蜡烛，蜡烛虽然较油灯略好一些，但是价格昂贵，一般人家无力支付。

当卢作孚决心推广电灯时，他遇到的就是这些习惯使用油灯和蜡烛的人们。他要颠覆这些人延续了千百年的传统，以全新的方式来取代他们的旧习惯。

为了能够顺利推广电灯，卢作孚的发电厂不仅要自行铺设线路，还要为用户提供电灯。由于当地从来就没有过用电的先例，所以当地也就不会有电灯。对此，卢作孚事先订购了一批电灯，以出租的形式给用户使用。而电灯的租金里甚至还包含电费。用户只要租用了电灯，就不用考虑电费的问题。在当时，人们还没有买电的观念，电这种看不见摸不着的东西怎么买卖？所以，卢作孚就把电当作是租用电灯的附加品，以电灯这种看得见摸得着的东西来推销他发出的电。

经过一番努力，终于推销出去了500盏电灯，这些愿意用的都是之前听说过电灯的。事实上合川县城当时有几千户人家，愿意使用电灯的只是很少一部分，大部分居民对电灯还是充满了怀疑。虽然有人愿意用他们的电灯，可是这500盏电灯根本就难以维持发电厂的正常运营，他们的发电厂营业一天就要赔一天。

但是，卢作孚并不悲观，他很清楚，电灯之所以推销不出去，是因为民众对电灯不了解，还处在怀疑、观望阶段，一旦他们的电灯让百姓感到是真实有用的，那么，一定会有更多的人来使用。此刻，他不是去发现市场，而是要培养一个全新的市场。

500盏电灯安装到位之后，按照事先的计划，发电厂开始供电了。供电的当晚，合川县城的人民震惊了，他们万万没有想到，简简单单一根线，一个灯泡，没有火花，没有油烟，居然可以发出这样耀眼的光芒！这一盏电灯的亮度，让他们使用了千百年的油灯蜡烛瞬间变得毫无价值。很快，人们认识到了电灯的巨大优势，纷纷开始要求安装电灯。

随着电灯用户的不断增加，当初订购的发电机已经难以满足需要，卢作孚就派人购进了新的更大功率的发电设备，这些设备足以供应4000盏电灯的照明。

发电厂在提供照明的同时，还开展了机器碾米业务。由于机器碾米又快又好，很受当地人民的欢迎，一时间，碾米业务成了民生公司最赚钱的业务。

到了1928年，民生公司的业务进一步拓展，已经开始盈利的民生公司又在合川开办了水厂，开始向全城提供优质的饮用水。在早些时候，像合川这样的县城是不可能有自来水的。当时人们吃的不是井水就是河水，从井里打，到河边提，吃水是一件相当不易的事。当民生公司的水厂开始供水之后，当地人再也不用忍受吃水的艰辛了，只要打开自家的水龙头，干净的水就哗啦啦地流了出来。

正是在卢作孚的努力下，当时的合川成了在整个四川都少见的能用上电并吃上自来水的县城。合川当地的百姓因为卢作孚和民生公司，体验到了全新的生活。

6

担负的责任——峡防局局长

1927年，正当民生公司各项业务步入正轨、蒸蒸日上之时，卢作孚被任命为峡防局局长。这峡防局局长是一个地方治安长官，实际上可以管理民政，在管辖范围上，不仅包括合川地面，也包括重庆的部分地区。这个官职可比之前卢作孚担任的任何一个都要大，而且所管理的内容也与之前大不相同，之前只是管理教育方面，现在不仅要处理好地方政务，理顺辖区范围内的航运，还要带兵剿匪。

卢作孚能够被任命担任这一职务，一方面是因为他在航运领域内展现出来的才能得到了大小军阀的认可，另一方面是峡防局管辖范围涉及多个军阀的地盘，军阀间互不信任，卢作孚这个中间人反而更容易办事。在卢作孚看来，这个峡防局局长不仅有助于他发展航运事业，也为他开展一项新的事业提供了便利。最终，在各处军阀都认可的情况下，卢作孚接受了任命，走马上任，再次担任公职。

除匪

卢作孚将要管理的嘉陵江三峡，地跨江北、巴县、璧山、合川四县，范围上起合川沙溪庙，下至巴县瓷器口，包括沿江两岸50公里内的39个乡镇。这一带历来治安不力，经常有土匪出没，拦截船只，严重威胁商旅和百姓安全。

从1918年起，这一地区的地方士绅出面，成立了维持治安的峡防营，后几经变迁，改组为峡防团务局，驻防地点在巴县的北碚乡文昌宫。峡防局负责打击土匪，并向过往船只收取船捐，以充作训练武装人员经费。但是，峡防局成立后效果不好，形同虚设，根本无法制止土匪对于过往船只的威胁。

当民生公司在此开辟航运之后，为了确保安全，或是请军队护航，或是给土匪送买路钱，不仅麻烦，还增加了运营成本。卢作孚上任之后，下定决心，任期内第一件事就是要清除匪患。清除匪患是每一任峡防局局长的心愿，然而事与愿违，在卢作孚之前，从来没有哪个局长能把匪患解决掉。因此，峡防局的士兵对这个小个子局长要清除匪患的决心颇不以为然。

为了能够清除匪患，卢作孚首先要练兵。峡防局的士兵从招募至今，已经跟土匪打过不少交道，但是从来都没有打赢过土匪。这样的结局倒不是因为土匪多么英勇善战，而是因为峡防局的士兵大都只是例行公事，放几枪，喊几声，应付差事就能收工回去领钱。而土匪则不然，他们打劫船只多数是因为走投无路，是为了生存，应付官兵围剿稍有不慎就会丧命，不能不用尽全力。如此一来，一个是为了吃口饭，一个是为了活命，自然是土匪反而更有战斗力。

为了应对这样的情况，卢作孚加强了对士兵的训练。首先，卢作孚制定了严格的作息时间表，规定什么时候必须起床，什么时候必须休息，以此来培养士兵的纪律性。此外，卢作孚还加强了军事训练，让士兵练就强健的体格，敏捷的身手。另外，卢作孚还很重视对士兵的政治教育，把一个军人应有的对于国家和人民的责任感灌输给这些士兵，让他们明白自己是为了谁在战斗。

在对士兵进行训练的同时，卢作孚还很注重对士兵工作技能的培训。卢作孚心里很清楚，一旦剿灭匪患，这些士兵将无事可做，届时他们就得回归社会，从事一定的劳动。如果现在不教给他们一定的工作技能，将来士兵回归社会就会因为没有工作技能而成为无业游民，假如他们仗着一身军事本领胡作非为，那么，他们反而成了社会的危害。于是，卢作孚未雨绸缪，一开始就把这个问题的隐患给解决掉，训练士兵的同时培养他们的工作技能。如此一来，峡防局反倒成了一个职业学校。

对士兵的训练结束之后，卢作孚并没有急于带领大队人马进山剿匪，而是进行“侧面迂回”。卢作孚带着训练好的士兵，以雄壮威武的姿态到辖区内各乡镇来回宣传要打击土匪，要求各家各户配合剿匪，还威胁一旦发现有人私通土匪，就与土匪同罪。同时，卢作孚还反复宣传何时开始剿匪，并声明：如果能够在开始剿匪之前就放下武器，改过自新，回乡务农，就一概不追究。

卢作孚的举动土匪早就知晓，当他们看到峡防局的士兵一改过去有气无力不堪一击的状态，成为精神抖擞斗志昂扬的战士之后，不由得开始为自己的将来担忧起来。之前的峡防局士兵不堪一击，土匪自然不惧怕他们，但是现在峡防局已经面貌全新，士兵的战斗力大幅提升，一旦开战，他们这些散兵游勇远不是这些接受过正规训练的士兵的对手，被剿灭是迟早的事。而且，卢作孚有言在先，只要肯下山务农当良民，他就不再追究。

于是，面对卢作孚的武力威胁和“改过自新”政策，很多土匪选择了回乡务农，毕竟，大多数所谓土匪都是走投无路的普通百姓，只要加以感化引导，都不会顽抗到底。

为了能够标本兼治，卢作孚还严厉打击辖区范围内的“黄赌毒”现象。卢作孚把卖淫、吸毒、赌博全部禁止，他认为这些活动是让人堕落的根源，禁止了这些人们就没有了堕落的机会，也就不会为了这些堕落的行为铤而走险去当土匪恶霸。

最后，当卢作孚带队进山剿匪时，往日里山匪横行的山里已经没了人影，大大小小的土匪都自觉回到了家乡。卢作孚几乎是兵不血刃就解决了困扰当地多年的匪患问题。

改造北碚

改造北碚可以说是卢作孚一生中在民生航运事业之外的又一伟大壮举。他以非凡的毅力，带领全体峡防局职工，动员社会各阶层的力量，筚路蓝缕，披荆斩棘，在经济、文化、科学、教育、卫生、交通、市政、治安、旅游等方面创造出令人眼花缭乱的奇迹。昔日盗匪横行、社会经济十分落后的北碚地区逐步变成为“文化的区域，生产的区域，游览的区域”。

卢作孚对北碚的改造首先从市政建设开始。

北碚原来只是一个偏僻的小乡村，毫无名气，诚如黄炎培所说，那时“从普通中国地图上找‘北碚’两字，怕找遍四川全省还找不到，可见这小小地方，还没有资格接受地图编辑专家的注意呀！”然而北碚的市政面貌在卢作孚接任峡防局局长后，发生了天翻地覆的变化，最终成为一个“模范小市镇”。1944年被美国报刊赞誉为“迄今为止中国城市规划的最杰出的例子”。

应该说，北碚城市的形成，是卢作孚以北碚为中心，进行乡村城市化建设的结果。北碚原来是“非常污秽残破混乱的局面”，一条主要的街道，十分狭窄，中间还有凉亭覆盖。街中心还有一条臭水沟，因不透阳光，污水遍地，臭气熏天。卢作孚在此基础上大刀阔斧地开始了北碚的市政建设，不但克服了经费上的困难，而且还彻底改变了民众对于市政建设的传统落后的观念，为北碚的乡村建设运动营造了一个良好的氛围。

为改变北碚街道脏乱差的面貌，1927年秋，在大雨倾盆之际，卢作孚率领学生百余人，带头跳进臭水沟清除淤泥，使得若干年未经扫除的街道和未经疏泄的臭水沟得以重见天日。民众身临焕然一新的街道，都非常欣喜。通过向居民宣传清洁卫生及防治疾病的意义，居民逐渐觉悟。随后，峡防局每天派士兵一队分头扫除街道，又同居民一起订立制度，协议商定《清洁卫生公约》，逐日扫除街道和住宅，互相检查，互相比赛，并定期在民众娱乐晚会上公布成绩，表扬优秀人物。经过努力，北碚街道的脏乱面貌终于得到了显著改善。

1928年夏天，峡防局召集居民会议，商讨改进市容整修街道事宜。商讨的结果，多数同意，而有少数持反对意见。峡防局于是拆除了街心凉亭，填平了街心水沟改成阴沟，拆除当街土地庙、厕所、尿缸，锯短屋檐加宽街面。由于少数顽固分子的阻挠，少数的房屋仍突出街心，非常不美观。经过一段时间后，顽固分子自动妥协，一些人还自动拆除了突出街房的屋檐。北碚整理市街的第一阶段工作遂告完成。

北碚市街整理的第二阶段，是进行有意识的规划，并推广到各乡镇。其中最有成绩的，就是成立了市政整理委员会，拟订了市政建设计划。在这一阶段，人们次第撤除了街内的关庙、禹庙、王爷庙、肖公庙、地主宫等，在适当地点添修新街，开辟较大街巷。北碚市区经过三次改建，其下水道、街道、公共建筑都有非常大的改进。

同时联络辖区各乡镇，共同整顿地方，改建市场。如悦来场、水土场、蔡家场、沙溪庙、澄江镇、黄桷场等一致同意，由峡防局派工程人员帮助设计，指导进行改进，北碚地区整理街市一时竟成了风气。

北碚的市政建设一直遵循了卢作孚的理想，终于建成一个花园一样的城市。街心的花园、喷泉、临街的石凳、枝繁叶茂的法国梧桐，都让人感到新奇又舒适，一切就犹如梦一般美好。北碚的市政建设之所以让人印象深刻，不但是有规划良好的市政建设，还有和这市政设备相匹配的人文环境。由于人们对北碚环境的爱护，不但市政设备完好无损，街面也是洁净如洗，更难见到当时其他城市随处可见的乱吐痰、乱丢垃圾的恶习。可见，北碚的市政建设不单单是工程设施的建设，更有人文环境的建设，二者又相得益彰，在20世纪40年代末期，北碚终于被联合国教科文组织评为“模范区”。

在北碚，卢作孚还修建了四川的第一条铁路——北川铁路，贯穿北碚区文星乡和戴家沟境内，自江北县嘉陵江左岸的白庙子起东北行，经水岚垭、麻柳湾到达万家湾，经文星场、后丰岩而至郑家湾，过土地垭、戴家沟、大岩湾，直达终点大田坎，共11个站，全长约17公里。

卢作孚出任北碚峡防局局长不到半年，就开始筹划修建北川铁路。因为峡区煤矿资源虽然丰富，但大大小小的煤矿都分布在深山老林之中，开采出来的煤，全靠人力肩挑背扛运输。当时每天有6000多名挑夫穿行在山间小道上，要走20里才能运到嘉陵江边，每年仅运费一项，就占了煤业成本的大半。为了开发三峡，发展煤业，就必须改变煤炭运输的落后状况。

1925年，江北、合川士绅唐建章、李云根、张艺耘等人倡议修建轻便铁路，用火车代替人力挑运，但由于筹款缓慢、路基征地等问题迟迟不能动工。1927年，卢作孚到任后，极力促成组建了北川民业铁路股份有限公司，定股本总额为30万元，大家推选卢作孚为董事长，聘请原胶济铁路总工程师丹麦人守尔慈为北川铁路总工程师，唐瑞五为副总工程师。1931年，原北川公司董事长张艺耘赴丰都任县长，卢作孚接任董事长职务后，更是多方策划和精心指导，从而加快了修路工程的进展。

北川铁路的建成，在当时的四川乃至全国都是一个大胆的创举，它不仅系私人集资所建，而且是在四川军阀连年混战，时局动荡的年代和地处穷乡僻壤的山沟里修建起来的，使民族精神为之振奋，让民众看到了民族铁路运输事业发展的曙光。它不但使北碚文星场沿线交通便利，而且使这个小乡场从几户人家，发展成近千户的热闹市集；同时，也使沿线煤炭的运输效率大大地提高了，为后来天府煤矿的发展奠定了坚实的基础。

建修嘉陵江温泉峡温泉公园也是卢作孚对北碚改造系列工程的一部分。

温泉公园所在地温泉寺初建于南朝刘宋景平元年（423年），重建于明宣德7年（1432年）。史料记载：元蒙哥久攻合川钓鱼城不下，在巡视战场时被火炮击中，伤后送来温泉寺，死在寺内。1000多年来，温泉寺香火，时兴时衰，到20世纪20年代中期，有名的温泉寺只剩下隆树和尚一人守庙，整个庙宇破败不堪。

卢作孚1927年春接任峡防局局长后，主动与隆树和尚商量，决定以温泉寺为中心创建温泉公园。为此，特成立了由张隆树、何北衡、卢作孚、文化成、郑璧成等人组成的温泉公园董事会，何北衡担任董事长，邀请邓少琴担任主任，并住园内办事。建公园经费由董事会向有关方面募捐。最初的办事费用，是峡防局先借支了40元。为求得各方支持，宴请地方绅士便用去了20多元，卢先生将剩下的10多块钱，请100多石工，采石砌池，并于5月14日，亲率峡防局职员和士兵30人，赶赴温泉寺，破土动工。卢作孚既是指挥官，又是战斗员，既当设计师，又当施工员。从开荒整地，筑路修池，到栽花种树，营造亭宇，都亲自动手。

卢作孚还亲自去重庆，商请刘湘、杨森等当时四川的军政绅商领衔向川中各方人士募捐，迅速铺开建园初期工程。卢作孚告诉人们："温泉前瞰大江，后负苍岩，左右旷宇天开，林木丛茂，学生可到此旅行；病人可到此调摄；文学家可到此涵养性灵；美术家可到此即景写生；园艺家可到此讲求林圃；实业家可到此经营工厂，开拓矿产；生物学者可到此采集标本；地质学者可到此考察岩石；硕士宿儒，可到此勒石题名；军政绅商，都市生活之余，可到此消除烦虑。人但莅此，咸有俾益。"由此可见，卢作孚倡导旅游产业，一开始就将一个较高的文化水准作为思想指南，使其旅游产业具有较高的文化内涵。

在卢作孚的努力下，建设公园的经费逐步到位。最终，北温泉公园在卢作孚及峡防局全体职员的努力下，共3个月，建成了浴室、游泳池等配套建筑。园林中的花圃池沿、盆景、道路布置妥贴，餐厅、商店、旅馆等均投入使用，而且公园倚自然地形而建，楼台亭阁错落有致，翠竹森森，林木葱茏，山光水色，风景如画，它集山、水、峡、泉、洞、石、寺于一体，使北温泉公园成为重庆的一颗明珠，成为驰名中外的旅游胜地。

此外，1930年秋，卢作孚所办北碚私立兼善中学开学。“穷则独善其身，达则兼善天下”诠释了“兼善天下”的办学理念，立校训“舍得干，读兼善”传承至今。当时，兼善中学办有兼善农场、兼善餐厅、兼善公寓和石灰厂等实业，既是培育学生的劳动基地，又坚持了自力更生的办学方针。

1928年，卢作孚在北碚关庙利用大家捐赠的400本书，办起了峡区图书馆，即现在的北碚图书馆，人们亲切地称“红楼图书馆”。

1927年8月，卢作孚在北碚鞍子坝租了一块土地，着手建体育场。第二年建成，命名为“北碚体育场”。1929年4月20日至26日，卢作孚主持峡防局在这里举办了四川近代体育史上规模最大、项目最多、参加面最广的“嘉陵江运动会”，来自重庆、江北、巴县、璧山、合川和北碚共38个单位及社会团体的1161名运动员踊跃角逐。

卢作孚对北碚的改造并不仅仅局限于他担任峡防局局长期间，在后期，他继续对北碚的建设进行投入，先后建成了战时燃料主要供应基地——天府煤矿、中国西部最大的现代纺织企业

——大明纱厂、中国第一所民办科学院——中国西部科学院、中国人自创的我国第一个综合性自然科学博物馆——中国西部博物馆、集工农商学为一体的综合性经济实体——兼善实业股份有限公司、北碚民众教育办事处等重要的实体单位。正是由于卢作孚的不懈努力，最终使得原本默默无闻的北碚成为当时中国西部一颗耀眼的明珠。

整顿航运

在担任峡防局局长期间，卢作孚剿灭匪患，改造北碚，这一系列大刀阔斧、卓有成效的改革不仅深得民心，还令大大小小的军阀对他颇为信服。当看到卢作孚的成绩之后，当时四川最大的军阀刘湘决定委派卢作孚担任更加重要的职务。

刘湘是四川近代一世枭雄，在战事中无比勇猛，外号“巴壁虎”，又名“刘莽子”，1925 年起盘踞四川，手握军政大权，对蒋介石虚与委蛇，生前始终保持四川的半独立状态。在担任四川省主席期间对四川的交通、工业、文化、教育事业比较重视，创建重庆大学并任校长。卢沟桥事变后，刘湘出川抗战，1938 年因痼疾复发在汉口去世，逝前留有遗嘱：“抗战到底，始终不渝，即敌军一日不退出国境，川军则一日誓不还乡！”纵观刘湘生平，此人虽然是军阀出身，但是在关系国计民生的大事上，却也分得清主次轻重，能够顾全大局。

1929 年初，刘湘再次和其他军阀爆发战争，结果是刘湘大获全胜，拿下川东二十余县，收编了对手的大批人马。一时间，刘湘的势力无可匹敌，他以重庆为据点，威震四川各路军阀。而当时整个川江航运，都处在刘湘的控制之下。

尽管刘湘势力大增，还控制了看似颇有油水的川江航运，可是，实际上他的财政收入并没有因为控制了川江航运而增加。当时，川江航运局面极为混乱，外国轮船公司横行无阻，刘湘的势力虽然控制着整个川江航运，但是却无力约束外国轮船公司。虽然川江上也有一些中国轮船公司，但是外国轮船公司凭借雄厚的资本处处打压中国轮船公司，中国轮船公司处境艰难，朝不保夕，岌岌可危。刘湘虽然能够向他们征收税款，可是他们处于亏损状态的财务根本就不可能给刘湘提供足够的税收。

刘湘经过一番考察，看到的景象让他着实愤怒：外国轮船公司凭借特权，大肆向四川运送鸦片和军火，鸦片这样的暴利行业导致四川的财富大量外流；军火交易不仅利润丰厚，还增强了其他军阀的实力，威胁到自己的地位。此时外国轮船公司已呈尾大不掉之势，而中国轮船公司萎靡不振，运输与码头秩序一片混乱。刘湘把弱小的中国轮船公司比作“虾米”公司，这样的小虾米如何抵挡得了英、日“鲨鱼”公司的血盆大口？由此刘湘深刻认识到了整顿川江航运的必要性，如果川江航运能有序进行，不仅可以为中国轮船公司的发展提供便利，也能大大增强自己的财政实力，巩固自己的地位。

整顿川江航运的想法已经明确，但是这件事谁能完成？毫无疑问，刘湘再次想到了卢作孚。卢作孚在峡防局的成就让刘湘相信，只有卢作孚才能完成整顿川江航运的大业。于是，刘湘就任命还在峡防局担任局长的卢作孚同时兼任川江航运管理处处长。刘湘对这个川江航运管理处处长寄予厚望，希望能够打击外国轮船公司，同时保护中国轮船公司。

然而，当刘湘的任命到达卢作孚手上时，卢作孚却坚持不受。他的理由是：当前他不仅要负责峡防局，还要顾及民生公司的发展。这项工作对他而言都是极为重要的，此时他已是分身乏术。

尽管卢作孚谢绝了刘湘的任命，但刘湘并没有“放过”卢作孚。刘湘心里很清楚，只有卢作孚能够胜任这件工作。于是，刘湘就和卢作孚展开了一次马拉松式的“拉锯战”，经过了整整两个月的不断协商讨论，卢作孚最终才在万不得已的情况下答应了刘湘的任命。而且，卢作孚并非完全接受，而是附带有条件的。首先，这个川江航运管理处处长他只能做半年，同时他还为刘湘指定了一个副处长，等半年后他把川江航运管理处的工作理出头绪之后，就把处长的位置交给副处长。

看到卢作孚答应了自己的任命，刘湘甚是欣慰，虽说附带了不少条件，但是总算有了一个开始，只要他卢作孚答应下来，一切都好商量。

答应刘湘之后，卢作孚立即走马上任。然而上任之后他发现，他要面对的依旧是一个烂摊子。这个川江航务管理处混乱不堪，甚至还不如他初到峡防局时的情况。峡防局至少还会象征性地打击土匪、搜查船只，而这个川江航务管理处对本职工作根本就是不管不问。川江航运管理处原本任务是很繁重的，他们需要建立航运秩序、限制外轮特权、保护中国轮船利益、查禁偷运鸦片与军火等，然而，事实却是这些重要的工作他们一概管不了。

虽然这里的大大小小官员无事可做，但是却不妨碍他们摆官老爷的架子。每天到管理处上班，该穿长马褂的穿长马褂，该穿西服的穿西服，该坐轿的坐轿，该乘车的乘车。上班以后则松松垮垮，看报喝茶摆龙门，好不热闹。偶尔遇到来办事的人，也是推三阻四，分明是抬手就能处理好的事，一定要让来办事的人等上几天再来，否则谁还会顾忌他们管理处的威望?

看到这些情况，卢作孚当即决定要彻底改革。由于之前得到了刘湘的充分支持，在改革这个管理处时，卢作孚不会投鼠忌器、顾虑重重，他大刀阔斧、毫不留情，以雷厉风行的姿态迅速作出调整。他到任后，立即规定：所有人员必须按时上下班，不得松懈怠惰；工作要件件落实，不得敷衍塞责；上班一律穿短服，不得穿长袍；无论何职一律步行上班，不得坐轿子。卢作孚也以身作则，每天短衣步行，提前10分钟到机关，一到办公室就立即投入工作。

习惯了管理处之前散漫状态的这些人一时间难以忍受卢作孚的改革。他们当中不少是和权势人物有关系的，于是，就找所谓的大人物来打压卢作孚。结果得到的回复是，卢作孚是刘湘亲自任命的，刘湘给了他权力，他要做什么，就算是刘湘也得尊重他的决定。这些往日的官老爷看不到继续混日子的希望了，不得已只好遵从卢作孚的改革，否则就得丢饭碗。很快，管理处在卢作孚的强硬改革中面貌焕然一新，比之前有了脱胎换骨的变化。

卢作孚能够成功改革这个川江航务管理处，其原因无外乎两点。其一是权势人物刘湘的大力支持，如果没有刘湘的支持，卢作孚的改革是很难进行下去的，只要刘湘稍微有些动摇，卢作孚的努力顷刻间就会化为乌有。正是刘湘坚定不移的决心，才让卢作孚的改革没有了后顾之忧。其二就是卢作孚的个人能力，他能拿出合理可靠的改革方案，确保改革是可行的、正确的。如果他卢作孚不根据实际情况而随意改革，或者利用改革的机会获取个人的利益，那么，不仅管理处的工作人员不会执行他的改革方案，就连刘湘也会否定他的改革。这两者是卢作孚成功改革的必要条件，缺一不可。

同样的道理，在更大范围内的改革也需要有这两个条件，首先高层要坚定改革的决心，如果高层对改革犹犹豫豫，迟迟不能行动，那么改革无论如何是不能展开的。其次，当高层明确了改革的决心之后，任用合适的人员就尤为关键。如果执行改革的人员不学无术，肆意歪曲改革的意图，利用改革的机会中饱私囊，那么不论高层有多么坚定的改革决心，改革都将化为泡影。只有高层坚定不移，并且任用合适的人才执行改革决策，才能确保改革的顺利进行。

整顿好川江航务管理处之后，卢作孚真正的挑战开始了。

首先，卢作孚在极短的时间内对川江航运现状作了调查。调查结果验证了他对现状的预估，中国的轮船公司果然都是危在旦夕。对于中国轮船公司的困境，卢作孚认为主要是来自外国轮船公司的打压以及各地军阀的大肆压榨。以英商“太古”、“怡和”和日商“日清”为首的外国轮船公司由于资本实力雄厚，可以通过价格等手段打压中国轮船公司。在四川本地，大大小小的军阀都知道航运利润丰厚，便纷纷向中国轮船公司征收各种名目的税款，这就使得原本就经营困难的中国轮船公司更加雪上加霜。再有就是军阀之间纷争不断，一旦有战事，他们就纷纷强征中国轮船公司运输兵源，而且都是无偿征用，严重影响了中国轮船公司的正常运营。

面对这两大困境，卢作孚进行了深入思考，他认为，这两大问题中，最难处理的应当是外国轮船公司的问题。中国贫弱，司法主权和领土主权都在很大程度上被破坏，很难通过行政或者法律手段来约束他们，需要出奇招才能制胜；而军阀方面的问题则可以由刘湘出面协调，相对而言更容易解决一些。

为了打击非法外国轮船公司，卢作孚和刘湘商议，要派兵上外国船检查。对此，刘湘也深感不易，他虽然是四川霸主，可是面对船坚炮利的外国人，他还是有顾虑的。最后，卢作孚一再向他保证，检查外国轮船公司肯定不会造成国际纠纷。这时，刘湘总算是松了口，他相信卢作孚对他做出的保证。

卢作孚迅即从北碚峡防局抽调一个中队的士兵到重庆，作为航务处的保安队，负责登船检查。这批士兵，是卢作孚在北碚亲自训练出来的，纪律严明，待人礼貌，与军阀士兵完全不同。紧接着，川江航务管理处即向各轮船公司发布命令，令一切中外船只在进出重庆港之前，必须向川江航务处结关（申报），并由航务处士兵登船押运抵港，无论装货还是卸货，都须在航务处士兵的监督下进行。乘客和船员上下船，也都必须接受检查。

卢作孚料定，命令发出后，外商轮船公司一定会置若罔闻，于是他以决不通融的态度，强制执行这个命令。如此一来，一般的外轮也都知趣，乖乖接受了检查，但是也有例外。

日本船“云阳丸”号

1929 年 8 月 5 日，日商日清公司“云阳丸”号从宜昌开来，像往常一样，旁若无人地驶近朝天门附近的水面停泊。看到日本船靠近码头，航务处的士兵就准备登船检查。日本人一看中国士兵要登船检查，当即有随船的日本士兵举起了枪，准备朝要登船的中国士兵射击。日本船长气焰嚣张，声称如果中国人敢上他们的船，他们立即开枪射击。这位日本船长高声叫道："我们是大日本帝国的轮船！从上海到南京，从南京到武汉，连蒋介石的高官都对我们毕恭毕敬，你一个小小的重庆港，竟然派兵登船检查，简直胆大包天，有辱我大日本帝国的体面！"

看到这情景，负责检查的士兵觉得强行登船势必会造成伤亡，还可能引起国际纠纷，只好回去向卢作孚如实汇报。卢作孚得知此事，淡淡一笑，说道："既然如此，中国人就不上他们的船。"

得到卢作孚的命令之后，负责检查的士兵也就都撤回了。当日本人看到这些场景后，甚是得意，他们认为大日本帝国的威严已经吓退了软弱的中国人，于是一个个欢呼雀跃，好不快乐。

然而，当他们欢庆之后，却发现情况有些不对头，因为往日里负责给他们的船装卸货物的中国码头工人一个也不见了。在以前，运输货物的船只一靠岸，立刻就会出现大量装卸工人争相来卸货。现在他们的船已经进港半天了，居然没有一个人来卸货。这要在以前，估计货都已经要卸完了。

日本人当即就意识到，很可能是川江航务管理处禁止中国工人来给他们卸货。不过他们并不担心，因为他们有办法对付，那就是增加装卸工人的薪水。日本人认为，贪财的中国人一定经不住金钱的诱惑，只要提高装卸工人的薪水，他们一定会不顾禁令来卸货的。然而，当日本人放出涨薪水的消息后，依然没有人来给他们卸货。日本人不信这个邪，他们认为也许是涨得不够多，于是就继续涨，一直涨到了之前的两倍，但是码头工人依旧无动于衷！

这些工人难道让卢作孚施了魔法了吗？当然不是。在决定整顿之前，卢作孚就和工人们有了个约定，要一致对外，打击蛮横无理的外国船，让他们学会尊重中国人。对于卢作孚的计划，工人们纷纷表示支持，他们平日受够了外国人的欺辱，给他们干活给的薪酬极低不说，还歧视侮辱中国人，他们早就有反抗的想法，只是一直没有人带领。现在卢作孚出来对付外国人，工人们自然拥护。为了弥补工人们的损失，卢作孚表示，在对抗外国人中，工人的损失由川江航务管理处补偿。这样，工人们的经济利益也得到了保证，于是就有了前面讲到的坚决不上日本船的一幕。

八月的重庆火炉一般，“云阳丸”号一艘孤船孤零零地漂在水面上，在烈日的炙烤下，简直是度日如年。船上的货物不能卸下，就无法如约交付客户，届时一旦违约，将会造成巨大的损失。此外，船上的给养有限，如果没有中国人给他们送上去水和食物，那么，过不了几天，这一船的人都得活活饿死。意识到事态的严重性之后，日本船长当即想到了他的大日本帝国，于是就给日本驻重庆的领事发电报求援。

日本驻重庆的领事收到电报之后，当即找到重庆方面的负责人，要求处理此事。对此，重庆方面表示，此事由川江航务管理处负责，可以找他们解决。日本领事自然知道这是中国官场惯用的推脱手段，但是一船日本人性命攸关，容不得他拖延。无奈，他只好去找卢作孚。

日本领事见到卢作孚之后，要求卢作孚给日本船卸货并且送上去水和食物。卢作孚表示，卸货这些事是码头工人的事，他川江航务管理处无权过问。如果日本领事为了这些事而来，可以去找码头工人商议。

日本领事自然明白卢作孚的言外之意，如果不把关键问题解决，卸货这些事根本就无从谈起，码头工人成百上千，难道他日本领事要一个个去商议吗？当即，两人便针对检查船只这件最关键的事展开了激辩。这一场辩论长达四个小时。

卢作孚坚持要上船武装检查，决不退让，并指出保安队已经撤回，决不至于发生武装冲突。又举前日从重庆开出的“长阳丸”为例，驳斥道，同系日清公司的商船，“长阳丸”不仅可以接受检查，且允许中国士兵在船上住宿，而“云阳丸”为何独独不能接受检查？

日本领事所持理由是船上已有日本海军保护，所以无须中国兵上船，且各国检查，均无武装上船之例。卢作孚反驳道，检查是针对乘客有无携带违禁品而来，与日本海军保护本国商船意义截然不同。在重庆逗留的英、法、美等国商船，都有中国武装上船检查，何谓无先例？

日本领事又说，各国商船均无海军驻船，如果中国武装登上日本船，恐滋生误会。卢作孚答道：“英商各轮，均有英国海军护航，现在船就泊在重庆港，可前往调查。上一次日清公司的‘富阳轮’，也接受了中国武装检查，我保安队与日本海军互致敬礼，并未发生误会，领事先生于这一层是多虑了。”

日本见无法通融，口气强硬起来，说：“日本海军驻在船上，即为警戒区域，中国兵决不可武装上船！”卢作孚则笑答：“中日两国，并未断绝国际关系，有何警戒可言？且英商各船，均未视海军驻船为警戒区域，因此日商不能独异！”

辩论至此，日本领事语塞，只好说：“武装上船，与吾国使馆海军处面子有关，容再商量。”而后又退让了一步说：“如果川江航务处认为有必要武装上船，也未尝不可，但是不能时时驻在船上。”卢作孚又笑谓：“航务处就是认为，时时均有必要！”日本领事见谈判无法进行下去，旋即离去。

为避免事态激化，航务处也将绝大部分士兵撤离码头，仅留步哨三人在码头监视。船上的日本兵和船员，却故意向这几个哨兵扔果皮、泼污水，试图借此使事态扩大，造成国际影响，通过外交途径逼迫软弱的中国政府妥协，进而解决此事。但是，哨兵均忍受不理，伫立如故。于是，日本人扩大事态的美梦破灭了。

码头上装卸、搬运、渡船、驳船等各业工人见此情景，大为激愤，各派代表协商一致，在日本船接受检查前，决不为日本船服务，同时又与炭帮、米帮等行会约定，断绝与日本船的一切交易。这样一拖就是六天，“云阳丸”泊在江心，眼看食品都将难以为继。紧傍着它的日本兵舰徒有威风，也是无能为力。

最后，日本船长终于屈服，派代表至川江航务处道歉，表示接受航务处的所有条件。这之后，中国武装士兵堂堂正正地登上了“云阳丸”，大大灭了一回日本船长的“帝国”威风。“云阳丸”因不服从航务处命令而变成死船，在江中坐了 6 天“水牢”的事，在川江上迅速传开，各外轮公司深恐蹈其覆辙，都争先恐后向航务处结关，从此再不敢猖狂。

一个月后，川江航务处获知，美商捷江公司的“宜都轮”在机舱里安装了秘密夹层，用来偷运鸦片，便密令万县航务处人员上船检查，当场人赃俱获，共查出烟土 21000 余两。捷江公司不敢抵赖，乖乖向航务处道歉。

这一事件中，卢作孚的个人才能得到了充分展示。但是，他也看到了“弱国无外交”的残酷现实。日本人凭借强大的国力，在外交上处处占尽先机，事件刚一发生，日本领事就介入，日本人对本国国民的保护可谓是用心至极。此后，日本人时时想要把事态扩大，造成国际纠纷，企图通过其强硬的外交来迫使卢作孚屈服。再看中国方面，尽管事发地在中国，但是高层却畏首畏尾，不敢对日本人有一丝强硬，而且非常担心事件国际化。高层不敢出面，反而把此事全部推脱给了航务管理处这个地方机构。幸而在卢作孚的巧妙应对下才以中国的胜利而告终。此时，卢作孚再次感受到让国家强大起来的必要性。

与军阀们的“战斗”

驯服了川江上的外国轮船之后，卢作孚还有另一项任务，那就是解决军阀对轮船公司的干扰。事实上，军阀对中国轮船公司的影响更为直接，他们无偿征用中国轮船公司的轮船，直接干扰轮船的正常营运，给轮船公司造成的损失是可见的。不解决这个问题，即使外国轮船全部退出川江，中国轮船公司也很难发展壮大起来。

然而，这个问题解决起来也是相当困难。当时四川各地军阀林立，在各自的势力范围内，他们拥有各种权力，既带兵，又管民。他们不仅提取粮饷，还干预政事，委任官吏，预征赋税，致使各防区成了军阀割据的“独立王国”，他们几乎就是自己势力范围内的土皇帝。从 1912 年到 1933 年，四川全省共发生大小军阀混战 470 多次，军阀连年混战，划分地盘，割据称霸，各处关卡林立，捐税苛重，严重阻碍了社会经济、文化、教育的发展，许多工厂倒闭，商业萧条，农村残破，农产量锐减，文教机关和学校毁损严重。

尽管卢作孚担任川江航务管理处处长时刘湘的势力最盛，但是，其他军阀只是畏惧他的势力，暂时不敢挑战他的地位，并非真心臣服于他。刘湘的权力也只是在他自己的势力范围内，在其他军阀的地盘上，刘湘的影响力有限。

尽管困难重重，但卢作孚依然迎难而上。

1929 年 8 月 26 日，由川江航务处牵头，在重庆召开了航商会议，专门讨论解决军阀征用轮船的问题。卢作孚召开这个会议，就是要把四川各处大大小小的军阀都请来，和他们开诚布公地谈，晓之以理、动之以情，希望得到各处军阀的理解。

事实上，如果单凭卢作孚一人之力，这些军阀是很难派出代表出席会议的。卢作孚虽然有名望，但毕竟只是个实业家，手上无兵无权，军阀们是否会派人出席会议，卢作孚也无能无力。幸而卢作孚得到了刘湘的大力支持，在卢作孚决定召开这个会议之后，刘湘就积极协调，以他的实力，各地军阀不得不慎重考虑，最终，会议召开时，军阀们都派出了各自的代表。

在会上，卢作孚严正指出，中国轮船公司处境困难，必须正视，各地军事当局不能饮鸩止渴。今后，如果需要征用轮船用于军事目的，都须照付运费和燃料费，不能白运；若只运兵员，则必须允许轮船在下层船舱装货；凡官兵坐船，必须照章买票；各地军事机关应派纠察人员到码头维持秩序，制止军人肇事。这些要求，在当时无异于“与虎谋皮”，但卢作孚坚持不退让。

对于卢作孚的要求，经过艰难协商，最终军阀们同意执行。虽说卢作孚此举会让军阀们的开销增加一些，但是却对中国轮船公司的发展有利。四川的军阀虽然好战，但是并非没有大局观。以抗战为例，期间四川出兵最多，而这些兵都是当地军阀的根基。为了抗战大业，他们不惜拼光自己的血本。其中，川军将领王铭章将军率部出川抗日，在 1938 年的徐州会战中于滕县殉国，是中国军人在抗战中阵亡的高级将领之一。如果没有川军将领的大局观，卢作孚的计划几乎不可能实现。

得到了各处军阀的同意，卢作孚也就能顺利实施。此后，中国轮船公司少了军阀的无偿征用，日子也就稍稍宽松了一些。

此外，在军阀们的支持下，卢作孚还展开了整治川江航道的工作。对于整治川江航道，卢作孚早有打算，只是当时他人微言轻，各处军阀对他的提议无动于衷。如今，通过担任川江航务管理处处长，卢作孚在军阀心中有了分量，当他再次决定整治川江航道时，军阀们纷纷表示支持，对他的工作提供了极大的便利。

1930 年初的枯水季节，卢作孚开始组织人员对川江上水势最险恶的河段进行了勘察、清理，经过整治，河道状况得以大大改善。

随后，他又在重庆千厮门外一条趸船上，开办了驾领人员培训班。除了理论学习外，还组织学员从重庆一路下宜昌，考察航道，熟悉水情。待学员结业后，都分配到各轮船公司去工作，加强了民族航运业的技术力量。

很快，短短半年间卢作孚就让川江航运的局面发生了天翻地覆的变化。这时也到了卢作孚与刘湘约定的半年之期。看到卢作孚在这半年里取得的成就，刘湘一再挽留，想让卢作孚继续管理。但卢作孚坚决不再续任，他很清楚，官场的环境根本就不是他能承受的，他的梦想在民生公司。

回首短短半年间做出的政绩，卢作孚还是颇感欣慰的，混乱的川江航运，现在总算有了一个顺畅的模样，但他也有深深的遗憾。这半年间，为了整合民族航运业实力，他曾奔走呼吁，力促各华商轮船公司组成一个大公司，以与外轮公司相抗衡。但由于各华商轮船公司均胸无大志，不愿联合，这一宏愿终未实现。

7 放眼全国的雄心——出川考察

到1930年时，卢作孚经营民生公司和改造北碚已有数年，在这几年中他取得的成就是有目共睹的，但他并不满足于已取得的成绩，他还要做得更好。卢作孚很清楚，如果单凭自己的想象，是很难真正成功的，闭门造车绝对是大忌。于是，他想到了要外出考察。他要再次走出去，去当时中国现代化建设最有成就的地方，学习别人的经验，以便更好地经营民生公司，改造北碚。

1930年初，卢作孚组织了一个7人考察团，决心外出考察，并为北碚的建设进行必要的采购。此次考察的目的地共有三个，分别是华东、华北和东北。

第一站：上海

卢作孚组织的考察团于1930年3月初出发，此次出川考察的第一站选择了华东地区。之所以选择这里，主要是因为以上海为核心的华东地区是当时中国经济最为发达的地区。上海及周边地区大小工厂林立，工业发达。同时，当时已有一部分人在华东地区从事乡村改造，这和卢作孚改造北碚不谋而合，学习他们的经验对卢作孚而言很有必要。

当时，在华东地区也有一个人在进行“实业救国”和“教育救国”的伟大尝试。他就是我国20世纪早期另一位著名的实业家张謇。

张謇生于1853年，比卢作孚年长了整整40岁。1926年，当卢作孚初创的民生公司刚刚起步时，张謇在这一年逝世了。

张謇是江苏南通人，考取过清末的状元，日后成为了中国近代知名的实业家、教育家。张謇的状元身份与只是小学毕业的卢作孚截然不同。但令人不可思议的是，尽管卢作孚只是小学毕业，但是和张謇一样，也成为了中国近代伟大的实业家、教育家。

在实业领域，张謇是中国棉纺织领域早期的开拓者。他创办了我国第一所纺织专业学校，开中国纺织高等教育之先河；首次建立棉纺织原料供应基地，进行棉花改良和推广种植的工作；以家乡为基地，努力进行发展近代纺织工业的实践，为中国民族纺织工业的发展壮大作出了重要贡献。

在张謇事业的黄金时代，其名下的纺织工业可谓是一枝独秀。

因张謇是状元出身，他开办的纱厂早期的棉纱产品使用“魁星”商标，下设有“红魁”、“蓝魁”、“绿魁”、“金魁”、“彩魁”等不同产品线。商标的主要部分就是魁星点斗、独占鳌头的形象。张謇的纱厂投产后的第二年，就得纯利 5 万两，第三年得纯利 10 万两，到 1908 年累计纯利达到 190 多万两。

随着纱厂经营状况不断好转，初办纱厂时难以集资招股的问题似乎再也不存在了。1901 年张謇等人决定再招 20 万两新股白银，一年之内就成功集到 20.75 万两白银。1904 年，张謇决定扩张，筹建分厂。原来闪躲不肯出资的人此时看到有利可图，也自愿入股。就连当初写信指控张謇的浙江候补道朱幼鸿，此时亦入股 1 万两白银。和一厂筹备时的艰难相比，二厂从筹备到开工仅 29 个月，很轻松地就筹足了 80 万两白银股本。随后张謇注册“大生纺织股份有限公司”，张謇的社会威望也与日俱增，成为各派争相延揽的人物。

“一个人办一县事，要有一省之眼光；办一省事，要有一国之眼光；办一国事，要有世界的眼光。”张謇的理念决定了他事业的规模，当时西方各国忙于第一次世界大战，给中国纺织市场留出了一个巨大空间。这是一个天赐良机，1913 年以后，和其他地方的纺织企业一样，“大生”一厂、二厂连年盈利，兴旺一时，仅 1919 年两厂盈利就高达 380 多万两白银，创下最高纪录。总计从 1914 年到 1921 年的 8 年间，大生两个厂的利润有 1000 多万两白银。1920—1921 年，上海报纸天天刊登“大生”的股票行情，“大生”股票也成为当时市场上最抢手的股票之一。

由于张謇纱厂的迅速崛起，就连纱厂所在的小镇唐闸也成为重要的地区。据《南通县图志》记载，1920 年，唐闸已有近万户，接近 5 万人。通扬运河沿岸工厂林立，商业繁荣。有人看到过当年国外发行的世界地图，中国许多大城市都没有标出，却在南通方位赫然印着“唐家闸”三个字。一个弹丸小镇因为一个叫张謇的人，进入了世界的视野。

此时，“大生”已拥有纱锭13.7万多枚，进入了自己发展的黄金时代。不过，张謇作为掌舵人即便在盛极之时也不是没有警觉，他曾发出过这样的通告：“营业之道，先求稳固，能稳固，即不致失败，即失败亦有边际，企业者不可不知也。大凡失败必在轰轰烈烈之时；今吾通实业正在此时机。唯望吾实业诸君居安思危，持盈保泰；更须坚定守分，此鄙人所希望于诸君者，在长久之道也。”

尽管此次卢作孚到华东考察时张謇已经辞世，但是在早期卢作孚历次访沪期间，他有幸见到了张謇。

1922年，卢作孚在黄炎培等人的安排下在上海做了一番考察，之后前往南通。张謇在南通的建设与发展，给了卢作孚难以磨灭的深刻印象，他得出了结论：要成就一番社会改革事业，就要有很大的规划，要有自己的经济依托，要以生产性的企业作为事业的根本，要训练民众适应一种崭新的“集团生活”。

当年张謇已是耄耋老人，卢作孚与他见面时，两人有一番很有意思的对话。张謇感叹在中国办实业之难，卢作孚请教其中原因，张謇答曰“人才缺乏，人都没有旧道德”。

当时初出茅庐的卢作孚对于张謇的话不敢妄加评论。数年后，卢作孚忆及此事，表示不能同意张謇的看法。他说：“旧道德不适用。因为旧道德只是消极地告诉一个人怎样去做一个好人。我们要建立起一个积极的新道德来，指示群体去做好人。”

此次再次考察华东，卢作孚以全新的姿态来看待这一切。

到达上海后，卢作孚首先去看望了蔡元培、黄炎培等人。黄炎培见到卢作孚，欣喜万分，特意集了《论语》和《孟子》里的名句，写成一联赠与卢作孚，以示勉励：有朋自远方来，不亦乐乎！君子创业垂统，为可继也。

随后考察团便匆匆赶往杭州，参观了浙江省昆虫局，又马不停蹄地走了江苏的南通、扬州、镇江、南京、无锡、苏州和昆山等地，参观了各处的学校、工厂、科研机构和农业试验场，而后返回上海，全部行程21天。

在考察中为了节省时间，他们分成几个组，各走一条路线，竟然在一个星期内参观了50多家工厂。据卢作孚的记载，这一路的艰辛，简直不亚于一场战斗，白天他们来回奔波参观各处的工矿企业、学校等，晚上还要四处走动拜访当地重要人士。鉴于这样的忙碌，考察团的人甚至连睡眠的时间都压缩到了最少，每天只睡三四个小时。

在华东的参观中，卢作孚得到的启发很多，其中有两点引起他的深思：一是在乡村设厂好处很多，城里地皮贵，在乡村设厂可以大大降低成本。二是他注意到了德国经济在“一战”后的迅速崛起。

卢作孚注意到，第一次世界大战之后，德国作为战败国，其在海外的利益被战胜国瓜分，一时间中国市场上德国货几乎绝迹。然而，仅仅十余年的光景，德国居然又迅速恢复了实力。以染料为例，他们的产品已遍布全中国，而机器和机电领域，德国也大有取代英国和美国的势头。卢作孚认为，德国之所以能够取得这样的成就，关键在于德国产业的联合，德国国内各个行业联合起来，组成一个强大的统一体，产生规模效益，因而在竞争中才会越战越强。卢作孚说：“而今颜料厂统一了，化学药品厂统一了，钢铁厂统一了，乃至于灯泡厂亦统一了。所以他们对外贸易的力量愈加伟大。”

卢作孚对德国产品更新换代的迅速，极为叹服。他说：“我们三年前订一只小汽船，买了两部奔驰厂新出的引擎，而今这引擎已经三变样子。”这一点，对他的影响极深。此后，卢作孚对民生公司及其附属企业，都要求采用一流的技术设备，务求高效率。他告诫下属，“不可太贪价钱上的便宜而专用他人废弃不用、效率太低的工具”。

考察团此行除参观外，也有交流的使命，随团携带了许多动植物标本，与南京的中央研究院、中国科学社、中央大学、金陵大学和江浙的昆虫局进行了交换。考察团还为北碚采购了煤矿、铁路材料设备和意大利种鸡、法国梧桐等，又为筹建中的中国西部科学院采购了仪器、药品。由于在采购中遇到了诸多麻烦，以至于在上海停留了两个半月之久，而后才启程前往东北和华北考察。

日本人的东北——第二站

卢作孚把此次考察的第二站选在了东北。当时东北的地位极为特殊，在名义上张学良宣布“易帜”，改换旗号，归附南京国民政府，但实际上仍然是割据政权。此外，1904 年日本和沙皇俄国在东北爆发战争，结果俄国战败，将其在东北取得的政治经济特权割让给日本。

随后，日本又逼迫清政府签订条约，租借大连、旅顺作为日本军港，准许日本在东北南部修建一条从山海关到大连并延伸到朝鲜的铁路，并许可日本获得铁路沿线 30 里范围内的资源开发权和移民权，以达到侵略中国东北的目的。

这条铁路称为南满铁路，成为日后日本在东北渗透的基础。至此，日本凭借在东北取得的大量政治经济特权，开始大肆扩张，整个东北到处都充斥着日本人的工厂和企业，日本人甚至还在东北派驻了军队。

日本对东北的入侵严重损害了中国的利益，但是，单从工业的角度考察，日本人在东北发展工业，确实值得落后的中国学习。卢作孚虽然痛恨日本人的侵略，但是他明白，中国如果不学习外国先进经验，就不可能强大起来，不强大就永远无法赶走侵略者。带着这样的信念，卢作孚强忍愤怒，考察了日本人控制下的中国东北。

由上海搭船到东北，中间需要经过青岛，再由青岛去大连。在途经青岛期间，卢作孚也对青岛进行了一番考察，感触颇深。

1897 年德国人占据青岛后开始大规模进行基础建设，当时的德国皇帝计划把青岛建成德国殖民地中的模范殖民地。不过 1914 年第一次世界大战爆发后，日本对德国宣战，进攻青岛，最终 5000 德国守军不敌 55000 日军的进攻，青岛为日本所占领。第一次世界大战后，日本企图长期占据青岛，但在中国人民顽强不屈的斗争下，1922 年青岛归还中国。

卢作孚对青岛码头的秩序井然大为感慨。当船抵岸后，有身穿制服、头戴红帽的力夫，很有秩序地上船来为客人搬运行李。他们将一个铜牌交给客人，另一个同编号的铜牌系在行李上，以便上岸后核对。卢作孚立刻想到长江上码头的混乱情况：“长江船到码头，抢着跑上船来欢迎的，有两种人：一种是栈房接客先生，一是苦力，一上轮船，到处乱窜，就有朋友要来欢迎船客，也拥挤不进来。”

后来卢作孚在全面开拓长江航运时，要求民生公司要特别注意码头秩序，不仅要派船上服务员接送旅客，还要公司各口岸办事处代旅客雇车、订旅馆，令民生公司的码头秩序严整，与别处截然不同。这一点，显然受到青岛码头建设的启发。

在青岛，卢作孚一方面对列强侵略的遗迹耿耿于怀，一方面对其先进的城市建设大为欣赏。在参观德国人建造的炮台时，他想，德国人意在借此建立远东根据地，在军事上立于不败之地，谁料成败无常，图谋他国利益尤其是不可靠的事业。

这些炮台，可以作为帝国主义的前车之鉴，但也绝对不是中国人的光荣。他由此联想到：还有许多这样的地方在外人手中，何时收得回来？一身都是耻辱，何时说清？曾记忆否？

他也不否认德国人在青岛市政建设的成功。当时德国人为了建造青岛的森林，曾经到世界各地寻找合适的树种，全部花费高达110余万马克。整个青岛的建设，都安排得极为合理，建筑都依据地势的起伏而建，与周边环境融为一体，青山碧水相得益彰，优美的景致令人心旷神怡，来时令人向往，去时令人留恋。

后来卢作孚在北碚的建设中，努力把北碚建成一个花园式的市镇，这与青岛对他的启发不无关系。

离开青岛之后，卢作孚一行人便搭船前往大连，踏上东北的土地。

抵达大连之后，一行人首先拜访了周善培先生。周善培在满清时期曾在四川为官，任四川劝业道台，是川江轮船公司的创始人之一，开启了中国人的川江航运事业。此时周善培身居大连，得益于他的安排，卢作孚等人很快就在大连开始了考察。卢作孚和周善培在此之前未曾谋面，不过，早在四川保路运动期间，卢作孚的表现就引起了周善培的注意，他十分认可卢作孚的人品。对于周善培本人，卢作孚一向很敬佩，他认为“周先生是在四川建设上唯一有办法且有成绩的人”。

6月26日，卢作孚一行人抵达大连，27日就开始了考察。他们首先参观的是港口事务所，登上屋顶，整个港口尽收眼底。他们看到，停泊的船只来自世界各地，但以日本的居多。

为了了解详细情况，卢作孚还做好了花费重金买通知情人套取相关情报的准备。但令他意外的是，当他提出想要了解大连港的要求之后，日本方面的人员居然很爽快地就答应了，而且没有任何提防或者为难之处，简直是知无不言、言无不尽。

早在整顿川江航运时，卢作孚就和日本人有过交锋，对于日本人的蛮横无理卢作孚是有心理准备的。但此次在大连，日本人反而像招待客人一样对待卢作孚等人。对此，卢作孚认识到，日本人已经把包括大连在内的东北地区当作了自己的土地，他们对卢作孚等人的开诚布公态度源自于他们在“自己土地”上的自信。日本人认为在他们的势力范围内，即使卢作孚等人是中国间谍，他们所套取的情报也不会对日本的实际控制力造成影响，与其遮遮掩掩，倒不如开诚布公，把日本在东北的实力展示出去。

从日本方面卢作孚了解到了非常详细的数据。比如，关于码头，一个日本职员随口告诉卢作孚等人，轮船进出货物920万吨，其中进口150万吨，出口770万吨，包括煤360万吨，大豆150万吨，豆饼95吨，杂粮69万吨，豆油9万吨。码头上有铁路70英里，马路8英里，仓库74处，每处有50万吨的容量。候车室可容5000余人。码头全部的资产约1亿元，新辟一个出煤码头需

1 千万元，最忙时的冬天需苦力 1 万人，平常每天七八千人。这样完备的配置，即使在日本也没有。

日本职员如数家珍一般随口道出码头的详细信息，卢作孚感慨良多。在当天的日记中，卢作孚写到，日本人在大连的经营“前进是何等锋锐”！同时发出了这样的议论：“中国机关的职员，只知道自己的职务，或连职务亦不知道，绝不知道事业上当前的问题，问题中的情况；而这一位日本人能把码头上的一切事项，详举无遗，是何等留心问题留心事实！中国人何以一切都不留心?”

在参观“满蒙资源馆”时，卢作孚受到了更大的冲击。在所谓的“满蒙资源馆”里，凡东北所产的动植物，通通被日本人搜集、陈列，各种物产的出产数量悉数被调查得清清楚楚，列表统计，画图说明，予以陈列。交通、矿产的分布，也被勘测得非常清楚，做成模型展览出来。卢作孚边看边想：东三省的宝藏，竟然已被日本人搜集到这几间屋子里，视为己有，如果日本人都知道了，都起经营之念，中国人怎么办?

尽管这只是一间小小的陈列馆，但是它带给卢作孚的震撼并不亚于大连港。大连港只是一个进出的通道，而这个陈列馆却囊括了整个东北，日本人对东北的野心在这小小的陈列馆里暴露无遗。如果日本人完全霸占东北的资源，进而再以东北为基地进犯全中国，那么以中国当前的状况，根本就无法抵御日本人的进攻。

6 月 29 日，考察团离开大连，乘火车前往沈阳，途经车站，职员都是日本人，还可以看到日本武装警察持枪肃立于站台。车站附近是日本人的住宅区，许多城市也完全由日本人来管理，几乎所有的工厂都是日本人经营的工厂，烟囱上大书“某某株式会社”字样。一直到了沈阳，才算脱离了日本人的势力范围。卢作孚见到这些，愈加不安，“尤疑自己不知到底到了什么地方了”。

其实在这个时候，日本已经把旅大、金州一带划为了它的“关东州”，一切体制与日本国内一样，连地图上这个地区的颜色，也与日本的一样。这里的通用货币也是日本的金票，中国的银元根本无法通行。此后，考察团又去了抚顺、长春、哈尔滨等地。

在旅顺，日本人经营的铁路，给卢作孚留下了深刻的印象。他观察到，火车整洁有序，车厢内没有乱吐痰乱抛东西的现象，厕所尤其洁净，无臭味，站台上则没有呼喊跑跳卖食物的。车站附近常有日本人家，街市亦经营得非常整齐。所见的高耸烟囱，往往是日本人经营的工厂。

日本人在抚顺的市政建设也让卢作孚深致感慨。他眼前的抚顺，市容整齐，道路宽敞，两行树荫，掩映行人，公共交通设施完善，此种情景，不由得让他惊叹抚顺“真像一个大都市了”。在抚顺参观的煤矿、制油工厂，均规模宏伟，日本人提供的资料无不细致、齐全，日本职员对情况的熟悉一如在大连所见。让卢作孚惊异的是，日本人竟打算300年的海军用油都在抚顺这里提取。

卢作孚在东北观察到的另一种现象，是日本人对教育、体育的重视。在大连，日本人开办有一个工业专门学校，一个商业学校，两所中学，一所高等女校，几所小学，都办得很好，尤重军事操。日本人所到之处，都注意建设体育设施。在长春的一个广场，卢作孚看到一队日本兵在努力地演练劈刺，当晚，他在日记中写道："所谓文明国家，处心积虑，朝夕准备的，才是同人厮杀的事，岂不太可叹息！而且在这里准备厮杀的是谁人，我们岂可熟视？"仅仅一年之后，惊世的血与火便验证了卢作孚的忧虑。

卢作孚观察日本人在东北的所作所为，当然不带一丝旁观者超然的心态，而是处处以中国问题意识出发，将日本人作为一面镜子，既警醒日本人的侵略野心，又不能不佩服其做事之认真程度，而对国人的敷衍、马虎、缺乏责任心则深感痛心。对此，他的出语或许严苛，但出于爱深责切，殆无可疑。

7 月11 日，一行人到达唐山，在东北的考察告一段落，之后便开始了在华北的考察。考察团在唐山分成两路，一批四人奔赴天津，另一路三人由卢作孚带领在唐山参观。后卢作孚一行又至北平，转往天津，两路会合，于 7 月 20 日乘船返回上海。

卢作孚的华北之行，除了参观开滦煤矿等厂矿外，还特别去参观了燕京大学、清华大学、故宫古物陈列所、香山慈幼园等文化单位。卢作孚对清华大学的图书馆、体育馆等设施之完备，倍加赞赏，说清华"是最好的一个读书而无他种萦绕的学校"。

在北平，他还去了位于兵马司胡同 9 号的地质调查所，拜访了著名的科学家丁文江先生。丁文江是我国地质科学的创始人之一，为地质调查所的第一任所长。在地质调查所的陈列馆，卢作孚看到馆内收藏的矿石、化石和各类岩石标本极为丰富，不禁感叹：我们觉得南北走了一周，难得看出显有成绩的事业，地质调查所总算显有成绩了，几位学者领导一些青年到各地搜集，在里边研究，试问国内这样做正经事的，共有几处？

在故宫文华殿里，他在琳琅满目的书画前流连不去，"不仅欣赏书画中的笔意，直与古来无数事业文章艺术中人晤对一室，而亲炙其对事接物之态度、认识、兴趣”。

在故宫博物院各陈列室，他更是觉得大有收获：“读古书时，所谓‘尊’、‘斝’、‘觚’、‘觯’等物品（皆为古代酒具），莫名其妙，而今都知其分别了。以前皇帝赐大臣在尚书房行走或南书房行走，而今我们来这里行走过，也才认识清楚所谓尚书房、南书房了。”

在天津，卢作孚参观了南开中学和南开大学，会晤了南开校长张伯苓先生，还参观了《大公报》印刷厂，拜访了《大公报》主笔胡政之。

7 月 25 日，考察团结束在华北的考察抵沪，随后又在上海逗留半月，又参观了上海永固造漆厂、三友实业总厂、亚浦耳电器厂、上海大中华造船厂等企业，而后乘船离沪，于 8 月 20 日抵渝。整个行程，历时 5 个月又 13 天。

经过这历经半年的考察，卢作孚对于中国的现状以及自己事业的发展，都设定了更加明确的方向。考察之后，卢作孚真正开始大展拳脚，一番霸业即将呈现。

8

击败洋人——成就川江霸业

卢作孚在川江上的扩张始于1931年，在历经半年的外出考察之后，1930年8月底回到四川的卢作孚，开始布局一场涉及整个川江的“战争”——统一川江航运。在此之前，民生公司的规模虽然有所壮大，但也不过是仅仅三条小船，总计吨位230吨。他们的总吨位甚至不如其他公司一条船的吨位。

规模虽然不大，但是凭借良好的运营模式、先进的管理理念，民生公司却取得了空前的成功。利用民生公司仅有的三条船，经过卢作孚巧妙的调度，实现了合川—重庆—涪陵之间每天都有定期航班。在经营好既有航线的同时，卢作孚还不断开辟新航线。1928年枯水期，卢作孚又开通了重庆至泸州、叙府、嘉定一带的航线，涉足长途航运。此外，卢作孚还于1928年7月，开设了四川的第一家轮船修理厂。如此一来，川江上的船只需要大修时，再也无须到2300公里之外的上海了。

到了1930年，民生公司的年收入达到39万元，盈利9.8万元。前期这一系列的尝试、积累和准备，为卢作孚即将开始的大规模扩张提供了坚实的基础。

一统川江

当卢作孚打算全面扩张时，川江上大大小小的轮船公司数十家，轮船达到80艘。卢作孚面临的挑战极大，但是他有十足的把握吃掉他们!

卢作孚最早的吞并发生在1930年10月，他外出考察归川仅一个月有余。当时重庆上游的中国轮船公司福川公司在渝叙航线上经营着一条270余吨的船只，虽然这条船在长江上只能算是一条小船，但是也要超过当时民生公司三条船的总吨位。由于经营不善，该公司步履维艰，甚至运费收入都难以抵消燃料开支。

民生公司进入渝叙航线之后，看到这家公司极其艰难的处境，于是便主动提出要收购他们。对于此次收购，卢作孚开出了相当优越的条件。

对于出售给民生公司的轮船，不论船况好坏，“民生”一律作价收购；并入民生公司之后，无论负债多少，一律由“民生”代偿债务。偿债或退还原股东股本需要多少现金，就支付多少现金，余款则作为加入“民生”的股本。同时，卢作孚还聘请该公司经理成为“民生”的董事。

面对这样的条件，这家朝不保夕的轮船公司，毫不犹豫地选择并入民生公司。并入“民生”后，原福川公司的轮船改名为

"民福"，投入重庆至宜昌等长途航线，当年就获利，使原股东分到了久已不见的股息和红利。原公司的股东、经理、职工，都各得其利，无不欢欣雀跃，对卢作孚感激不已。

在随后的扩张中，民生公司针对负债累累的弱小轮船公司，统一开出类似福川公司的优厚兼并条件：凡愿意将轮船出售给"民生"的，不论船况好坏，"民生"一律作价收购；凡愿意将公司并入"民生"的，无论负债多少，一律由"民生"代偿债务。偿债或退还原股东股本需要多少现金，就支付多少现金，余款则作为加入"民生"的股本。原来公司所有员工，全部由"民生"接收安排工作，不使一人失业。凡接收一条轮船，即废除原来一切陈规陋习，代之以民生公司创立的全新规章制度。

这种光明磊落的兼并条件，对于弱小华商轮船公司来说，是祸是福，他们心里最清楚。在诸多小公司摇摇欲坠之际，加入"民生"无疑是找到了一条生路。"民生"虽然也很弱小，但他们看到的是"民生"的内在力量——管理先进，锐不可当。

为了能够应对即将开始的大规模扩张，卢作孚做足了准备：一是机构准备，将民生公司事务所从合川迁至重庆，进入航运中枢位置，便于指挥；二是资金准备，将公司当时的30万元股额，增至70万元，以作必要的并购之资；三是人才准备，从北碚学生队和瑞山中学毕业生中遴选一批后备人才。

在扩张的具体策略方面，卢作孚的原则是：先易后难、先小后大、先商后军、先华后洋、先近后远。在具体实施上，他先从川江上游即重庆至宜宾一段下手。在川江上游经营的大多是中国轮船公司，他们本身实力有限，经营管理方式落后，公司状况都不容乐观。

看到民生公司开出的丰厚条件，那些无力经营的小轮船公司兴奋异常。对他们而言，他们手上的轮船已经不再是可以盈利的宝贝，而是不断让他们赔钱的无底洞。如果能甩掉这个包袱，自然是再好不过。而各家轮船公司的员工对于民生公司的先进管理模式也早有耳闻，都愿意在卢作孚的带领下工作。

于是，在 1931 年，卢作孚的民生公司迅速扩张。这一年，共有 7 家公司、10 艘轮船加入民生公司。这 10 艘船中，除一条完全损毁、一条需要大修外，其余可用的有 8 艘，总吨位为 1838 吨。短短一年内，民生公司的轮船数量就由原来的 4 艘增加到 12 艘，总吨位由原来的 500 吨增加到 2300 余吨，职工人数也由原来的 164 人猛增至 518 人，公司规模扩大了数倍。

随着民生公司的规模不断扩大，在某些航线上甚至有了垄断地位。但是在垄断航线之后，民生公司并没有像其他垄断公司那样大肆提价，反而是采取降价策略。以重庆至涪陵航线为例，以往单程票价为 4. 8 元，民生在取得这条航线的专营权后，票价不升反降，下调至 3 元。在其他航线也一直维持票价稳定，决不因自己拥有垄断地位而涨价。

民生公司的行为让当地民众甚是满意，他们对民生公司产生了极大的好感。为了能够搭乘民生公司的轮船，许多人宁可耽误行程也在所不惜。民生公司实实在在为民众服务，民众自然也大力支持民生公司。正是在这种融洽的氛围内，民生公司才有了继续扩张的资本。在后期与外国轮船公司的竞争中，正是得益于中国百姓的支持，民生公司才能取得最终的胜利。试想，如果有一家公司因为自己处于垄断地位，就肆意提高价格、坑害百姓，那么百姓会支持这样的公司吗？这样的公司一旦离开垄断的环境，它还会有竞争力吗?

就在民生公司开始扩张的这一年,“九一八”事变爆发。突变的国内外形势让卢作孚意识到必须加快扩张的速度,只有一个统一强大的轮船公司才能为将来可能爆发的更大规模的战争提供有力的支援。

此时,国人高涨的抗日情绪也给“民生”的壮大创造了一个绝好的条件。卢作孚当初力挫日船气焰的事迹,人们记忆犹新,航业界大多数人士都理解他、支持他,赞成“统一川江”,向列强争回内河航运权,民众也更加坚定不移地支持民生公司。

1932年,统一了川江上游航运业务的卢作孚开始进军川江下游。卢作孚对下游的兼并更加迅速猛烈,仅仅半年时间,就兼并了4个中外轮船公司,接收了一个英国公司,增加了7艘轮船。

其中的川江轮船公司,是川江下游成立最早,也是规模最大的一家公司,但在同业残酷竞争下,经营不善,不断发生各种事故,债主登门坐等催债,员工领不到工资,陷入了空前困境。卢作孚及时向他们施以援手,以极其优惠的条件,将其并入“民生”。原属川江轮船公司的“蜀亨轮”是艘大船,吨位986吨,合并后更名为“民贵轮”,成为民生公司冲出川江,经营渝沪航线的第一艘主力船。

原为意大利籍的“永年轮”也是大船,吨位975吨,民生将其并入后,下掉意大利旗,改挂民生旗,更名为“民俗轮”。

这一年,民生公司的船只总数量增加到19艘,总吨位为7000吨,职工人数翻了一番,增至1071人。至此,与公司刚成立时相比,轮船总吨位已增长100倍,职工人数增长80倍。此时距小小的“民生轮”初航,仅有6年时光。经过6年的奋斗,民生公司就成为长江上游实力最强的一家航运公司了！长江宜昌之上的水域，处处可见带有“民生”两字的菱形图旗帜，迎风招展！

卢作孚对民营轮船公司的兼并总体而言还是相当顺利的，大多数华商轮船公司都支持他的行动。但是激流之下也有暗礁，那就是掌握在军阀手里的轮船公司。这些隶属军阀的轮船公司及轮船，俗称“军轮”。民生公司兼并“军轮”的过程，颇为坎坷。

当年，四川各派军阀见搞水运有利可图，便竞相投资航业。他们依仗军事和政治实力，在经营上享有种种特权，竭力打击和排挤那些没有背景的民营轮船公司。比如，他们在自己地盘内，让自己的轮船公司垄断本地货运，不允许其他公司承运；在自己的地盘上设立关卡、敲诈勒索过往民营船只。当时从重庆到宜宾，要经过四个军阀的地盘，船只每过一地就要纳一次税，令船主苦不堪言。

由此，这些军轮的经营条件，先天就要优于普通的民营公司。他们货源充足，无苛捐杂税之苦，无军队骚扰之痛，也无人敢敲诈勒索。卢作孚痛感，这个不平等的“游戏规则”如不废除，“统一川江”就难竟全功，“民生”也难于在川江上顺利发展起来。于是，他下决心要兼并这些“军轮”。

卢作孚的这个想法无异于虎口夺食，但无论如何，也要把它拿下来！他亲自出面，“向各军阀陈说利害，劝其合并”。

其时，卢作孚在四川已享有很高声望，人人皆知他一心为民谋福祉，即便像刘湘、杨森、刘文辉这样的军阀，也对他公而忘私的高尚人格十分感佩，将他视为四川的一个了不起的人才，凡事都乐于相助。

这次，在卢作孚的说服下，各军阀都表示愿意支持。他们之所以同意“让利”，并不是良心发现，而是各有自己的打算。川江的航运，当时在总体上已呈衰颓之势，他们乐得有民生公司接手过去，以保住自己当初投下的本钱。特别是刘湘，早就厌烦部属热衷经营航运而涣散了军心，所以一说就通。

但在具体接洽并购时，却颇不顺利。原来，这些军轮公司的经理们，全是军阀的三亲六故，他们经营这一行已尝到了大大的甜头——“亏本有东家，油水归自己”。这样的好买卖哪里去找？卢作孚要拿走，怎么舍得？

卢作孚在洽谈过程中，做了很大让步，出价很高，且婉言相劝。他后来说：“当时要收买的船，无论如何我总是主张不要惜钱，他要多少，我就给他多少。”他看得明白：在搬开了“军轮”这个绊脚石后，“民生”的发展空间将会非常大，收购军轮的投资在这之后一定可以轻松收回。

其中，合并最快的是杨森属下的“永年轮”，当年就卖给了民生公司。进展较慢的是刘湘等人拥有的“永丰”轮，直到1935年2月才卖给民生公司。而操作最困难的，是刘文彩属下的“蜀通”、“南通”、“昭通”三轮。

刘文彩是四川省大邑县人、四川军阀刘文辉之兄，曾任川南税捐总局总办等职，负责为刘文辉搜刮军费。他虽在1949年10月就已病逝，但在20世纪60年代的“忆苦思甜”浪潮中，被当成“中国地主阶级的总代表”，其恶名家喻户晓。

为了收购刘文彩的轮船，卢作孚曾经亲自去与刘文彩面商，希望以一个公平的价格收购他的三艘船。但刘文彩不愿交出，对他而言，这几艘船可是摇钱树。

卢作孚只得转赴成都，与刘文辉商讨。刘文辉早就不同意他哥哥经营航业，于是电令刘文彩：无条件合并于民生公司！后来，刘文辉又当面严厉斥责刘文彩："你们纵容底下的人办轮船，这事是那样简单能办好的吗？应该交给卢作孚，凑合一个朋友，办成一桩事业。"

但刘文彩仍不买账，对其弟的命令阳奉阴违，一直拖到爆发了"二刘之战"（刘湘、刘文辉之战），这三艘船落入了刘湘之手，才由刘湘将三艘船租给民生公司使用。

在整合华商轮船公司和兼并"军轮"的同时，民生公司也在积极兼并外商轮船公司。从 1931 年并购日籍"长天丸"起，陆续收购了几条英美籍船，到 1935 年，更是一口气收购了美籍捷江公司的 7 条船。

这样，从 1930 年到 1935 年间，民生共计收购华轮 28 艘、外轮 15 艘。至此，长江上游的几十家中国轮船公司，全部成功地整合在"民生"的旗帜下，形成了航运界声威赫赫的"中国航母"！四川境内凡有可通航河流的地方，就有"民生"的船在行驶。

1935 年，可谓卢作孚一生事业最辉煌的顶点。他回首"民生"艰难的成长史，放眼当下的川江，豪气顿生："这时除了英商太古、怡和，日商日清，法商聚福及华商招商、三北而外，差不多没有旁的轮船公司了。"

与外国公司的竞争

统一川江上的中国轮船公司，只是卢作孚宏伟计划中的第一部分，在完成第一步计划的基础上，他还要更进一步，凭借一家公司的力量，赶走川江上的外国船只，收回中国的内河航运权。

贫弱的中国主权严重被破坏，国门大开，列强肆无忌惮地随意出入中国的国境，中国的内河已经成了“国际河流”，外国轮船通行无阻。卢作孚对此深感不安，国家没有足够的武力与列强对抗，无法赶走列强，那么就让自己以一己之力来收回国家的内河航运权吧！

民生公司刚成立时，在川江上的列强轮船公司并不以为意。对他们而言，新成立的民生公司如同虫蚁，只要他们稍微一用力，立刻就能让这家可怜的小公司赔个血本无归。那时像“民生”这样的小公司在川江上实在太多了，外国轮船公司根本就不屑一顾。

然而，当卢作孚开始大规模在川江上实行兼并时，外国的轮船公司开始意识到事情的严重性。当初他们不屑一顾的小公司如今已经成了一个不可忽视的对手，正在以极快的速度占领川江航运市场。

当时，具有相当眼力的外国人开始在报刊上发表关于民生公司的文章，虽然字里行间充满了对中国人的敌意和污蔑，但是他们却很准确地看到了民生公司的意图。有一位英国人卡尔，在上海的英文杂志《航业周报》上发表文章，题目是《垄断川江货件之企图》。此人预测到了民生崛起后长江航业的未来，对之忧心忡忡。而他在文章中泼妇骂街式的用语，又宣泄了列强势力对此前景的不甘心。

他说：“有一华人之组织，侵入外人所经营之企业。”这说的就是民生公司。他把民生公司说成是“垄断者”，惊呼：“由重庆至合川、及由重庆至岷江上之乐山两段，已为垄断者所把持。所有货件，悉被独揽，外商船只之行驶于此两段者，或被吸收，或自动撤退。”

接着，他就破口大骂：“此中国八足动物之触角，现已伸长，行将达于宜昌”，如此下去，“向下推移，直达沙市，过去川人排外之精神，或将采‘中国货只装中国船’之方式，暴发于省外”，“此种排斥异己之进展，在长江上将推广及于巨大之区域，而自宜昌以上至川江最远之通航口岸，亦将不容外轮涉足矣”。

外国人很快就把他们的担忧变成了实际行动。川江的老资格“霸主”太古、怡和与日清等外国轮船公司意识到了民生公司对他们的威胁。他们看到民生公司绝不是偶然兴起，这家新兴的轮船公司管理先进，战略得当，还深得当地中国人的欢迎。这一系列因素让他们认定，如果任由民生公司发展壮大，那么这家新崛起的公司在不远的将来必定会取代他们在川江上的地位。对此，他们当即展开了对民生公司的反击。

与中国轮船公司相比，外国轮船公司最大的优势就是资金充足。这些外国轮船公司不仅仅在经营川江航运，他们还在长江中下游有大量的航运业务。他们通过庞大的规模获取可观的效益，即使在某条航线上出现亏损，也可以通过其他航线上的盈利来弥补。而川江上的轮船公司则不然，他们只经营川江航线上的业务，除此之外再无其他经济来源，一旦川江上业务出现问题，整个公司也就危险了。针对这样的情况，“太古”、“怡和”与“日清”等外国轮船公司当即决定利用己方的优势痛击对方的短处，给“民生”致命一击，让这个不知天高地厚的中国公司迅速因为资金的问题破产关门。

他们打击民生公司最直接的方法就是降价。这些外国轮船公司或是联合制定降价策略，或是各自决定降价，把他们所经营的川江航运业务价格降到了极致，直接亏本经营。他们认为只要自己降价，一定就能获得更多业务，如果民生公司不降价，那么“民生”就会因为没有业务而无法正常营运，进而破产；如果民生公司也参与到降价大战，那么赔本的航运价格也能迅速让资金有限的民生公司快速破产。

英商太古公司为打压“民生”，故意放低运价，由上海运至重庆的棉纱，每包运费由原来的25元降到8元。这个价位，仅相当于每包装运起卸的人力报酬。“怡和”不久也加入降价行列，竟然与“太古”联手，把棉纱运价降至每包2元。其他如药材每100斤原运价为6元，他们降至1.2元；一担海带，只收0.25元。这样的运价，还不够船上的燃料费，等于免费运输。

外国轮船公司不仅在货运领域通过降价来打击民生公司，他们还通过免费坐船，坐船送礼品等方式抢夺民生公司在客运领域的业务。日清公司规定，凡在宜昌至重庆段乘坐他们的船，可以不买船票，船上还另送日本洋伞一把。免费坐船，在利润为王的资本主义市场，日清公司来这一手，堪称空前绝后。

通过价格优势抢夺民生公司的业务只是外国轮船公司打击民生公司的手段之一，除此之外，他们还有更加卑劣的手段：撞击民生公司的轮船。在他们看来，如果民生公司的轮船接二连三地出现事故，一来乘客会因为民生公司的安全没有保障而不坐民生的轮船，二来在船只方面的损失也会让民生公司的实力受损，加速民生的破产。对他们而言，他们的船只较大，而且即使损坏也能快速补充，根本就不担心这些问题。

为此，他们在川江上收买地痞恶霸的船只，让他们去撞击民生公司的轮船。不仅如此，他们还利用自己的大船撞击民生公司的船只。1936 年 2 月 3 日，民生公司的“民主轮”从宜昌驶往重庆，行至太洪岗，忽有日清公司的“嘉陵轮”紧随其后，距离过近，“民主轮”立即减慢速度避让，“嘉陵轮”非但不礼让，反而两次横撞“民主轮”船头。幸亏“民主轮”船长技术高超，才未造成惨案。

外国轮船公司咄咄逼人的攻势让卢作孚心中着实焦急，可以说他们反击民生的策略非常准确，他们攻击的正是民生的短板。在他们反击的最初阶段，民生公司的正常业务受到很大干扰，外界人士看到这样的情况，便有人预言，1935 年川江上必将有两家轮船公司破产，一个是只经营川江业务的美国籍捷江轮船公司，另一个就是新崛起的也只经营川江业务的民生公司。川江上激烈的价格战会使得没有其他收入来源的轮船公司根本就无力应对。

此时，民生的财务状况也急剧恶化，在连续一年多的并购中，民生的资金已显紧张，融资渠道也不是很通畅，并购中还承担了其他公司的一些债务，到 1934 年底的时候，公司负债已达 70 多万元。有人据此说“民生”要倒闭，倒也不是危言耸听。

民生公司已经到了生死存亡的关头！

然而，在激烈的价格战中，民生公司不仅没有破产，反而又进一步扩张了。正如有人预言的一样，捷江公司在价格战中迅速破产，但是捷江公司破产之后，收购捷江公司船只和码头设备的，居然是先前被预料会和捷江公司一起破产的民生公司。通过收购捷江公司的 7 艘船只，卢作孚的民生公司一举成为川江航运的龙头老大！

卢作孚到底用了什么方法，使得一个负债的公司在价格战中不仅没有破产还能继续扩大？卢作孚的民生公司之所以能够崛起，不是因为资本的雄厚，而是因为民心。资本的确是民生公司的短板，但却不是民生公司崛起的根本因素。外国轮船公司在各处都能通用的打击策略此刻在民生公司这里却难以奏效了。他们可以和民生拼资本，却不能和民生拼民心。

当外国轮船公司开始向民生公司反扑时，“九一八”事件已经爆发了，全国各地再次掀起爱国救亡的高潮，千千万万的爱国民众对于列强的侵略和压迫无比仇恨，团结起来一致对外，是当时整个社会的一致要求。

“九一八”事变爆发后，重庆民众各界团体激于义愤，召开了“收回内河航权大会”，号召“中国人不搭外国船”、“中国船不装外国货”。卢作孚起而响应，在民生公司率先取消了“甲级船员只能由外国人担任”的陈规陋习，规定甲级船员不得任用外国人，均由中国人担任，并把通行的外文提货单全部改为中文提货单，船员职称也一律取消洋文名称。

民生公司的爱国行动，赢得了社会各界的赞扬，也得到了公司员工的支持。就在外轮公司联手打压民生之际，重庆一带的民众自发地提出“要坐民生船，不坐外国船”，工商业者也不把货物交给外轮公司运输。

正是在爱国民众的支持下，为国为民的民生公司在价格战中依旧占有充足的市场，他们没有通过降价来吸引乘客，而是以爱国的实际行动取得爱国民众的信任。有了民众的信任和支持，任凭外国轮船公司如何降价，都无法撼动民生公司在川江的地位。对于日本轮船公司免费坐船送礼品这一情况，爱国民众根本就不屑一顾，当时全国各地一致抵制日货，谁还会接受日本人的东西呢？

对于爱国民众的支持，民生公司也投桃报李，他们虽然无法压低价格，但是，他们却巧妙地提高服务质量。一方面民生公司改造既有船只，让船更快、更安全、更可靠，另一方面就是提高“软环境”质量。

民生公司为了进一步提高服务质量，制定了《经理须知》、《船长须知》、《茶房须知》、《水手须知》等规则，规定从客人上船后的接收行李、安顿铺位、饮食起居，到下船前收拾行李、招呼力夫、送客上岸，船员都要给予周到照顾。

在长途航线上的民生客船，不论何等舱位都能收听广播，船上还每日发给旅客油印的《新闻摘要》，使旅客绝对不会感到旅途的寂寞。沿江经过之地，服务人员都要把相关的风景照片分发给旅客欣赏，同时将沿途风景、风俗、交通、特产和旅行注意事项通告旅客。船上的电台，也可为旅客传递紧要信息。

凡民生的船一到码头，立刻有岸上服务人员上前代运行李、代觅住处，绝没有力夫一拥而上抢运行李或强索运费的事发生。

旅客普遍感到，坐“民生”的船不仅舒适、清洁、快捷，而且很有尊严，价格虽然没有降低，但是高质量的服务也一样让民众得到了实惠。这样，川江两岸的民众，就都成了“民生”的忠实客户群，越是国难当头，民众对民生公司的向心力越强，企业的利益与民族的自尊紧紧连在了一起。

在资金方面，民生公司也得到了各界的支持。

首先是公司员工的支持，面对公司的财政困难，公司员工也爆发出高昂的爱国热情，疾呼“为公司争口气”、“勒紧肚皮，也不让民生公司被外商挤垮”。员工们向公司提出，可以缓领或少领薪水。一些职员只顾忘我工作，根本“不问发薪多和少”，誓与公司共度时艰。

此外，四川的军阀也对卢作孚给予支持。他们凭借自己的权力，帮助民生获得了重庆至长寿、涪陵和万县诸航线的专营权，并让民生包揽特货运输，使民生的收入大增，缓解了资金危局。

在资金方面对卢作孚帮助最大的则是他在金融界的朋友。当初“捷江”破产出售时，卢作孚一心想要收购，但是却苦于资金方面存在困难。对此，金融界的友人及时伸出援手，由中国银行总经理张公权提议，金城银行总经理周作民、金城天津分行经理王毅灵大力赞助，民生公司于1936年6月向上海各银行募集了公司债100万元。这是四川的企业第一次在上海募集公司债。由于“民生”信誉良好，募集获得成功，解决了收购“捷江”的资金问题。

收购“捷江”成功，使“民生”在与外轮公司争夺川江航权的较量中，获得了决定性的胜利。至全面抗战爆发前，“民生”在川江上的轮船总吨位，已超过了外轮公司的吨位总和，在载重量上也接近了外轮公司的总和。1936年9月，民生公司已有雄厚实力在上海江南造船厂新造了一艘“民本轮”，下水之日开放让上海民众参观，当天登船参观的有3000人，沪上名流黄炎培、虞洽卿、杜月笙等也到场祝贺。

“民本轮”驶回重庆的一路上，在南京、武汉和宜昌停靠，都允许民众参观。9月22日抵渝时，江边人山人海，鼓角齐鸣，前来迎接的民生职工齐声高唱《义勇军进行曲》，民众为之扬眉吐气！

此外，民生公司对“万流轮”的打捞，可说是长江航运史上的一个奇迹。“万流轮”是英商太古公司的一艘千吨轮，曾于1926年触发了万县“九五惨案”。1933年初，该轮在长寿县江面触礁沉没。太古公司和保险行委托最权威的上海打捞公司来打捞，但由于船沉在激流险滩处，难以展开作业，打捞公司表示无法打捞。太古公司无奈之下，只得将这艘船当废船标卖，船身和所载货物原值白银60万两，太古标价5000元出售，但仍无人问津。

这艘废船进入了卢作孚的视野。民生公司和民生机器厂派出优秀工程师前往察看，经过反复研究，认为凭民生的技术力量，完全可以将此船打捞起来。于是，卢作孚断然决定将此船买下。民生员工果然不负他的厚望，当年3月初签的合同，到5月19日就将沉船成功打捞出来。

沉船由民生机器厂负责修复、改装。当时四川还从未有人修理过千吨巨轮，全厂职工集思广益，艰苦奋战，将船拦腰截断，加长了4.27米。经过8个月的大修，沉船变成一艘长66.8米、功率3500匹马力、吨位1197吨、时速24公里的崭新巨轮，堪称川江航业中的“巨无霸”。1934年10月，修好的轮船试航成功，更名为“民权轮”，随即驶往上海修复舱面。1935年4月26日，“民权轮”意气风发，从上海驶返重庆，沿途受到民众热烈欢迎。驶抵之日，重庆万人空巷，前去朝天门码头观看。码头上鞭炮齐鸣，掌声雷动，场面极为感人。

“万流轮”的打捞和改装成功，极大地激发了民生员工的民族自豪感。当年的《新世界》杂志有作者撰文说，沉船成功施救，“并由公司一手一足改造成功，可见中国人之能力，并不如何弱于外国人，只在努力不努力而已”。应该说，在与“太古”

等三大公司的角力中，民生员工的精诚团结，也是“民生”最终取胜的一大因素。

打掉列强资本势力在川江上的气焰，进而将其逐出川江，是卢作孚长期以来的愿望。当年初出四川时，在长江上触目只见外国旗、难得一见中国旗的景象，令他深感屈辱。“民生”从一条小轮船起步后，他就抱定了此目的，并为之奋斗不息。

早在1934年收购“永年”、“永丰”二轮时，原业主所悬挂的意大利旗期限尚未满，卢作孚决不通融，亲自与意大利洋行交涉，宁愿付清未完期限的挂旗费，也要提前解除挂旗合约，连带原来的意大利籍船长也一并解雇。他就是要让这些外国旗一面一面地降下！我之国土，我之流域，只能飘扬我之堂堂中华的国旗！

卢作孚平日的观察十分仔细，偶在码头或船上巡视，也要留心往来船只所挂旗帜。一次，他见江上船只不仅挂有日、德、英、法各强国之旗，居然还有一艘船悬挂着阿根廷国旗。他对此极为敏感，立刻展开调查，发现阿根廷在中国不能享有这种特权，于是力促外事部门予以干涉，将那艘船的阿根廷旗降下。

最终，民生公司由卢作孚领导，在社会各界与爱国人士的支持下，成功地粉碎了外国人消灭民生公司的企图，而且成为川江航运的王者，各外国轮船公司已无力与民生公司争雄，开始纷纷退出川江航运。至此，已经丧失了数十年的川江内河航运权被卢作孚的民生公司收回了！这是民生公司的胜利，也是千千万万爱国民众的胜利。

再进官场

1935 年秋，正在川江上大展拳脚的卢作孚，不得已再次做了官，这次担任的是四川省建设厅厅长。

这一年 8 月，卢作孚正在上海与造船厂商谈造新船。这一年民生公司业务再次扩大，需要大量船只，为谨慎起见，卢作孚就亲自前往上海。

正当卢作孚在上海为了造新船而忙得不可开交时，他接到了从成都发到上海的电报，电报的主要内容是说，国民政府拟委任卢作孚为四川省建设厅厅长，而且刘湘还特地捎话给卢作孚，请他千万不要再推辞了。

接到这样的电报，卢作孚心中甚是烦恼，对于做官他向来是不感兴趣的，尤其是现在，民生公司顺风顺水正在快速发展，如果他此时离开，他在民生公司的事业谁来继承？于是，一接到电报，他就赶紧回复成都方面，解释自己的困难。

然而，任凭卢作孚如何解释，成都方面就是坚决不允许他推辞此次任命。对于卢作孚的才干，政府方面实在是爱惜有加，舍不得这样一个人才游离于政府之外。就这样，尽管卢作孚本人不同意，国民政府还是在当年 10 月 8 日颁布了对卢作孚的任命书。

当时，卢作孚已离开上海，应桂系首脑李宗仁、白崇禧、黄绍竑之邀，在广西参观考察。得知任命消息后，他完全没理会，继续原定行程，直至 10 月下旬才结束考察，前往南京，面见当时的行政院长汪精卫，请求取消此项任命。

10 月 25 日回重庆后，他也没去成都履职，而是于 11 月初再次赴南京请求取消任命，但两次请求都未果。再返重庆后，一直拖延到 11 月 19 日，他去面见了四川省主席刘湘。卢作孚当面向刘湘提出："不做厅长！"刘湘哪里肯应，两人竟然就此整整谈了 16 个小时。刘湘这次决不让步，卢作孚经过考虑，只好接受任命。把民生公司的工作安排妥当之后，当年的 12 月中旬，他从重庆赴成都，正式履职。

虽然卢作孚在极其不情愿的情况下接受政府的任命，但是他并没有因此而懈怠。上任之后，他立刻一改先前的态度，开始积极对待自己的新职位。对卢作孚而言，官不做也罢，但是既然不得已做了官，那就绝对不能渎职懈怠，在这个位置上坐一天，就要尽一天的责，就要尽可能多地利用自己的权力服务百姓，服务国家。

卢作孚上任之后，要做的第一件事还是改革。首先是转变机关的工作作风，整顿人员、治理风气，很快建设厅内的长袍马褂消失得无影无踪，全体人员都穿上了民生公司的那种布制服。卢作孚还要求工作人员每天必须写工作日记，每晚必须读两小时的书，并写出读书心得。他还在厅内建立了图书馆，每月拨出专款购置专业书籍，供全厅人员阅读——公务员如果不读书，只知吃喝玩乐，那国家还有什么希望？

整顿好建设厅之后，就是行动开始的时候了。卢作孚要在一个破败不堪的旧四川上，创造一个新世界。

卢作孚接任四川建设厅厅长时，四川军阀混战的局面刚刚有所平息，全省的行政基本实现了统一。然而，20 余年的军阀混战给四川带来的破坏，并不会因为军阀混战的结束也随之消失，当时，四川全省民生凋敝、满目疮痍，基本无现代工业和现代农业可言。就是在这样的基础上，卢作孚开始全新的建设。

尽管此次卢作孚任建设厅厅长只有一年半的时间，但是在这短短的一年半期间，他却做出了巨大的成就。大致有如下业绩：扩充水利局编制，进行都江堰及内外江的测绘工作；在灌县、千佛岩、合川、青滩设立水文测量站；在四川大学农学院协助下，成立稻麦改进所、开办农业技士训练班；成立省粮食管理委员会，对全省粮食生产进行指导和管理；在产棉地区遂宁成立棉作试验场，引进美国优良棉种；成立甘蔗试验场，引入印尼甘蔗品种；在产蔗地区资中，与华侨合办四川第一制糖厂；推动桐油生产，促成中国植物油厂的成立；设立桑蚕改良场，大量购买优良蚕种，免费发放给农民试养；成立省蚕丝管理局和四川生丝贸易公司，负责生丝出口；进行川西、川北森林资源调查，筹办中国木材公司和造纸厂；成立7支地质调查队，绘制全省矿产分布图；选派优秀技工赴江苏学习陶瓷生产技术，赴上海学习棕榈加工技术；成立官商合办的川黔铁路公司，首次提出兴建成渝铁路的设想，并完成了成渝铁路的勘测工作；加紧建设川鄂、川湘、川康公路干线，完善全省路网；派出5个电讯工程组，到全省调查和维护乡村电话线路；组织力量整理长江上游河道，疏通航运。

卢作孚的工作都是最实用、最基础的，没有形象工程、没有政绩工程，完全按照四川的实际情况，需要什么就做什么，能做什么就做什么。正是他务实的基础建设，为四川打下了坚实的基础，使得四川有能力成为战时的大后方。

在建设厅长任上，卢作孚还积极地为四川省引进项目、引进人才。四川第一制糖厂的厂长，是一位留美归来的浙江籍学子，他怀抱报国理想，为帮助四川省的建设，于1936年毅然来到资中县筹办糖厂。在卢作孚的帮助下，他克服重重困难，在四川的穷乡僻壤建起了一座现代化的糖厂。

卢作孚以企业家身份担任公职，很看不惯官场的那一套虚浮作风。有一次，他从南京返回成都，建设厅主任秘书何迺仁按照旧例，率领全体科员和直属单位负责人到机场迎接。卢作孚一见这场面，脸色一沉，只略向大家点点头，说道："我们都是建设厅同事，不应该讲排场！"说罢，便匆匆离去。此后，建设厅就再没人敢举行任何迎送仪式了。

1939 年 3 月，建设厅的一个直属单位——四川省家畜保育所开张，特请卢作孚前去参观指导。卢作孚与厅里的工作人员兴冲冲来到现场，先听汇报。一进会议室，卢作孚看见，长条会议桌上摆满了糖果、蜜饯、饼干之类的小食品，立刻收敛了笑容，说："我们今天是为参观而来，不是来做客，何况大家都是一个厅里的人，不能这样浪费钱财。"说罢，带队离开了会议室，接待人员顿感十分尴尬。

在参观过程中，他又看见庭园中有一座新建的小石桥，栏杆石板上刻有"作孚桥"三个字，于是停下脚步，对所长正色道："我对你们的事情无功无劳，怎么能勒石标榜呢？再说，这种做法，也是官场俗套，你们太使我难堪了！"

所长连忙解释："所里从购买地皮到建设，从向国外订购仪器到引进良种，卢厅长您都操心不少，刻字勒石，权作纪念，也是全所同仁的一片心意。"

卢作孚摇头道："这不好，这不好！这样吧，如果将桥拆掉，也很可惜，就用水泥把字盖掉。"

参观结束时，卢作孚又叮嘱道："你马上派人把字盖掉，明天上午我要来检查。”

第二天上午，卢作孚果然又来了一趟，亲眼看见桥栏上的字被覆盖了，这才放心而去。

正是本着这种务实精神，卢作孚不仅实实在在地为四川人民作出了许多贡献，还在自己能够影响的范围内，极力改变当时官场浮夸不实的作风，把建设厅官员的老爷气派暂时给压住了。然而，卢作孚所能做的，也仅仅是在自己的职权范围内去影响一些人，对于更大范围内的官场不良风气他却是无能为力。对于这样的现实，卢作孚也是深感无奈。整个环境既然已经如此，如果不从根本上改变环境，怎么可能有大的改观呢？

1936 年 12 月，“西安事变”发生，国共两党停止了内战，一致抗日。双方经过谈判，达成协议，决定筹建一个“过渡政府”，3 个月后再改造成抗日政府。协议中的过渡政府共设 8 个部，经双方提议，共同认可了一份部长候选人名单。在这份名单上，其他 7 个部的部长都有两三个候选人，唯实业部长一职，仅有卢作孚一人。尽管这个计划后来因时事变化而未能实现，但卢作孚的确是主管全国建设之独一无二的人选。

1937 年初夏，卢作孚收到通知：国民政府委派他作为中国实业界代表之一，不日即赴欧洲考察。卢作孚为此感到振奋！他早就想到欧洲去，亲眼看看西方先进国家的实际情况。于是，他就安排好了建设厅的工作，等待外出考察。

然而，天有不测风云，就在卢作孚等人临行前，1937 年 7 月 7 日，中日战争全面爆发了！

9

卢作孚的真性情——八年抗战

1937年7月7日，随着卢沟桥事变的爆发，日本开始全面侵华，遭受了近百年苦难的中华民族遇到了有史以来最严重的危机。

尽管中国在人口数量、国土面积、矿产资源等各方面都较日本有着极大的优势，然而，处于半封建半殖民地状态的旧中国，根本无力将潜在的优势资源转化成强大的国力。农业生产极端落后，大片的土地却不能生产足够的粮食；工业基础极端薄弱，甚至都没有能力造出一辆可以开动的汽车。

日本虽然只是岛国，但由于其赶上了工业革命的步伐，迅速实现了本国的工业化，有着雄厚的工业基础。对于物资的短缺，日本完全可以凭借先进的技术进行弥补。

兵源不足，日本就发挥武器的优势。陆军方面，日本制式步枪射程远在中国军队之上。在战场上，中国军人尚未到射击距离，日军就能开枪射击；日军还装备有各式先进火炮及装甲车辆，而中国军人却只能用血肉之躯对抗日军的坦克大炮。

日本空军还装备了日本自行研制的先进战机，拥有制空权。中国空军却只能依赖进口飞机，技术落后、数量有限，空战中尽管中国飞行员无比英勇，却依旧无法撼动日本的空中优势，在战场上，日本空军可以肆无忌惮地攻击中国军队阵地。

日本海军装备了当时最先进的航空母舰，此外，还有一系列战列舰、巡洋舰等大型水面舰艇，可以在太平洋各个海域作战。中国海军舰船数量稀少，只能在沿海执行简单的防卫任务，也不具备空中打击能力，最后只能在长江里沉船阻敌。

正是凭借技术上的优势，日本发动了全面侵华战争，并且迅速推进，短期内取得了极大的战果，相继攻占平津、上海、南京、广州、武汉等众多中国重要城市，控制了中国东北、沿海及部分内陆地区。

在这生死存亡的紧急关头，卢作孚以一己之力，为中华民族作出了不可磨灭的贡献。在武汉沦陷前期，以卢作孚的民生公司为核心，大量先期搬迁到武汉的工矿企业经过长江被运送入川，这其中就包括当时中国仅有的数家兵工企业。

经由民生公司抢运入川的工矿企业可以说不计其数，这些工矿企业成为战时四川的工业基础，为前线源源不断供给抗战物资。如果没有卢作孚的民生公司，将会有大批企业因为无法搬迁而落入日军之手。而当时的四川根本就没有足够的工矿企业为抗战提供必要的支援。正是卢作孚在抗战爆发前统一了川江运输业，壮大了民生公司，这才有了能够及时搬迁大量工矿企业的运输能力，才有了八年不懈地抗战。

在这八年抗战中，卢作孚虽然没有亲自上阵杀敌，但是他在后方的作为，依旧可以用鞠躬尽瘁来形容。

交通部次长

宜昌沦陷后，抗战初期大规模的撤退工作告一段落。但卢作孚肩上的担子并未减轻半分。此时的卢作孚还兼任着交通部常务次长一职，他所要应对的，不仅仅是民生公司在战争期间的艰苦经营，还要为战时后方的交通运输出谋划策。

战时的大后方主要是四川、云南、贵州等西南省份，而这其中又以四川为核心，当时的陪都重庆即属于四川省所辖。

西南地区由于其特殊的地理因素，交通运输向来不易。时至今日，西南地区的交通也多有不便，与中东部地区四通八达的交通网不可相提并论。而在旧中国，西南地区的交通则更加困难。一则因为自然因素，修筑现代化的交通设施极为艰难；二则因为西南地区多军阀割据，战乱不断，原本就罕见的交通设施又被军阀出于军事目的大肆破坏。以重庆为例，当时重庆地区仅有的铁路居然是卢作孚的民生公司修建的北川铁路，全长不足17公里。

交通运输的重要性不言而喻，尤其是在战时，后方大批的兵源和物资都需要强大的运输能力及时运送出去，供给前线。对于前线将士而言，一旦补给跟不上，那么不论将士们有多么英勇，其结果也将是战败。战争历来都是对参战方交通运输能力的极大考验。二战后期，日军和德军由于运输线被切断而导致的大规模溃败案例比比皆是。

对此，卢作孚这个交通部常务次长自然是心知肚明。在大撤退开始前，他就为日后的运输开始做准备。

当时民生公司所属的船只多数都是以柴油为燃料，而中国根本无力生产成品柴油，所需要的油料完全要依赖进口。于是，卢作孚便命令民生公司大规模囤积柴油，在撤退前，民生公司就收购了 4000 吨柴油。

上海沦陷之后，长江出海口彻底被封锁，进口柴油的通道被掐死，民生公司能够调用的柴油只有先期储备起来的这 4000 吨。撤退开始以后，由于运输任务大增，油耗量急剧攀升，经过宜昌和武汉的抢运工作，民生公司的储备油便用去了一半，剩下的油料也只能够公司使用半年而已。如果得不到补充，半年后民生公司大部分的运力都将要损失掉。一旦民生公司的轮船无法开动，那么川江航运业将就此瘫痪。

对于即将面对的困境，卢作孚也早已预料到了。虽然他不能生产柴油，但是他却有别的办法让船继续行驶，那就是烧煤。卢作孚对于油料的短缺所给出的解决方案就是造一批烧煤的船只。中国是无法生产柴油，但可以生产煤炭。如果他有一批烧煤的船，那么不管日军怎么封锁，都不能让他的船成为川江上的摆设。

未雨绸缪的卢作孚在武汉储备柴油的同时，也开始储备五金材料。然而，他尽最大可能购买到的五金材料却只有 2000 多吨，只能用于维修现有的船只，若要造船，是远远不够的。不过，这并不妨碍卢作孚造烧煤船的计划，他还有别的方法筹集材料。

在宜昌撤退时，卢作孚在宜昌一带收购了一大批从长江中下游逃到宜昌来的小轮船。这些小型轮船马力小、性能差，无法驶入川江，留在宜昌将来势必陷于敌手。他打算把些小船变废为宝，民生公司便统统予以收购，先后购得60多艘。

从1938年末起，民生公司就开始了大规模的造船行动。民生机器厂的员工夜以继日地在船台上赶工，将60艘小轮船全部改造。其中20艘完全不能在川江上航行，就予以拆毁，只利用其钢板造新船。其余的小轮船，有的利用其船壳，有的利用其锅炉和机器，把他们拼合改造成适于川江航行的烧煤船。

当然，仅仅改造还不够，还需另造新船。为了保障水上运输畅通，卢作孚决定建造烧煤的中型轮船15艘和烧柴油的浅水小轮2艘。自己动手造烧煤的新船，在当时的条件下就更显艰难。首先，造锅炉的特殊钢板就不好买，民生公司先在香港买了一批，然而运到越南海防后，因战局恶化竟无法运回国。不得已又在昆明买了一批，先后费时两年，才从昆明运到重庆。

由于钢板不足，新造的15艘船，除了4艘是全身钢板的外，其余的都是以角钢做筋骨，以木料做船壳。新船的锅炉和轮机，由民生机器厂和恒顺机器厂分别制造。“民生”大量建造新船时，已是1940年了，这一年，日军对重庆的平民区进行了灭绝人性的“五三”、“五四”大轰炸，大后方的抗战进入了最艰苦的时期。

由于川江缺少航船，物资运输不畅，“陪都”重庆的生存难以为继，对前线的支援也极感困难。卢作孚忧心如焚，多次写信给民生机器厂厂长，予以激励。他还多次利用星期天时间到民生机器厂去检查工作。

卢作孚每次去民生机器厂检查工作时，都要仔细察看每个车间，但决不打扰正在专心工作的工人，不向他们提任何问题。工人们从他无言的注视中，都感觉到了任务的重大和紧迫。

在民生公司员工的努力下，到1941年，民生机器厂制造的新船陆续下水，1942年达到巅峰状态，几乎平均每月竣工1艘。到1943年，川江上一半的航线，就主要是依靠这批烧煤的新船了，从而彻底解决了航运柴油匮乏的问题。

在解决水路运输困难的同时，卢作孚还积极指挥解决公路运输问题。当时的西南大后方没有铁路可用，唯一能用的路上交通只有公路。

宜昌陷落后，四川与湖南的交通线被切断，湖南的第六战区成为孤军，无法获得大后方提供的兵员、军火和给养。因此，抢修一条通往湖南的公路，极为必要。交通部经过论证，决定从三斗坪修筑一条公路，穿过鄂西地区进入湖南，这样里程最短、难度最小。公路修好后，将和川江航线相衔接，形成水陆联运。

三斗坪就在三峡的西陵峡中，距宜昌水路只有46公里，是抵抗日军的前沿阵地。这里的地势全是深山峡谷，罕有人迹。卢作孚于1940年隆冬之际，亲自到现场视察，就地解决勘测和施工的问题。他在数天之内，就动员了沿线一切可以动员的人力投入筑路，很快完成了这条运输线路。

随后，民生公司在三斗坪设立了办事处，开辟了重庆至三斗坪专线，每天两艘轮船对开，专门从事军运，且运费极低。

广州沦陷后，大后方通往出海口的唯一通道被切断，四川成为一座孤岛，盟国支援我国的军需品和民用物资无法运进，只能经过缅甸转口到云南，而云南到重庆当时并无公路相通。因此，修建一条川滇公路，打通唯一的国际陆路通道，从而打破日军封锁，就成为当务之急。

交通部经过精心论证，决定从泸州修筑一条公路，穿过黔西北，到达云南的沾益，与滇缅公路相衔接。物资运到泸州后，就可以通过川江航道转运，形成水陆联运通道。这条公路在卢作孚的主持下，也在极短时间内大功告成，在滇缅公路被日军切断之前，发挥了重要作用。

民生公司不仅承担了水路运输任务，还在昆明设立了办事处，与交通部、军政部有关单位订立了运输合同，购买了30辆卡车专跑泸州至昆明线，为战时运输效力。

卢作孚还主持修建了四川省内的一些公路，指令民生公司开辟了金沙江航线、合川至南充航线，使四川境内的交通更为通畅。

由此，四川这个中国抗战的后方基地，既能与西北进行物资交流，也能和国际反法西斯力量紧密相连。

在艰苦的抗战八年中，卢作孚就这样不断完善大后方的水陆交通网，为抗战的最终胜利作出了极大贡献。

粮食局局长

兵马未动粮草先行，这历来是战争中的真理，即使是现代战争也不可能摆脱粮草这个条件。在战争中，一支军队的给养一旦被切断，那么即使这只军队的士兵有三头六臂，也不可能摆脱失败的命运。

第二次世界大战后期，苏联红军在反击德军时多次采取包抄策略，切断德军补给线，致使大批的德军举手投降。斯大林格勒反击战中，苏军切断了进攻斯大林格勒的德军补给线，由于补给困难，最终，德军前线最高指挥官陆军元帅保卢斯不得不率领大批德军投降。

在太平洋战场上，随着后期美军切断了日军的海上补给线，日军在海内外均是步履维艰。为了打通海上补给线，日军甚至出动了尚未完工的军舰参加海战。由此可见，给养问题对于前线是有多么重要。

1940 年 7 月底，国民政府成立了全国粮食管理局，并任命卢作孚兼任局长。卢作孚这次被任命，可谓是临危受命。当时全国上下不论是后方还是前线，都出现了空前的粮食危机。前线急需的军粮无法及时筹集到位，后方各个城市甚至包括陪都重庆在内，也出现了粮食紧缺的问题。如果不能及时调整好粮食问题，那么不论是前线还是后方，都将不战自乱，届时，日军完全可以轻而易举地攻取全中国！

对于这次任命，卢作孚一反常态，当即就接受了任命。这与他之前坚决不做官的态度截然不同，这并非是因为他“想通”了做官的好处，而是他清楚当前粮食方面的困难，他明白自己有责任、有能力解决这个问题。

早在卢作孚任四川建设厅厅长时，他就对粮食管理有过深刻的研究。他认为：管理是可以产生效益的，只要把粮食的分配、囤积、运输工作部署好，把仓库设置和谷价稳定问题解决好，一切管理适当，售买以时，计划周详，不管是平年、丰年或歉收年，一定可以使民无饥荒之苦，政府也无须用大款救灾。正是基于这样的策略，当年四川的粮食管理问题就得到了很好的解决。

卢作孚上任之后第一件事就是召集人手。当时粮食管理局是为了战时新设立的部门，并没有相应的人员。卢作孚到任后，在三个星期内，就建起了大后方从上到下的粮食管理体系。此外，卢作孚还以惊人的效率进行粮食问题的调查，在一个月内，对12个专区的30多个县的情况做了摸底，做到了对各地的粮食问题了然于心。

随着卢作孚工作团队搭建及粮食管理体系建设的完成，他们立即投入到了工作中。对于解决粮食问题，卢作孚给出的答案令人颇为意外，他居然认为要解决粮食问题与粮食本身无关，而是要解决运输的问题。

对于这样的结论，卢作孚有充足的理由。在他先期的调查中，他发现后方的粮食生产并没有出现问题，现有的粮食足以供应当前的需求，真正出问题的是粮食的运输。大批粮食因为无人组织运输，而滞留在粮食产地。当时粮食系统大大小小的官吏所关心的是，如何利用手中掌握的粮食，在战争中发一笔横财。如果前线和后方粮食紧缺，那么他们就能借机抬价，大赚一笔。

找到了问题根源的卢作孚心中着实松了一口气，只要解决了交通运输问题，粮食问题也就解决了。他这个兼任粮食局长的交通部常务次长，自然有十足的把握迅速处理好粮食运输问题。

卢作孚调查了每个县的粮食储存和交通运输情况，进行细致分析，最后提出了一个著名的粮食运输“几何计划”。这个计划的关键点是要将那些不通公路的偏僻地区的粮食，先用人力运送到公路边或水路边集中起来，然后再组织汽车、板车或轮船转运到重庆周边和位于交通要道上的几个县，储存在县政府粮库。这样，原来分散在广大农村的粮食，就集中到了几个点上，便于管理和调运。

要使这个方案奏效，关键在“点”与“线”的选择——粮食集中点选在哪里最合适？运输线怎么设计才最合理？点与线，是平面几何问题的要素，这就是卢作孚把这个计划命名为“几何计划”的由来。

为制订这个计划，卢作孚连续几天彻夜不眠，对着地图思考，召集会议商讨，还亲自去了川东、川北几个县考察。最后经过周密计算，选好了粮食集中点和运输线。

计划实施以后，在卢作孚的统一指挥下，四川成千上万的农民用肩挑，用背扛，用手推车推，将上百万吨稻米运到了指定地点。当时，仅在巴中一个县，就动员了30万人运粮。短短几个月时间内，粮食就被源源不断地运往几个重要城市，集中在政府粮库，迫在眉睫的“粮荒”于是化为乌有。

后方的粮食问题解决了，但是前线的粮食调度依旧困难重重。当时在湖南前线作战的第六战区一日数电，催促全国粮食管理局赶快往湖南调运军粮！最紧急的时候，第六战区司令长官陈诚亲自打电话向卢作孚告急。

对此，卢作孚更是不敢有丝毫怠慢。为了确保前线粮食运输及时到位，他亲自进行指挥。他调集了大量车辆与船只，通过水陆联运的方式，尽一切可能往前线运送粮食。最终，在一个星期内，第六战区迟迟无法解决的给养问题让卢作孚给彻底解决了。

卢作孚调度粮食的那段时间里，他的工作极为繁忙。为了能及时了解粮食运输的情况，他不停地打电话，所以他的嗓子总是嘶哑的；由于工作量极大，他每天都要工作到深夜，甚至是彻夜不眠。这样紧张的工作，极大地侵害了他的健康。

当时的重庆市民和湖南前线的士兵，都没有意识到，一场严重的粮食危机与他们擦肩而过。在卢作孚的指挥下，一支粮食运输大军——无数的农民、司机与船工——以他们默默无闻的劳动，为民族化解了危机，为抗战尽到了他们的责任。

卢作孚在工作中，完全置个人安危于不顾。当时，日军依靠空中优势，不断对后方进行空袭。从1938年2月18日起至1943年8月23日，日本对战时中国陪都重庆进行了长达5年半的战略轰炸，轰炸218次，出动9000多架次的飞机，投弹11500枚以上。当空袭警报拉响时，城内居民撤向郊外或防空洞，街头小汽车全部躲避一空，他仍然坚持在办公室不动，直到最后时刻，才到地下室去暂避一时。由于超负荷的工作，1940年底，卢作孚的身体日渐衰弱，出现了脉搏间歇跳动的征兆，但他仍不改起早贪黑的工作习惯。

对于卢作孚不断恶化的身体状况，家人和医生都极为担忧。但是家人的劝告，医生的警告，都挡不住卢作孚狂热的工作劲头。他不断地到各地去指导工作，到轮船上去检查航行情况，关心内迁厂矿的生产状况……没有休息日，也不分昼夜。

1941年夏，卢作孚的建康状况突然恶化，因脉搏间歇跳动导致晕厥。经检查，医生发现他不仅心脏有问题，双肺的肺膜也有破裂，情况很严重，显然是过度劳累和缺乏休息所致，医生建议他务必在家休息。卧床养病的卢作孚，很快又把家中当成了他的办公室，不断把相关人员召到病床前来开会，一刻也不停地处理各种公务。等到病情稍有缓和，他就又进城去办公了。

1941年冬季，卢作孚的病情再次恶化。医生和家人经过商量，决定将卢作孚送到一个合适的地方去疗养。最后由民生公司出面，向金城银行借了歌乐山的一处房子，说服卢作孚到那里去疗养。在医生和家人的坚持下，卢作孚去了歌乐山，被迫同意每天只在病床前召集一次高级人员会议，并且只处理少量的重要文件。

卢作孚不甘心在病床上白白消磨时间，他开始具体地考虑战后的建设和航运发展问题，预感到战后中国的建设必然与欧美经济有很大关联，于是下决心在养病期间全力自学英语。当时，他已经49岁！他叫家人为他买来了中学英语课本和英语语法书，在病床上如饥似渴地读起来。

在歌乐山疗养了一个阶段后，他就坚持要回到下土湾的家中疗养，又开始了繁忙的“病床办公”。如此过了半年，医生宣布卢作孚的身体基本痊愈。他欣喜若狂，立刻重新回到了工作岗位上。

正是基于对国家和民族的深厚感情，卢作孚才能够忘我地工作着。对卢作孚而言，他虽然身处大后方，但是前线隆隆的炮火却仿佛就在身边，令他一刻也不能安歇。前线战士可以抛头颅洒热血，后方的他一样可以鞠躬尽瘁、死而后已。

民生公司的付出

抗战期间，作为川江航运的主要参与者，民生公司也成为日军轰炸的重点目标。对民生公司的员工而言，每一次参与运输任务，都是一场真枪实弹的战斗。

1941年8月22日，民生公司的“民俗轮”运输军粮到三斗坪，卸完货后搭载前线伤兵和少数旅客返回重庆，在巫山青石洞遭遇7架日机轮番俯冲轰炸、扫射，不幸被炸沉。船员除7人生还外，其余70人均壮烈牺牲。

此次“民俗轮”遇袭，是民生公司在抗战中伤亡最惨重的一次。在搭乘者中，有160名伤兵和20名旅客也同遭不幸。

日军对川江上轮船的大规模轰炸始于1939年，民生公司在万县以下的航线中，经常遭到日军飞机的轰炸。民生公司最大的一艘轮船“民元轮”就是在日军飞机的轰炸中沉没的。在整个抗战期间，民生公司轮船被炸沉9艘、炸损7艘，绝大多数都是川江主力船。此外，在执行军运任务中，因发生意外事故而沉船的有5艘。这些损失，使得川江上的运力比战前减少了一半。民生公司在抗战运输中，共有船员117人牺牲、76人伤残。

据《民生公司史》记载：抗战期间，民生公司被炸的还有趸船、驳船33艘，损失总价值达1178万元；除船舶之外，还有被炸毁的厂房、栈房、码头、油料、货件等财产，损失总价值达2亿多元。

除此之外，抗战期间惊人的通货膨胀，也给民生公司造成极大的损失。1940年以后，处于战争状态的国民政府财政支出不断增加，为了缓解财政困难，国民政府开始大肆发行纸币。另外，由于战事不断，各地物资供应紧张，物价开始不断上涨。再者日本侵略者也对大后方的经济进行干扰。在各种原因共同作用下，大后方物价开始飞涨，出现了严重的通货膨胀。

1943年，造轮船所需的钢板价格已经比战前高出1000倍，原钢和柴油的价格超过战前300倍，煤的价格超过战前120~160倍，其余原材料价格，也都超过战前一百至几百倍。而唯独轮船运费和票价，由于事关战局，国民政府下令限价，价格始终处在较低水平上，仅为战前的40余倍。至于军运收费，则又比民运收费低得多。按当时国民政府规定，运输兵工器材，运费每吨为30~37元，其他公物40元，运送难民、难童免费，运送伤兵仅收半费。

如此一来，原本可以通过涨价来缓解通货膨胀压力的运输行业，就成了通货膨胀中不能涨价的行业，只能承受巨大的损失。民生公司身为运输业的巨人，其受到的打击也就更加严重。以1939年为例，民生货运量为16万吨，其中有14.8万吨为兵工器材和武器弹药，占总运量的92.5%。同年，航行宜渝段的轮船有32艘，其中有23艘执行的是军运任务，收入58万元，而运输总成本却高达186万元，明显收不抵支。仅1941年这一年，民生与战前年度收入相比，无形中就损失了700余万元。

此外，上海、武汉、宜昌沦陷以后，民生公司再也无法在长江中下游航线上立足，公司又因此失去了很大一部分收入。剩下的川江短途航线收入无力补充全公司的开支。由于日军轰炸日渐猛烈，民生公司不得已只能将运输时间调整到夜间。然而，夜间在川江航行危险程度大增，航行周期延长，无形中又增加了民生公司的开支。

抗战期间，为了适应战略物资运输的需要，民生公司开始大规模造船。然而，川江航线毕竟有限，不能满足民生公司全部轮船的业务需求。但为了应对随时可能出现的军运需求，这些多出的轮船必须时刻维护，保证可以随时出航。就这样，民生公司还必须拿出钱来补贴这些不能赚钱的船只，公司的压力更进一步增大。

对于在运输时被敌机炸沉的船舶，民生公司还要花费一定的力量去打捞。这些沉船在江中可能会影响其他船只的航行安全，但更多时候打捞这些船只是为了能够补充运力，及时运输大规模物资。对民生公司而言，这些沉船完全可以弃之不顾，或战后打捞，但运输极其紧张的整个国家却不能等。为了抗战大计，民生公司几乎是不计成本地去打捞这些沉船。民生为此所付出的打捞和修复费用，竟高达1.5亿元之多，这又是他们须咬紧牙关承受的！

从1939年起，民生公司便开始出现第一次亏损，刨除“法币”贬值的因素，当年纯亏损36.5万元，其后连年亏损，到1945年才止亏。

1942年底，民生公司陷入了极大的经营困境。卢作孚经过思考，坚决请辞交通部常务次长职务，决心全力挽救公司危局，使其能在抗战中撑持下去，继续为国分忧。1943年5月31日，卢作孚经过数次上书请辞，终获准辞去交通部次长职务，回到了民生公司。此后，他终身再未担任任何政府公职。

在这八年抗战中，卢作孚和他的民生公司不能说不尽力。面对国家和民族的危机，他们倾尽所有，毫不保留。正是卢作孚以及许多和卢作孚一样的人无私奉献，才有了抗战八年的坚持。

10

无悔的付出——只为充满希望的未来

中国人民的抗日战争是第二次世界大战期间太平洋战场上的重要一环，是世界反法西斯战争的一个重要组成部分。1945 年 8 月 15 日，在同盟国的联合攻击下，日本向包括中国在内的同盟国投降。至此，中国人民彻底将侵略者赶出了国门。

对卢作孚而言，随着抗战的胜利，他似乎即将迎来“民生”全新的事业。然而，国内局势的变化让卢作孚对未来的设想不断落空。抗战的胜利不仅没能开启“民生”的美好的未来，反而成了民生没落的开始。

艰难的胜利

在抗日战争中，中国人民蒙受了巨大的损失，这场胜利是无数中国人用鲜血换来的。

战争中，中国国民政府军兵力最高时达500万人。中国国民政府领导下的国民政府军与日军共有22次大型会战、1117次大型战斗、小型战斗38931次。

据中华民国国防部1946年统计，国民政府军作战伤亡3227926人、病亡422479人，总计损失3650465人；军令部统计自“七七”事变以来陆军阵亡1319958人、负伤1761135人、失踪131026人，空军阵亡4321人、负伤347人，损失战机2468架，海军舰艇全部损失。

中国共产党领导的抗日部队包括八路军、新四军和华南抗日游击队，主要在日军后方及日占区进行游击战。据《中国人民解放军全史》记载：八路军、新四军、华南游击队共作战125165次，毙伤日军520463人、伪军490130人，俘虏日军6213人、伪军512933人，日军投诚746人、伪军反正183632人。击落飞机约42架，缴获长短枪682831支、轻重机枪11895挺、各种炮1852门。《中共抗日部队发展史略》记载中共抗日部队人员损失共计584267人，其中伤290467人、亡160603人、被俘45989人、失踪87208人。

中国平民则约有900万死于战火，另有800万平民死于其他因素，9500万人成为难民。中国在战争中所承受的损失极大，按1945年货币折算，约为6500亿美金。而据蒋梦麟（中国近现代著名的教育家，自1919年至1945年，蒋梦麟在北大工作了20余年，1964年病逝于台北）撰写的回忆录称有1400万壮丁被拉夫后死于饥饿和疾病。

另有估计中国抗战直接人口损失累计数为2062万人，战争直接伤残人口，军民伤亡最低限为3480万人；同时，还有估计认为，中国抗战直接伤亡人口合计可能在4100万人以上，战争直接给中国造成的死亡、伤残及失踪等项人口损失共计超过4500万人；而从人口损失的角度看，抗日战争时期中国人口损失总数应在5000万人以上。

抗战赔偿委员会作出的《中国责令日本赔偿损失之说贴》指出，沦陷区包括26省1500余县市，面积600余万平方公里，人民受战争损害者至少在2亿人以上。自1937年7月7日至战争结束，我军伤亡331万余人，人民伤亡842万余人，其他因逃避战火、流离颠沛、冻饿疾病而死伤者更不可胜计。直接财产损失313亿美元，间接财产损失204亿美元，此数尚不包括东北、台湾、海外华侨所受损失及41.6亿美元的军费损失和1000多万军民的伤亡损害。此外，“七七”事变以前中国的损失未予计算；中共敌后抗日所受损失也不在内。经过中国历史学家多年研究考证、计算得出，在抗日战争中，中国军民伤亡共3500多万人，中国损失财产及战争消耗达5600多亿美元。

然而，如此巨大的牺牲所换回的胜利，并没有让中国彻底摆脱战乱的困扰。早在抗战期间，一场不可避免的内战就在酝酿当中。

国民政府的腐败无能在战争中被无限放大，国统区对国民政府的不满不断积蓄，无休止的通货膨胀使得民众生活日益艰难。国民党当局贪恋权力，为了一己之私大搞专制独裁统治，人民群众各项基本权利被剥夺和限制。同时，通过专制特权，以四大家族为首的国民党统治集团大肆掠夺国家财富。一面是缺衣少食的人民群众，另一面是奢华淫逸的“上层社会”。“朱门酒肉臭，路有冻死骨”的惨剧再次在华夏大地上演。

面对这样一个迫害人民的政府，任何人都有责任有义务推翻它！而这个伟大的历史任务，最终由中国共产党来完成。

在共产党根据地，完全是另一番景象。走群众路线发动群众抗日的共产党，得到了群众的拥护，在极其困难的环境中，共产党不仅没有被日军和国民党顽固势力消灭，反而越战越勇，不断发展壮大。在抗战结束时，共产党已经发展成为拥有 120 万正规军的强大力量。

战后，各党派都在为和平建国积极奔走，而国民党当局却继续坚持一党独裁专政，手握大权试图以武力镇压各界的反抗。中国共产党方面对“和平建国”表现出了充分的诚意，愿意和各民主党派一起，组建各方共同参与的联合政府，毛泽东则亲自赴重庆商谈相关事宜。然而，国民党当局对权力的贪恋使得一切努力都付之东流。两党不同的政治主张以及作风，使得“和平建国”成为幻梦，又一场战争即将在华夏大地爆发。

对于抗战后的“和平”局面，卢作孚满怀希望。他认为，随着战争的结束，中国军阀割据混战的局面将彻底结束，国家将实现真正的统一。中国大地上将不再有林立的关卡，不再有蛮横的兵痞，不再有贪婪的官僚……这样一个统一而全新的中国，是他和民生公司最需要的中国。有了这样的环境，他有十足的把握为民生公司开创更加辉煌的未来。

胜利来之不易，政客们却毫不怜惜。1946 年，国、共两党的军队在中原地区（湖北、河南交界）爆发了大规模的武装冲突，长达三年多的全国内战就此开始。卢作孚对将来的规划，也就此终结。

参加国际会议

1944 年，全世界的反法斯西战争形势逐渐明朗，同盟国在各个战场都转入了反攻阶段，德日法西斯的灭亡指日可待。尽管战争尚未结束，但是对于战后世界的安排已经被提上议事日程。这其中既有政府方面的各种协商会，也有民间的会议。

1944 年 11 月 10—17 日，由美国的四大商业团体——国际商会美国分会、美国全国商会、美国工业协会和美国国外贸易协会发起，在美国纽约召开了一个民间性质的"国际通商会议"。

这次民间的商业会议涉及范围极广，有 42 个国家的代表参加了会议。这 42 个国家在当代不到全世界 1/5，但是，在第二次世界大战之前，全世界大量地区被几个欧洲国家侵占成为殖民地，只在欧洲和美洲才有一些真正的独立国家，中国也只是有名义上的独立主权。这 42 个国家几乎代表了当时的全世界。

不仅参会范围广，这次会议的内容也涉及战后国际社会的方方面面。会议共有 9 个方面的议题，即：私人企业的维持、各国的商业政策、各国间的货币关系、投资的奖励与保护、新兴地区的工业化、海运政策、航空政策、全球原料供应和大型商业联合体等问题。这样的一场民间会议，其结果势必会对战后的国际形势产生重要影响。

对此，中国方面给予了高度重视。经过全国各工商团体的推荐，最后国民政府选定了 6 名工商、金融业著名人士作为参会代表。即：张公权、陈光甫、范旭东、李铭、贝祖诒和卢作孚，他们都是当时中国各个行业的翘楚。此次会议由他们分别代表我国的金融业、化工业、进出口行业和交通运输业参加。

这6名代表中，其他5位都是高学历出身，有两位留日、一位留美，还有一位是大学本科学历，只有卢作孚一人是小学毕业。这样规模的国际会议，卢作孚还是第一次参加。

虽然之前并没有参加大型国际会议的经验，但这并不妨碍卢作孚在会议上的表现。参加这次会议，卢作孚是带着十足的自信的，他并没有因为自己没有参会经验，就抱着只是去看看听听的态度。

参会前，卢作孚就给参加此次会议确定了明确的目标。他打算在会议期间达到三个目的：第一，与各国代表积极接触、交流，使外部世界更加了解中国，体会到中国的伟大，同时也知道中国的困难处境；第二，与美国的实业界特别是航业界人士广泛交流，考察并学习美国企业的先进技术与管理方式；第三，寻求在国外订造世界一流船舶的可能性，为战后民生公司的发展铺路。

对于此次出国参会，卢作孚准备得非常充分。首先是安排好国内的事物。一方面他要处理民生公司如何重振精神，加强管理，应对严重通货膨胀的问题。另一方面还参与谋划国家战后建设问题，策划建设三峡水电站和四川长寿龙溪河水电站的问题。

此次参会，卢作孚所代表的不仅是他自己和民生公司，还要代表中国工商界。为此，他还召开了工商各界参与的国内会议。会议重点研究国际通商会议将要讨论的9项议题，并提出了有针对性的建议，以供参会代表参考。会议还邀请了经济部、财政部、社会部、各银行和有关部门的主管长官参加。出席座谈会的都是经济界的佼佼者，见解不凡，气氛非常热烈。

10 月 5 日，卢作孚启程赴美。

当时，欧洲和亚洲战场上战事尚未平息，从中国到美国的跨洋旅行并不轻松。受到飞机航程影响，飞机不能直接飞越太平洋，只能在沿途各处中转。为此，他们先是飞到印度加尔各答，再转到北非，由北非再飞往美国。

这样来回转机，直到 10 月 17 日才到达美国，用了 12 天的时间。在这 12 天的旅程中，卢作孚也没有丝毫闲暇。每到一处中转飞机，卢作孚就到当地参观考察当地的建设项目。期间，卢作孚参观了当地的码头、仓库、铁路、起重设备等设施，看得非常用心。

在途经北非卡萨布兰卡时，卢作孚对美国人在卡萨布兰卡的经营情况印象极其深刻。他在一封信中写到："沿途皆可见美国人往来，及在站上（指机场）服务。美国人在这次大战中，不仅表现其强力在战场上，尤其表现在服务上。吾辈服务之事业，即须以此与敌人斗争，亦须以此与友人比赛也。"

代表团这次提前了 20 多天到达纽约，目的就是想事先多了解一些外界情况。中国的工商业界历来封闭，在抗战前从未步入过"国际俱乐部"的大门，此次出国等于初出茅庐。若想自己的发言有分量，就要多了解一些情况才好。

11 月 26 日，会议如期在纽约召开，各国代表齐聚一堂商讨战后国际通商事宜。中国工商界代表也第一次在国际舞台上亮相。

在议席上，卢作孚就战后全球航运业的问题做了发言，他提出三点主张，全力维护中国和不发达国家的经济利益。他指出：

第一，中国在二战中是经济损失最严重的国家，尤其沿海一带，被日军破坏殆尽，因此要求国际组织提供物资和技术帮助中国，恢复沿海和内河航运；

第二，为了防止德、日、意的军国主义复活，建议盟国在德国和日本投降后，严格限制其航运力量和造船能力；

第三，为了帮助不发达国家的经济发展，要求在战后消除国际上设置的各种航运障碍。

这三点意见，因“见解深湛、议论精辟”，深获美方有关人士的好评，并获得与会代表的一致通过。

会议期间，中国代表团表现极佳，随行人员称卢作孚“确是里面的台柱”。代表团出席了两个小组会议，一个议题是原料与粮食，另一个议题是交通运输。这两个题目，都是卢作孚谙熟的业务领域，所以他提出的意见极受重视。在两个小组会的议程中，他的意见几乎占了一半的分量。不过，战后特殊的国际格局让卢作孚的建议无法执行。

在这次会议上，尽管中国代表团成员以个人的才干和胆识赢得了各国的认可和尊重，但国际间的交往归根结底还要看国家的实力。一个软弱的国家是不可能真正受到强国的尊重的。近代中国，始终都有一批杰出的中华儿女在国际舞台上为国奋战，然而近代中国的积贫积弱却让他们的努力大打折扣。

初识西方世界

会议结束后，卢作孚并没有立即启程回国，而是在美国完成了一次穿越之旅。他从美国东海岸出发，横穿北美大陆，到达西海岸。对于这次穿越之旅，卢作孚的目的依旧是考察。他横穿美国，重点考察了美国的造船厂、钢铁厂和机器厂，并研究为战后的民生公司在美国造船的可行性。

早在19世纪末，美国的工业产值已经成为世界第一。美国集天时地利人和，建立起了完善的工业体系，卢作孚最为关心的造船业也居于世界领先地位。

美国的造船业发展较早，早在美国独立以前，北美殖民地的造船业就已经具有相当的规模，18世纪50年代，已有船厂100多家，主要是建造小型木帆船，每年可造船300多艘。美国独立以后，造船业得到进一步的发展，开始建造一些较大型的军舰，如当时著名的战舰“宪法号”，排水量达到1500多吨。到18世纪末19世纪初，经美国国会批准，一批海军造船厂得以建立，这些海军造船厂不但建造了许多海军舰只，而且推动了造船技术的发展。

第一次世界大战期间是美国造船工业的重要发展时期。当时，美国又兴建了一批舰船建造厂。1915—1919年，美国钢船建造厂从42家增加到72家。有名的托德船公司于1916年建成，诺福克造船和干船坞公司也在1915年成立。

从1914年至1918年的5年中，美国舰艇产量由6.5万吨发展到13.7万吨，已能建造万吨级战列舰等各种舰船，商船年产量也由13万总吨发展到167万总吨。

第一次大战期间，德国潜艇的威胁一度使美国及其协约国的船舶损失惨重。仅在1917年，德国潜艇就击毁协约国共计650多万吨的船舶。为了补充海上船只的损失和对付德国潜艇，1917年5月，美国国会批准建造250艘驱逐舰和400艘猎潜艇的计划。同年8月，美国航运局又从私营船厂紧急征集正在建造的431艘、计300万吨船舶。同时，又很快在大西洋沿岸建立不少新的船厂，先后建成造船台94座，生产能力达150万吨。

至1918年11月，美国舰队已是一支由143艘、325万吨舰船组成的海上力量。在美国建造的驱逐舰的增援下，美国和协约国的船舶损失大为减少，从而扭转了第一次大西洋之战的反潜作战形势。战争结束时，美国已有2000余艘舰艇。

第二次世界大战爆发后，大量的军事订货和大规模的战时动员，使美国舰船工业出现新的发展机会。仅在1941—1943年，美国船厂建造的战斗舰艇共333艘、112万吨；各种快艇和潜艇1274艘、近20万吨；其他军辅船161艘、61万吨。

至1943年末，舰船工业的从业人数达到165万人，比1939年增加了16倍。拥有长100米以上船台的船厂，从1939年的38家增加到1944年的84家。1943年建成各类舰船2449艘、250万吨。尽管由于战争的损失和对同盟国的支援，至1943年中，美国海军仍拥有各类舰船13000艘、45万吨，其中大型战斗舰艇有600多艘，总排水量超过200万吨。

为解决战时的物资供应，美国商船生产也加快步伐，1943年的商船产量达到了1661艘、1248.5万吨，比1939年增长50多倍。1944年是美国舰艇产量最高的一年，达到286万吨。

在第一次世界大战期间，美国造船工业第一次广泛采用部件预制法建造标准化的商船，因而使船厂本身大多成为总装厂。当卢作孚到美国造船厂参观时，他对美国人的这种做法深有感触。这次考察，使卢作孚对美国的工业有了全新的认识。他感觉到，美国工业的最大“特质”，就是专业化，也就是分工细化。

他发现，美国的造船厂并不像中国造船厂那样什么都是自己造，美国的造船厂实际上只是一个组装工厂，所有的零部件都是由其他工厂供应的，供应厂商多达数百家，甚至上千家。

这些专业的零部件厂，与许多造船厂、汽车厂、飞机制造厂都有紧密的合作关系。美国各种工业已经结成了一种彼此之间既有分工，又有合作，谁也离不了谁的紧密关系。

卢作孚还看到，美国的企业之所以能达到这样和谐的合作局面，是在于它们有确切的工业标准，各家都按同样的标准生产产品，同类配件可以互换，一丝不差。美国是一个极端讲究经济自由的国家，这种标准化并不借助于政府法令，而纯粹是由市场规则在起作用，既利人又利己，这就不能不令人叹服了。

卢作孚认为，这样默契的合作之所以能形成，是缘于美国人显然有一种公共承认之共同做事的原则办法，大家都自觉遵守。不像我们中国，每个当权者都有自己的一套特别办法，当权者一换，所有的办法也要随之改变。

归根到底这显示出了人治国家和法治国家的差距。在美国这种法治国家，行事标准是成文的法令。一项法令一经签发，往往会几十年不做大的改动，只会对不足进行修补。如此一来就有了形成共同准则的基础。

而在中国这样的人治国家，行事标准不是法律条文，而是执政者的个人意志。执政者根据个人的判断发布命令，而一旦执政者结束执政，那么他在位时所发布的命令往往也会失效。而下一个接任者则依旧会按照个人的意志发布命令，用一套与之前不同的标准行事。如此一来，自然会发生朝令夕改的现象。由于行事的标准不断改变，所以执行命令的部门也必须不断改变执行的方法。这样的环境也就不可能建立统一的标准了。

相比之下，他痛感中国还根本没有建立起现代的管理制度，缺乏专业化的分工。他认为，在一个现代社会里，与现代工业体系相配套的业界规范和商业伦理不可或缺。

卢作孚这次出国，对他个人的生活习惯也产生了极大的影响。在出国前，卢作孚向来生活简朴，在着装方面，他一直都是穿民生公司的工作制服，即使身兼政府高官时也是如此，从来不穿讲究的服装。这次到美国开会他依旧保持之前在国内的风格。

对于他这一身装扮，有人给他提了个醒。当时他的一个好友也在美国出差，看到卢作孚的这身装扮不由得皱起了眉头。他好意提醒卢作孚，美国人在公共场合都很注意着装，像他这样的穿着在美国人看来是不礼貌的，很有可能会吃亏。

听到这个建议，卢作孚也意识到了着装的重要性，而且，他还要和美国的造船厂谈造船的事，更是不能马虎，当即就找到了当地的裁缝店，定制了一套西服。为了节省开支，在选择西服面料时，他选择了最普通的材料，以便能省下经费在美国考察更多的企业。

除了服装的建议之外，卢作孚的这位好友还对卢作孚的“发型”给出了建议。在此次卢作孚出访之前，他一贯是极短的头发，接近光头。这样的发型节省了不少打理头发的时间，对他来说这些时间累积起来就能做不少的工作。这次在美国，卢作孚的好友告诉他，这样短的头发可能会被外国人认为他是和尚呢！

听了朋友的这两次建议，卢作孚随后对自己保持了几十年的习惯进行了“改革”，此后，他开始学习穿西服打领带，并且把头发留了起来。他这样的改变并非为了讨好洋人，而是因为他要开始学习走向国际社会，他需要在各个方面与国际接轨，更好地融入这个全新的环境。

当时，在卢作孚看来，战后的民生公司走向世界是必然的选择，不仅民生公司，整个中国的工商业都要走向世界。卢作孚有这样的自信，一来是因为中国即将成为战胜国，二来是中美在战时缔结的盟友关系。美国对中国的援助，会使中国的国际环境得到很大的提升。

借款造船

在美国期间，卢作孚一边考察，一边为民生公司在战后的新船做打算。

卢作孚对战后民生公司的发展早已有了详细的规划，在他的计划中，等战争结束后，民生公司不仅要恢复在整个长江上的业务，还要向外发展，开展海运业务。民生公司现有的船只无法满足将来的需求，为此，再造一批新船显得尤为重要。

然而，此时的民生公司却无力为造新船提供资金。抗战期间民生公司损失惨重，始终都在亏本经营，八年抗战，不仅耗尽了民生公司十余年的积蓄，还让民生公司负债累累。对于新的造船计划，卢作孚只能通过借款的方式来实现了。

在美国考察期间，卢作孚曾与美国政界、工商界、金融界有过广泛的接触。在接触的过程中，卢作孚曾就借款造船一事向美方进行咨询。然而，美方回应冷淡，对于民生公司借款造船的前景他们表示担忧。卢作孚还发现，不仅在美国借款困难，美国造船的成本也非常高。如此一来，尽管美国技术先进，但却难以满足卢作孚造船的需求。不得已，卢作孚只好再做打算。

不过，让卢作孚意外的是，虽然在美国造船的计划难以实施，但他却得知在加拿大有可能实施他的造船计划。

卢作孚在美国考察咨询了不少地方，始终得不到满意的答复，只好回到纽约。在纽约期间，卢作孚偶然遇到了另一位朋友。这位朋友此时在国民党内任职，负责去加拿大商谈事务。在转道纽约期间，和卢作孚相遇了。

了解到卢作孚的困境之后，这位朋友当即将加拿大政府驻华盛顿的商务代表引荐给了卢作孚。两人相见后相谈甚欢。对于卢作孚借款造船的计划，这位加拿大的商务代表表示，可以帮民生公司争取加拿大政府的贷款。看到在加拿大出现希望之后，卢作孚当即决定北上加拿大。

加拿大造船业虽然不及美国，但是其实力也是处在世界前列，完全可以造出符合需求的船只。而且，在第二次世界大战中，加拿大作为同盟国的重要一员，为盟国的海上运输提供了大量的船只，作为盟国后方的加拿大在战争中积累了相当雄厚的造船力量。

然而，随着战争的结束，加拿大造船业即将面临无船可造的困境。与美国不同，加拿大人口和产业规模都很有限，对于船只的需求远不及美国。一旦失去国际市场，加拿大的造船业将会举步维艰。为了维持加拿大造船业的繁荣，加拿大必须积极开拓国际市场。

此外，1944 年加拿大国会通过了《输出信用保险法案》，采用降低利率的办法，鼓励外国企业向加拿大借款。其限制条件是：外国企业在加拿大所借得的款，必须在加拿大订购工业产品，由借款方所在国与加拿大政府共同担保，承担风险。这样做的目的，是为了刺激加拿大国内的工业生产，避免战后出现经济萧条。

这对民生公司来说，无疑是天赐良机。论造船水平，加拿大并不比美国差，而造船的价格则大大低于美国，且在加拿大造船又能获得低息贷款，何乐而不为？

到达加拿大之后，卢作孚见到了加拿大总理、财政部长、商务部长等政要。在一系列会谈中，卢作孚详细介绍了民生公司的情况，以及他的借款造船计划。按照他的计划，他要借款1500万加元在加拿大造船。

加拿大方面对卢作孚本人以及民生公司进行了充分的了解。一些在早期了解过卢作孚和民生公司的加拿大友人，对卢作孚给予了很大的帮助。有了加拿大方面对卢作孚和民生公司的认可，卢作孚在随后与加拿大政府的贷款谈判中进展很是顺利。借款的谈判仅仅一个小时就达成了初步协议。加拿大政府表示愿意给民生公司提供贷款担保。

得到加拿大政府的担保后，卢作孚向加拿大的银行贷款也就有了保障。对于卢作孚的贷款要求，加拿大的银行界反应热烈，积极配合。加拿大的几家银行答应给民生公司贷款1500万加元，民生公司则需要用这1500万加元在加拿大的造船厂建造18艘船只。

对于给民生公司的贷款，加拿大方面也开出了很优惠的条件，贷款额度的15%亦即225万加元，由民生公司支付现金作为首付；其余的85%亦即1275万加元，由银行贷给民生公司作为长期贷款，从1951年起，分10年付清本息，年利率3%。还款方式为，第一年还本38.25万加元，分4个季度偿还，每季度还款

9.5万余加元。其后本金递减，仍按年息3厘付息。

但是，这笔贷款除了需要加拿大政府、民生公司、加拿大银行三方之外，还需要第四方参与。初步协议要求，民生公司需要得到中国政府的担保，然后由中国政府告知加拿大政府。要想获得这批贷款，这四方缺一不可。

对于这样一笔贷款，民生公司十分渴望。贷款不仅数额大，而且利息低，还款时间长。对于民生公司而言，将来抗战胜利，新业务开始以后，还贷根本就不是压力。

如果一切都按照预期的形势发展，那么民生公司必将再次迎来辉煌。然而，天有不测风云，时局的变化大大超出了卢作孚的预期。

卢作孚对抗战后的前景充满希望，在谈判贷款期间，他还抽时间继续考察美国的现代化建设。他到底特律参观克莱斯勒汽车公司、福特汽车公司，到芝加哥参观美国钢铁公司，考察芝加哥的大学和博物馆建设。

特别是在1945年的3月中旬，他花了整整3天的时间，参观了田纳西州流域管理局，与当地的水利专家们详细探讨了建设长江三峡水利枢纽工程的可行性。为了实现这个“世纪之梦”，他在美国还为解决三峡水利枢纽工程的资金做过努力。

1945年4月下旬，卢作孚完成了在加拿大借款造船的谈判，经由美国飞到印度，再从印度转道回国，于5月1日飞抵重庆。此次出国，前后耗时共7个月。

回国的路上，卢作孚心情颇不平静，一方面他为借款造船有了眉目而高兴，一方面也隐隐感到了这笔借款恐怕不会顺利。贷款需要四方共同参与，缺一不可，现在已经有三方同意了，还剩下最后一方，即国民政府。如果国民政府不同意为民生公司提供担保，那么前期的一切努力都将付诸东流。以卢作孚对国民政府的了解，他很清楚回国后他将会面对怎样的困难。尽管前面充满艰难险阻，但是他无路可退，他必须不惜一切代价来完成这个任务。

背后的较量

回国以后，卢作孚立即为国民政府担保贷款的事开始四处奔走。1945 年 6 月 18 日，他以自己的名义直接呈文给蒋介石，请求政府为民生公司借款担保。

对于卢作孚的请求，蒋介石很快就给了批复。他同意给民生公司在加拿大的贷款提供担保，并让行政院、财政部办理。

收到了蒋介石的回复，卢作孚心里长出了一口气，他没想到蒋介石会这么爽快就答应了他。看来贷款的事应该很快就能完成了。然而，他却低估了官僚们相互推脱的能力，尽管有了蒋介石的亲自批示，在具体办理过程中，卢作孚依旧遇到了难以估量的困难。

卢作孚的贷款担保需要行政院、交通部、战时生产局、外交部和财政部等众多部门的同意。这些部门如果有任何一个不能及时办理，那么卢作孚的借款计划就得一拖再拖。而正是这些繁琐的行政审批程序，让官僚们有了充足的本钱从中牟利。1500 万加元，在他们看来里面的油水着实丰厚，如果不捞上一笔，他们这些官岂不是白做？

果然，单是行政院这一关，就让卢作孚备受折磨。

当时国民政府行政院院长是宋子文。宋子文是四大家族中举足轻重的人物，其地位并不在蒋介石之下。四大家族内部争权夺利，宋子文向来不服蒋介石，敢和蒋介石当面争吵掀桌子。蒋介石需要宋家的支持，对宋子文也是无可奈何。对于宋子文在行政院的胡作非为，蒋介石往往是睁一只眼闭一只眼。

当卢作孚带着蒋介石的批复去行政院找宋子文时，宋子文当即就把事情给卡住了。他告诉卢作孚，当前国民政府正在和美国谈一批巨额贷款，他这 1500 万加元的贷款是小事，可以先缓一缓，等国民政府得到美国方面的贷款，可以从贷款里拿出一部分给民生公司，现在没有精力来处理卢作孚的这笔贷款。

宋子文这样的答复显而易见是告诉卢作孚，担保贷款这件事他是不会给卢作孚办的。其他部门卡住卢作孚可能是要捞油水，而他宋子文富可敌国，他也要捞卢作孚的油水？事实上宋子文要捞的不是一星半点油水，而是整个民生公司。

宋子文对民生公司可谓是垂涎已久。民生公司发展壮大之后，宋子文一直想控制、兼并民生公司。这期间他利用各种手段来实现自己卑劣的目的。然而，在卢作孚的带领下，民生公司始终与宋子文代表的官僚资本划清界限，不给他们染指民生公司的任何机会。宋子文多次尝试，却不断失败。现在，得此机会，他势必要对民生公司进行报复。

另外，当时宋子文掌握的官僚资本中包括轮船招商局，而轮船招商局也在经营长江上的航运业务。但是，轮船招商局低下的管理能力根本无法给他们带来强劲的竞争力。在和民生公司的竞争中，轮船招商局处处被动，业务不断被民生公司抢占。对于这样一个强劲的竞争对手，宋子文无论如何也不会给予支持的。

再者，跟外国借款这样的事情向来是政府出面商谈，现在他卢作孚居然绕过政府直接和外国达成了借款协议。如果大大小小的中国公司都像民生公司这样，直接向外国银行借款，那么，他们这个政府对这些中国企业的控制力势必被削弱。一个政府对国家的控制无非是通过经济手段和军事手段，一旦国家对经济的把持力降低，那么政府对国家的控制就会被削弱，而政府就是他们这些官僚集团的傀儡。卢作孚此举是在间接夺取官僚集团对国家的控制权。

最后，如果卢作孚的对外借款不能通过，那么他势必要转向国内，而国内的金融资本不少都是官僚资本控制，如此一来他民生公司绝对逃不出宋子文的手心了。

行政院对卢作孚的回复意味着什么，其他部门自然也都知晓，在卢作孚去其他部门办理时，依旧是困难重重。

战时生产局批复说，首先答应15%外汇现款可以由政府结汇（兑换外汇），85%的长期借款也可以由政府担保，但开出条件，即：借款所造船只的产权，须归政府所有，再由政府租给民生公司使用。

这无疑是一个强盗条款，卢作孚花钱买船，国民政府仅仅是出面担保，但是经过国民政府如此担保，卢作孚买到的船就得归政府所有，而且，卢作孚还要另外花钱租下这些船来用。如此一来，国民政府不仅分文未动，还得到一大批船以及租金。

交通部同期也有答复，只同意为长期借款担保，至于15%的外汇则“应由该公司自行筹供”，担保的条件是，所造的船全部视为抵押品，抵押于政府。

这个思路，似乎还可以理解，但陷阱是在附加的一些苛刻条件上，比如本来按年度归还的本息，要求民生公司按月提出来，“缴存政府指定之国家银行”。如果这批船的经营收入一开始不足以偿还本息时，民生就要动用其他船舶的收入，保证按月缴存等。

国民政府这样的逻辑真是滑天下之大稽，这样的政府真是举国之大害。一个现代国家的政府，其首要职责就是为国民的利益服务。而这个国民政府，对国内民生一概视而不见，对外国侵略，则一再避让。现如今仅仅是一个担保，还一再敲诈勒索，与民争利，与民为敌。

反观加拿大政府，仅仅是凭业绩考察和同盟国的立场，就痛快答应了担保，两者的执政理念真是有天壤之别。这也正是一个民主国家和一个专制国家最显而易见的区别。

国民政府各部门的无耻条件让卢作孚气愤至极。他一个中国人在加拿大尚且得到了礼遇有加的对待，现如今在自己的国家反倒是处处碰壁。气愤之下，卢作孚身体情况恶化，脉搏间歇症复发，同时还伴有严重的失眠症。

而就在此刻，卢作孚的民生公司依旧在以极低的运价从事大量军需运输，运费低而又不能及时付款，物价还在狂涨不已，运输成本骤然上涨，民生再次陷入了财政危机。在接连的打击下，卢作孚身体终于不支，重病卧床，差一点危及性命。

而在国民政府各部门的“一致努力”下，卢作孚的借款担保申请始终无法批复，一拖就是半年的时间。其间，卢作孚的好友张群和张公权都大力为之斡旋，后来，终于找到了一个向蒋介石进言的好机会。

张群，字岳军，是四川华阳人，早年在日本陆军士官学校留学，与蒋介石是同学兼好友。1927 年北伐时，他开始长期与蒋介石共事，20 世纪 30 年代曾任外交部长一年多，对日采取强硬态度，为国民政府历来所罕见。抗战爆发，刘湘在率军出川后病逝，便由张群接任了四川省主席。蒋介石对他深为信任，两人交情终生不渝。

张公权，是江苏嘉定人，号称“中国现代银行之父”。早年曾游学日本学习金融，1928 年起担任中国银行总裁，20 世纪 30 年代曾任铁道部长和交通部长。他是江浙财团的代表人物，亦是蒋介石甚为倚重的财政金融界巨头。

这两个人出面为卢作孚说话，分量当然不轻。此外，当时著名的化学工业实业家范旭东因病突然逝世，此事与宋子文的打压大有关系，“二张”就利用这件事做起了文章。

范旭东也是出席纽约国际通商会议的代表之一，在美期间，他与美国进出口银行谈成了一笔 1600 万美元的借款。这笔借款，同样需要行政院做担保，宋子文也是百般刁难，致使范旭东忧愤成疾，于 1945 年 10 月去世。

范旭东之死在社会上引起很大反应，重庆各界知名人士为范旭东举行了两次声势浩大的追悼会。社会上有传言称，范旭东是因借款得不到政府担保而活活气死的！

张群、张公权趁着“范旭东事件”余波未息，向蒋介石进言，说宋子文不扶助民营工业，已引起公愤，现在大家都在盛传“卢作孚也快要气死了”，政府威信低落至此，实在堪忧。

蒋介石听闻此事，显然受到不小的震动。不过震动他的不是死了一个范旭东或是将死一个卢作孚，而是宋子文在行政院的一手遮天。于是，为了适当打压宋子文，他亲自主持召开了行政院会议，专门讨论民生公司借款的担保问题。

在会上，蒋介石认真考虑了民生公司的申请，同意行政院为民生公司担保，向加拿大借款1275万加元，另外再拨给民生公司官价外汇指标225万加元。

这时，行政院秘书长张厉生在一旁连忙提醒："这是两件事情，一是担保借款，二是申请官价外汇。如果照官价拨给民生公司225万加元，政府将损失法币差价约17亿元，倘其他公司援以为例，将增加政府很多困难。"

"哦，哦……"蒋介石恍然大悟，而后说，"那么只办担保贷款部分。"

敲定之后，蒋介石特地约请卢作孚吃饭，陪座的有张群、张公权等人。席间，蒋介石对卢作孚说："政府已同意担保民生公司向加拿大借款。至于申请225万加元的巨额外汇，目前尚有困难，可否由政府向民生投资法币16亿到17亿元？"

蒋介石这看似轻描淡写的一句话，却暗藏玄机。他的意思是，拨给官价外汇可以，但差价17亿元法币是否可以作为政府对民生的投资？如此一来就暴露出了蒋介石的狐狸尾巴，看来在惦记民生公司的，除了宋子文，还有他蒋介石。

卢作孚听了，一则是喜，一则是忧。喜的是，有了蒋介石的这句话，借款担保可说是基本没问题了。忧的是，若接受了"最高统帅"的这个建议，那么民生公司就等于被政府收购了！

所谓政府，就是蒋介石。这16亿到17亿元折成股本，那蒋先生岂不是成了民生公司的最大股东？这近似玩笑的建议，却绝对不是饭桌上的笑话！过去宋子文等人入股民生公司的计划未能实现，现在由蒋介石出面来提出，该如何拒绝是好？

卢作孚略作考虑，从容答道："政府投资16亿至17亿，'民生'当然是表示很感激和欢迎。可是我想，这可能对加拿大借款有影响，因为民生向加拿大接洽借款的时候，曾经申明无官股，现在突然有了官股，而且比重很大，会引起他们的怀疑，反而对借款不利。"

蒋介石完全听明白了卢作孚的意思——话虽然说得婉转，可是柔中带刚，毫无商量余地。蒋介石一时默然，席间气氛立刻显出尴尬。张群连忙从旁圆场说："200多万加元的外汇，由民生自行设法好了。呵呵！"

蒋介石这才有了台阶可下，释然道："好，好……政府投资就不必了。"在民生公司抵制官僚资本吞并的过程中，这是最惊险的一次，好在被卢作孚机智化解。

有了蒋介石发话，事情就顺利多了。过了不久，宋子文便约见卢作孚，表示了行政院的三点意见："加拿大借款可立刻进行洽商；政府可准予担保；所造轮船全部抵押与政府。"

就在这时，加拿大政府见中国政府迟迟未对民生借款担保一案表态，便通过加驻华大使馆电询中国外交部。

民生公司获此消息，生怕借款一事因拖延日久而中止，立刻呈文行政院，表示一定遵照宋子文院长的"面谕"，但对所造轮船全部抵押与政府一条持有异议，可否准予另案办理，以免加拿大政府生疑。在呈文中，对官价外汇问题则一字不提。

1945年11月20日，行政院秘书长蒋梦麟批复，民生公司向加拿大借款1500万加元，政府准予担保，并已通知外交部，告知加拿大政府。到此，担保问题才算尘埃落定。

但是被宋子文这么一拖，待到1946年底这笔借款实际投入造船时，距当初与加拿大银行签订草约已整整一年半了。在这一年多时间中，受战后通货膨胀的影响，加拿大和美国的物价狂涨不已，致使民生借到的1275万加元，以实际购买力计算已贬值20%。本来这笔款可以建造12艘轮船，后来仅仅够建造9艘了，民生公司平白无故就蒙受了一大笔损失。

早在此次借款担保事件之前，官僚资本就已经开始对民生公司下手。他们都先后提出过，要投资“民生”并且控股，让卢作孚继续做总经理，自己来担任董事长。多亏张群、张公权和交通银行董事长钱新之出面，设法阻止了他们的图谋。

1944年，四大家族的另一位重要人物孔祥熙，几次企图通过收购民生公司内部股票的办法，来达到控股民生的目的，但屡遭挫败，不禁恼羞成怒，于是发动其御用报纸《时事新报》和《国民公报》对卢作孚大肆诋毁，又在行政院院务会议上亲自出头，欲对民生公司进行刁难。

民生总公司协理邓华益等人激于义愤，通过36集团军总司令李其湘向蒋介石告了御状。蒋介石遂对孔祥熙、宋子文企图染指民生公司的行为进行了严厉训斥。

至于蒋介石本人，早在抗战初起时，就想把民生公司置于政府控制之下。1938年在抢运汉阳兵工厂器材之际，他就以统一调配运力为名，下令民生公司把全部轮船交给军政部直接管理。

卢作孚马上作出反应，迅速编制了抢运计划，承诺由民生公司包运所有撤退物资，运费只收平时的1/10。同时，通过张公权向军政部长何应钦进言，提醒说，军政部并不熟悉航运业务，若直接控制船只，只恐导致撤退计划延误。而且，军政部若将船收走，无异于迫使民生公司破产，假如工人闹起来，舆论上也难于应付。何应钦遂将这些意见转告给了蒋介石，蒋介石经过权衡利弊，才撤销了已下达的命令。

这些风波，在民生公司的发展史上屡次出现，令人防不胜防。可见当时的社会，难有民营资本的广阔发展空间。一个本该保障民族资本主义健康发展的政府，却处心积虑，要吞掉一切稍有生机的民营企业，垄断一切优良资源，用以牟取官僚家族资本集团的最大利益。

新的希望

尽管困难重重，但是终究被卢作孚一个个克服。随着抗战取得胜利，卢作孚看到了美好的未来。不过，尽管赶走了日本侵略者，但卢作孚的压力却没有减轻丝毫。

抗战期间，作为大后方的四川集聚了众多人员和物资。随着抗战的胜利，这些从全国各地聚集的人员和物资则又需要及时运送出川，以便以最快的速度投入到各地的战后重建工作中去。而四川与外界的交通要道当时只有长江，于是，民生公司又一次迎来了海量的运输任务。

抗战胜利后这一时期的运输任务，其紧张程度不亚于抗战初期的抢运任务。据估计，当时大后方亟待乘船东归的人员，约有300万人之多。大后方众多人员归心似箭，对阔别多年的家乡都充满了思念，对回家的渴望驱使着人们，其威力甚至超过了日本的飞机大炮。抗战的欢庆过后，急切渴望回家的人们脑子里只有一件事：买船票！

对于抗战胜利后即将面临的运输任务，卢作孚早已预料到了。当人们还在为抗战胜利欢庆时，他就已经开始研究如何应对即将到来的运输任务。卢作孚在第一时间将民生公司全体动员起来，向长江中下游沿岸各处派出管理人员和技术人员，恢复民生公司的分公司和办事处。

第一批出发的是宜昌分公司经理及职员6人，他们于9月2日即抵达宜昌，恢复了分公司业务并设立了修理厂。9月11日，民生公司的“民熙轮”开到南京，这是抗战胜利后从长江上游开到下游的第一艘轮船。在日本投降后两个月内，宜昌、武汉、九江、南京和上海的分公司或办事处就已陆续恢复，民生的“民联轮”也直航上海。整个长江的航运体系，以最高的效率得以恢复。

尽管卢作孚把民生公司的运力发挥到了最大水平，但是依旧难以满足当时的运输需求。抢购船票的人挤满了民生公司的办公室，订购船票的电话一天24小时不停地响。由重庆开出驶向下游的轮船人满为患，只要船没有到超载沉没的临界点，就会有人拼命挤上去。

为应对运输压力，民生公司又采取了分段航行的办法，小型轮船只开到宜昌，大型轮船从宜昌开往武汉，只有到南京和上海的船才可直航。这样，把急于回乡的人群分流，让他们尽快离开重庆。

1945年10月10日，国民政府第三次嘉奖卢作孚，以“在抗战期间卓有勋绩”授予他胜利勋章。就在当月，国民政府成立全国船舶调配委员会，任命卢作孚为副主任委员，负责重庆的船舶调配。卢作孚又一次肩负起了巨大的社会责任。

通过这一系列事件，可以看出做成一件事多么不容易。一个政府担保居然拖了一年多的时间，才在不得已的情况下办理。卢作孚也同时义无反顾地再次接受国民政府的任命，他也许并不是多么在乎这个职位，而是为了数以百万计思乡心切的人。

由于当时物价飞涨，民生公司极低的运输价格根本无法维持运输成本。为此，卢作孚向行政院提出涨运输费用的问题，但是，把持行政院的宋子文却一口回绝。对于民生公司，宋子文最大的心愿就是让它彻底破产。

胜利后，国民政府从敌伪手中接收了一大批船只，美国善后救济总署又拨给了中国一批美军剩余舰艇。尽管民生公司运输任务空前繁重，政府却不拨一艘给“民生”以补战争中的损失，而是全都给了招商局。而招商局为压倒“民生”，更是轮番使用压价竞争、垄断货源、高价挖人才等各种手段，欲将“民生”逼到绝境上去。

但是，卢作孚不是轻言放弃的人，也不是这些官僚可以轻易打压的人，他以顽强的毅力和超常的能力在逆境中冲破重重阻碍，继续发展他伟大的事业。

1946 年初，出川的运输需求基本恢复到正常水平，一切都步入正轨。卢作孚随即开始扩展海运的计划。卢作孚开通的第一条海上航线是“上海—基隆”航线，当年 8 月底，“民众轮”成功首航台湾基隆，10 月底又由基隆开往天津，开辟了北洋航线。到 12 月，民生公司已相继在基隆、香港、广州、天津等口岸设立了办事处。这次，卢作孚的海运计划得到了初步的实现。

就在卢作孚忙于开通海上航线时，国民政府终于给民生公司在加拿大的借款办理了担保。得知这个消息，卢作孚欣喜异常，他最大的担忧总算是解决了。很快，卢作孚便带领民生公司的工作人员前往加拿大实施造船计划。

然而，到达加拿大之后，卢作孚因劳累过度，旧疾复发，不得已只能先行回国。由于时间拖延长达一年半之久，当民生公司的人员到达加拿大开始协商贷款造船时，原定的协议又出了问题。中国政府的拖延让加拿大方面决定调整协议，许多问题都要再次协商。不得已，原本在国内的卢作孚只得再赴加拿大。

尽管卢作孚此次在加拿大是第二次和银行谈判，谈判的银行也是之前已经达成协议的银行。但是国民政府的拖延引起了加拿大银行的顾虑，此次谈判再也没有之前那样顺利了，谈判成了一场苦战。就这样，双方你来我往，直到一个多月之后，才达成了协议，于 1946 年 10 月 30 日在蒙特利尔正式签约。中国驻加大使代表中国政府为民生公司向加拿大政府做了担保。随后，加拿大政府为民生公司向加拿大方面的银行做了担保。至此，贷款手续全部完成。

签约完成之后，卢作孚立即就开始了和造船厂的谈判。由于前期国民政府长达一年半的拖延，当贷款协议最终签订时，加拿大物价已经比之前有了大幅上涨，原定建造 12 艘轮船的钱，现在只够造 9 艘。经过协商，民生方面决定建造 5000 马力的大型客轮 3 艘，分别命名为“虎门”、“玉门”和“雁门”；建造 2400 马力的中型客轮 6 艘，分别命名为“荆门”、“夔门”、“石门”、“剑门”、“龙门”和“祁门”。

这批船承载着民生公司在未来的希望，卢作孚对这些船寄予厚望，他计划用这批船再次创造民生公司新时期的辉煌。对这批船的建造，卢作孚的要求相当之高。

卢作孚要求这批船不论是设计还是装备，要做到国际领先、国内一流。仅船的设计一项就花费了35万美元。船体采用双层设计，一般的事故对船不会造成影响。吃水线以下的部分，全部采用特殊钢材建造，进一步增强船的安全性，而在吃水线以上的部分，全部采用铝材，这样就能减轻船的自重，增加运输能力。此外，船的客舱等旅客服务设施都进行了人性化设计，最大程度为旅客提供便利与舒适的乘船环境。

虽然船的建造和设计都是由外国人来完成，但卢作孚并不认为他们就一定万无一失。在设计和建造过程中，他都严格把关，认真审核。果然，在图纸设计方面，卢作孚凭借丰富的经验发现了致命问题。

他提出，如果按照原先的设计造出船来，将来驶入长江上游的激流中，船头会严重下探，这样不仅影响航速，闹不好还会沉没！承担设计的美国设计师们，认为绝对不可能出这样的问题，但卢作孚坚持不让步。他们半信半疑，决定进行模拟试验。试验结果证明，卢作孚的判断完全正确，设计方只好乖乖地修改了原方案。

修改好设计图纸，轮船的建造进入施工阶段之后，卢作孚并没有认为已经万事大吉。他又带领民生公司的技术人员，抓紧时间到各地的造船厂进行考察。

经过考察、对比之后卢作孚发现，美国制造的发动机要比加拿大的发动机好很多，不仅价格更便宜，而且更加省油、更轻便，维修也简单。而加拿大的发动机不仅昂贵，技术也较落后，维修起来也多有不便。于是，卢作孚当即向加拿大的造船厂提出要求，新船一定要用美国的发动机。对于这样的要求加拿大造船厂一开始坚决不同意，他们给出各种不能更换发动机的理由。对此，卢作孚和民生公司的技术人员针锋相对，一一反驳。最后，加拿大的造船厂理屈词穷，再也没有理由反对卢作孚的要求，只能使用美国造的发动机了。

卢作孚在加拿大商谈造船期间，他还寻找机会购买了一批轮船，为扩大的运输事业积蓄充足的力量。

二战结束后，美国军方剩余了一大批军用物资，其中不少是海军的军用船只。战争结束后，美国没有必要继续维护一个庞大的舰队，美军的军费开始大幅缩减，许多船只只能淘汰。对于这些淘汰的船只，美军要么卖给拆解厂当废铁，要么出售给其他公司改装后继续使用。当时中国和美国是同盟国，中国公司也能购买美军的淘汰船只，而且可以享受到低廉的价格。看准这个难得的机会，卢作孚花费300万美元，购买了20余艘船。其中包括大型油轮1艘、大型坦克登陆艇5艘、中型登陆艇4艘，还有尚未建造完成的驳船10艘。此后，他又在加拿大购买了3艘扫雷艇。

得到这些军用舰艇之后，卢作孚根据民生公司的需要进行了改装。其中1艘大型油轮改装成“太湖号”海轮，行驶海上航线；5艘大型坦克登陆艇改装成3000吨级的“远”字号系列货轮，4艘中型登陆艇改装成“江”字号系列，行驶沿海航线；3艘扫雷艇改装成“生”字号系列拖轮，行驶长江航线。此外，还向联合国善后经济总署购得登陆艇2艘，命名为“怒江号”、“龙江号”。

为了购买这批船，民生公司可谓是倾家荡产，公司不仅动用了抗战期间积累的100多万美元，还向金城银行借了200万美元，又出售了上海愚园路宿舍，转让了大明染织厂和恒顺机器厂的股权，以换取外汇。可以说，公司为发展海洋运输倾尽了全力。

后来，民生公司又与金城银行合作，各出资50万美元，组成“太平洋轮船公司”，民生的资金由金城银行借给，营运事务由民生公司负责。新组建的公司从美国购得3艘海轮，即“黄海”、“东海”和“南海”轮，执行中国至东南亚和日本的航线任务。

为了完成这一系列共组，卢作孚几乎耗尽了心血。就在北美期间，他因为过度操劳，脉搏间歇症又一次复发，险些危及生命。但他带病坚持，一直到把所有事务都安排妥当，才抱病回到国内。

在卢作孚的精心安排下，民生公司的发展规划得到一步步实施，战后卢作孚设想的新局面已经看到了希望，广阔的大洋即将迎接民生公司的巨轮。在经历了抗战的严冬之后，民生公司含苞待放。

11

即便是命运弄人——最后的尊严

1946年，民生公司的发展全面步入正轨。这一年在长江上，民生公司的航运业务全部恢复，同时，新的海上航线也在不断开通，新轮船也开始陆续加入到民生公司的航线中。卢作孚规划的大局已经有了雏形，接下来一切都是时间的问题。民生公司走出长江，走向世界指日可待。

然而，不论民生公司拥有多么强大的实力，它终究只是一个民营公司，面对整个国家的局势，它几乎是无能为力。对民生而言，若要发展壮大，当时最为关键的就是国家政局的平稳，这是民生公司发展的先决条件，也是民生公司和卢作孚无法掌控的一个条件。而正是这个条件，彻底改变了民生公司的未来。

风云四起

1946年6月，国共两党和平建国的谈判彻底破裂，内战全面爆发。6 月 26 日，国民党军队以 20 万大军进攻中原解放区。解放军边打边撤，冲出了国民党的包围。由此，国民党军队开始了对解放区的全面进攻，解放军进入战略防御阶段。

在东北，解放军在三下江南四保临江战役中稳住阵脚，并在夏季攻势中夺回东北战场的主动权。华北傅作义部在大同集宁战役与张家口战役中重创解放军，取得优势地位。

华东战场，解放军在薛岳的攻势下丢失两淮，但陈毅在宿北、鲁南、莱芜战役先后获胜，并在孟良崮战役中歼灭国民党精锐部队整编 74 师，张灵甫师长阵亡。

在中原战场，刘伯承在定陶战役歼灭整三师，陈赓部则围歼了胡宗南号称“天下第一师”的整一旅。

西北战场，由于得到内线情报，中共中央主动从延安撤退。1947 年 3 月 19 日，胡宗南率部攻占延安。随后，解放军连续取得在青化砭、羊马河、沙家店等地的胜利，国民党部队士气下降严重。

同时，转入山区的解放军再度使用了在土地革命战争中的运动战战略，利用国民党军队分散搜索的契机，集中数倍的兵力展开包围进攻。这种方式成为人民解放军的首要作战策略。

经过 8 个月的作战，国民党方面战斗减员约 71 万人，可用于一线作战的兵力由 1946 年 6 月的 117 个旅，下降至 85 个旅。国民党的全面进攻宣告失败。

1947 年 6 月到 1948 年 9 月，国民党军队开始了对陕北和山东解放区的重点进攻。在党中央的英明指挥下，英勇无畏的解放军战士粉碎了国民党军队的重点进攻。经过这一阶段的一系列战役，国民党军队进一步被削弱，解放军进一步壮大。随着双方军事力量的变化，解放军进入战略决战阶段，解放战争即将完成。

1948 年 9 月到 1949 年 12 月，经过辽沈战役、淮海战役、平津战役、渡江战役等一系列大决战，国民党的军事力量基本被消灭，除部分沿海岛屿以外，祖国大陆基本解放。

当国共两党在战场上厮杀时，身处国统区的卢作孚和民生公司亦在为生存挣扎。

随着内战的爆发，民生公司最渴望得到的和平环境被打破，处于国统区的民生公司再次被国民党政府征用。国民政府对轮船公司用的还是老办法，压低运费，且不按时支付。当时的燃料、五金和其他器材价格都在狂涨，等到政府支付的运费姗姗来迟时，那一点点钱，已等于废纸一堆。被迫以这样的条件从事大量军事运输，民生公司的财务状况再度急剧恶化。

内战期间，为了得到美国的支持，1946 年 11 月，国民党当局和美国签订了《中美友好通商航海条约》。条约表面上双方在对方国土范围内都享有相同的权利，但是美国是发达国家，拥有强大的海外实力，而中国是落后国家，根本无力向外发展。由于双方国力的差距，中国根本无法享受到条约中的权利。这个看似平等的条约实则又是一个变相的不平等条约。

按照此条约，中国的市场将会对美国完全开放，美国的商品将会充斥中国市场。对中国的民族工商业而言，这个条约带来的结果是毁灭性的，面对美国强大的工业能力，弱小的中国工商业将不堪一击，迅速崩溃。用不了多久，中国就会成为美国的商品倾销地，中国也将彻底丧失自己的工业生产能力，完全沦为美国的附庸。

卢作孚得知，美国政府以加强对华援助运输为名，已根据该条约向国民政府提出，要求开放南京、芜湖、九江、汉口四个内河口岸，允许美国船只自由往来。

对此卢作孚的反应很激烈，对于美国这样的要求，他坚决反对。虽然美国是二战期间的盟国，对中国抗战帮助很大，但它不能因此就在中国享有特权，损害中国人民的利益。卢作孚向国民政府提出了反对意见，国民政府却告知他，这事需要找美国海军商议。国民政府如此回复，瞬间就把其服务洋人的奴才嘴脸表露无遗。

随后，卢作孚立即去见了美国海军副司令，表明了自己的态度，坚决反对美国政府的无理要求。接着，他又联合航业界其他人士，一致提出反对，终于迫使美国政府放弃了拥有中国内河权的打算。

处理完这件事后，卢作孚又马不停蹄地赶往上海，为迎接新船、开辟沿海航线做准备。

经过周密筹划，天津和广州两地的办事处，顺利升格为分公司，青岛、福州等地也开设了办事处，有关人员、码头设施等都逐一得到落实。

至此，卢作孚已经做好了一切准备，只等在国外新订购的那批船回国实现他伟大的构想。

然而，事情并没有按照卢作孚的构想发展，当卢作孚正急切期盼他的新船时，这批新船反而出了问题。1947 年，合同规定的交船日期到达，但是，加拿大方面的造船厂却没有按照合同约定的期限造出船只。造船厂声称战后物资涨价太快，民生公司支付的款额已经无法造出合同规定的船，如果民生公司不加价，那么造船厂就面临破产，船无论如何也造不出了。

加拿大方面的造船厂拿出这样的理由，也并非是为了敲诈民生公司，当时整个国际环境的变化，导致了加拿大方面使出这样的伎俩。

第二次世界大战期间，海域成为主要战场之一，尤其是美国和日本的战争，基本都是海战。战争期间对船只的需求极大，各种与船舶相关的物资也水涨船高，始终处于高位。根据第一次世界大战后的经验，战争期间处于高位的物资，战后必然因为需求急剧降低而价格大跌。加拿大的造船厂有鉴于此，希望等战后物资价格下跌再购进造船所需物资建造船只。

然而，第二次世界大战之后，美苏冷战的局面出现了，美国为了联合其他资本主义国家共同对付苏联，大规模扶植二战中被战火破坏的资本主义国家，甚至连战时的对手日本也得到了美国的扶植。由于美国主导的战后重建规模极大，进而致使各种建设物资即使在战后也保持旺盛需求，价格也未曾像第一次世界大战后那样大跌，反而有所上涨。

加拿大的造船厂按照第一次世界大战的经验，事前并未储备造船物资，他们寄希望于战后的价格大跌，以期获得最大利润。然而，等战争结束后，他们期望的价格大跌并未出现。如此一来，他们预期中的最大利润不仅难以实现，甚至还要亏损。为了维持利润，他们便使出了这个近似无赖的伎俩，以消极怠工的态度，迫使民生公司加价。

对此，民生公司留驻加拿大的工作人员，曾多次要求造船厂方面按照合同履行相应的义务。但加拿大方面看准了软弱无能的中国政府是不会在这种国际官司中有所作为的，因而，他们对于民生公司的催促置之不理。

造船工期一再拖延，到1945年5月，造船厂的老板更是亲自找到了民生公司留驻加拿大的工作人员，要求民生公司加价30%，否则他们就宣布造船厂破产停工。这就是对民生公司赤裸裸的威胁。如果造船厂宣布破产，那么，他们不仅不需要继续为民生公司造船，还可以赖下民生公司的巨额造船款。对民生公司而言，这是致命的打击。得知这一消息后，卢作孚当即决定再次亲赴加拿大，事情到了这个地步，也只有他才能处理了。

到达加拿大之后，卢作孚立即和加拿大造船厂展开了谈判。对于此次谈判，他认为民生公司有必要做出适当让步，确实涨价的方面，就同意加拿大方面的涨价要求，不该涨价的，坚决反对涨价。为此，他们依照设计图纸，对图纸中的各个部分进行分析，反复推敲，最终对需要加价的部分评估出了相应的价格，需要再支付大约28万加元。

但造船厂方面并不同意，他们始终坚持必须在卢作孚的报价上涨价25%～30%，并且威胁如果不按照这个要求涨价，那么他们立即停工！对于加拿大方面的无理要求，卢作孚已经给予适当的让步，但他们非但没有收起嚣张的气焰，反而变得有恃无恐。他们的无理要求没有吓住卢作孚，商谈没有结果，那么就法庭上见。

对于此次与加拿大造船厂的官司，民生公司请来了加拿大政府的前财政部长作为己方的辩护律师，而造船厂方面则把加拿大总理的儿子请去当辩护律师。双方都请来了实力强大的辩护律师，这一场官司注定了会产生不小的影响。此外，作为民生公司担保方的加拿大政府也派出代表，作为观察员参加。

双方律师在法庭上各持已见，展开了激烈的辩论。然而任何一方都无法驳倒对方，辩论始终没有结果。卢作孚意识到，再继续拖延势必对民生公司造成更大的损失，必须寻找其他解决问题的方法。于是，他直接找到了加拿大的商务部长。面对加拿大的商务部长，卢作孚并没有苦苦哀求他帮助自己，而是很明确地告诉他：如果造船厂方面继续拖延，那么现在造船厂遇到的困难，在不久的将来民生公司也难以逃脱。

对于卢作孚的话，商务部长当即就听懂了言外之意，造船厂可以拖延时间不给民生公司按约定造船，那么将来民生公司也可以不按约定给加拿大方面还款！卢作孚的言外之意让这位商务部长惊出一身冷汗。加拿大政府可是卢作孚贷款的担保方，如果卢作孚不能如约还款，那么加拿大政府势必要受到牵连。同时放贷的银行也是加拿大的银行，民生公司无法及时还贷，受损的还是加拿大。此时加拿大政府还有意继续扩大中国市场，如果此事不妥善处理，势必会在中国产生不利影响，给加拿大的长久利益带来损失。

于是，加拿大政府方面当即放弃了前期的观望态度，转而积极斡旋，寻找折中的处理方案。很快，一个新的加价方案出台了，加价总额确定为240万加元，分别由加拿大政府、银行和民生公司三方分担，各负责80万加元。卢作孚对此进行了认真分析，最后同意按照这个方案加价。

面对这种棘手问题，卢作孚既没有一味退让妥协，也没有坚持己见、决不让步，而是采取了非常灵活的手段，不仅维护了公司的尊严，还减少了公司的损失，可谓是最恰当的举措。

加价之后，造船厂方面的进度大大加快。到当年9月时，已经有两艘造好的船只驶回了上海，开始了重庆到上海之间的运营。其他船只则在一年后造好，但由于战事紧张而驶往香港。

战后民生公司所面对的问题除了加拿大的造船厂之外，还有国内的招商局。轮船招商局是宋子文控制下的官僚轮船公司，因而同样从事航运业务的民生公司自然就成了招商局最大的竞争对手。为了打击民生公司，招商局借助官僚资本的特殊身份，在使用的招数方面可谓是无所不用其极。

战后，招商局凭借特殊的身份，获得了国民政府大量的补偿，轮船数量迅速增加。民生公司虽然在战时损失惨重，但是战后并未得到政府的援助。这一增一减就给了招商局十足的“自信”，他们认为自己可以很快打败民生公司，招商局总经理甚至放出话来要“吃掉”卢作孚。对此卢作孚十分气愤，他虽然一贯低调，但这次他坚决不容招商局的放肆。

一天，卢作孚见到了交通部航政司的司长李博侯，便当面质问：“招商局的人说要‘吃’我，你听到没有？他为什么要‘吃’我？民生公司在抗战时期对国家贡献那么大，招商局的贡献在哪里？我倒要看看他对我怎样‘吃’法，非要他讲清楚不可！”

对于卢作孚的发难，李博侯原以为这只是他一时气愤，并没有在意。然而，在随后，卢作孚不仅没有就此罢手，还将对抗愈演愈烈。

后来李博侯到上海出差，卢作孚便邀请他以及其他20余位上海名流吃饭，其中就有杜月笙和招商局那位要“吃掉”卢作孚的经理。

众位名流一阵寒暄之后，本以为要和和气气地开始吃饭了，不料卢作孚忽然起身，神情激动地对在座的各位名流说道：“今天承蒙诸位光临，非常感谢！这里，我要请问一下招商局的朋友，听说你们要‘吃’我？为什么要‘吃’我？必须跟我……”

众人一看这势头，知道卢作孚是要发难招商局了，当即开始打圆场，劝解卢作孚。经过一番劝说，众人明白了事情的原委，对民生公司和卢作孚都深表同情。最后，一场聚会不欢而散。对卢作孚而言，适当反击一下招商局是非常必要的，这不仅是为了民生公司，也是为了替更多的民营资本回击官僚资本。

但招商局对民生公司的打击并没有因为卢作孚的反击而停止，他们依旧利用各种手段打击民生公司。

日本战败后，被日本霸占了半个世纪的台湾回归祖国，大陆与台湾之间再也没有任何人为的阻挡，船只可以自由航行于大陆和台湾之间。当时台湾生产的糖在大陆颇受欢迎，运输糖的效益非常好。但是招商局凭借官办身份，完全垄断了台湾的糖业运输，民生公司得不到一点业务。

内战爆发以后，民生公司在长江上的轮船再次被国民政府征用，导致民生公司长江航运业务严重亏损。此时民生公司除了长江上的业务之外，还有海上业务，其中以台湾分公司的效益最好。为了弥补长江上的亏损，民生公司计划调用台湾分公司的资金。然而，当招商局得知此消息后，迅速对台湾的银行进行要挟：如果民生公司从台湾转移了资金，那么招商局也将撤走在台湾的全部资金。

台湾银行当然惹不起这个“王牌”大主顾，于是，民生台湾分公司的钱等于被冻结在台湾银行，无法汇回总公司救急。

到1947年，民生公司的困境依旧，而此时国统区的经济状况也更加恶化，物价飞涨，民不聊生，各地纷纷掀起反内战、反饥饿的学生抗议运动。

当年 5 月 4 日，由上海学生发起运动，全国各大城市学生陆续举行游行示威。5 月 20 日，南京的大、中学生也举行了声势浩大的反内战、反饥饿游行。队伍行至珠江路，遭到国民党军警的阻拦，军警以水龙、木棍、铁棒和皮鞭对学生进行袭击，打伤并逮捕多人，酿成了著名的南京“五二〇惨案”。

卢作孚听闻事件的真实情况后，心情异常沉重，他对国民党政府愈加反感。国民党在前线不断失利，在后方又大肆迫害人民，这样的执政党怎么能实现中华的伟大复兴？中国的希望在哪里？

当卢作孚在思考国家的前途时，他还要解决民生公司内部的问题。此时的民生公司除了因为内战带来的财务困境之外，在管理上也开始出现问题。

抗战期间，卢作孚多次担任公职，他将大部分精力都用在了抗战上，对民生公司的管理放松了许多。面对一个贪污腐化横行的环境，民生公司在缺少了卢作孚的严格监督后，也开始受到大环境的影响，一些不正之风逐渐在民生公司内部显现。

看到问题的苗头之后，卢作孚当即决定要进行整治，他绝对不允许令他深恶痛绝的恶习出现在民生公司。他深知贪污腐化腐蚀的不仅仅是一个人的心智，也将腐蚀整个公司乃至一个国家的根基。如果贪污腐化得不到有效遏制，那么不论是一个公司还是一个国家，都将面临灭亡的命运。

卢作孚对于民生公司内部贪污腐化的整治可谓是“稳准狠”。所谓“稳”，就是在不影响公司正常运营的情况下整治贪污腐化行为；所谓“准”，就是要有切实的证据，绝对不冤枉一个好人，也绝对不放过一个坏人；所谓“狠”，就是不论何人一旦发现贪污腐化行为，就坚决整治，绝不姑息留情。

1947年3、4月间，民生公司曾就整肃风纪问题，向员工发出两则“通函”，其一称：往者船员中有极少数分子，曾发生见利忘义之行为，如夹带黄鱼（私自招揽乘客），私设铺位，贩运私货及违禁物品，与乎聚众赌博等项，时日推移，竟及于多人，辗转传播，寖假成风，几置事业于不顾，长此以往，其后果何堪设想！

其二称：本公司在战前，赖同仁悉具事业心，洁身自好，风纪谨严。公司业务，在最困难环境中，仍能异军突起，进而执川江航业界之牛耳——（然而）公司兴隆之主要因素，所谓谨严风纪者，至今已荡然无存。言念及此，不寒而栗。

两则通函对这种风纪败坏现象感到痛心疾首，提出了极尖锐的批评。

民生公司的高层在此时还存在着派系斗争现象，不同时期加入民生的管理人员之间，因在经营战略和管理思想上的分歧，互相抱有较深的成见。

卢作孚对出身很不一样的公司高管，一律“以礼相待，用其所长”，巧妙调解矛盾，促进团队和谐。他既倚重老成持重的元老把好财务关，又欣赏少壮派的积极进取精神，使之各尽其才。为此，有人甚至送给他一个“人才鉴赏家、收藏家”的美称。

他对在“统一川江”中加盟“民生”的童少生、邓华益等人尤为重视，给予优厚待遇，倚之若股肱。民生的高层人员一般都住在公司的高级宿舍区，其小区设施堪称时尚、豪华，而卢作孚本人却从来不住在那里。他的住处总是临时租借，草草应付，只要方便工作就行。

正是卢作孚对于人才的尊重，民生公司的核心管理层始终没有动摇，即使是在民生公司最为艰难的时刻，他们也坚持和卢作孚共进退。面对国内动荡的时局，卢作孚和他们的民生公司坚信，只要挺过这段艰苦的日子，民生公司就能再创辉煌。

救船

1948 年下半年开始，解放军发起了“三大战役”并取得了决定性的胜利。退守半壁江山的蒋介石，遭到了来自其阵营内部的巨大压力，不得不在 1949 年元旦发表声明，宣布下野，蛰居家乡浙江奉化。李宗仁随即出任代总统，他一面与中共进行和平谈判，一面将行政院迁至广州，企图划江而治。

1949 年初开始，国民党海军已将长江口封锁，民生公司从加拿大驶回的第二批 7 艘新船，已无法驶进长江。国民党营垒的种种动作表明，一旦江南瓦解，其残余军队势必退守台湾。那样的话，长江下游的所有轮船也将被挟持至台湾。此时，民生公司要面对的，是公司有史以来最大的危机。

对卢作孚而言，这一时期的头等大事，就是保住民生公司拥有的 100 多艘轮船。只要守住它们，就守住了民生公司的希望。

面对时局的变化，卢作孚开始为民生公司制定应对时局的方案。1948 年年底，卢作孚在上海召集公司管理层主要成员开会，研究公司应变问题，中心议题是如何防止船被拉差或被破坏，如何维持 8000 多名职工的工资，以及如何偿还外债本息等。

大家一致认为，保船是最根本的大事，有了船，其他两个问题才有解决的可能。于是会议作出决定，凡是能出海的船和加拿大的新船，都设法集中到香港，向东南亚方向谋求出路，相机争取业务，以解决公司当前的财政困难。而能航行川江的船，要尽量集中到重庆，保住公司的根本，静待时变。至于既不能上行川江，又不能出海的一批下游船只，则视情况与国民党当局周旋，尽可能地保存实力。

后来在上海战役前夕，国民党沪松警备司令部曾下令，所有的船舶都要驶离上海，开往台湾或舟山，不能出海的都要自行凿沉，否则将派人炸毁。民生公司的技术人员就把船底的阀门打开，让船舱进水下沉，外行人看来，样子好像是沉了。等事后再把阀门关上，将积水泵出，船就会浮起，稍加修整即可继续航行。民生的员工就是这样，采取了多种巧妙的办法，在变乱中保住了一大批公司的船只。

1949 年 3 月底，民生公司的一只运油艇在镇江附近，被国民党军队扣留，同时，因安庆一带发生战事，通往上海的航线被切断。得知这一情况后，卢作孚立即在上海区公司召集在沪高层人员开会，进一步商讨对策。

在会上，卢作孚提出，以上海为中心的航运线已不复存在，民生今后的重心，一在重庆，一在香港。会议决定，当前民生公司在上海的主要任务是保住正在上海港修理的几艘主力船，同时要加强以香港为中心的海运业务，把长江中下游的船只尽量集中到重庆，各个分公司要以保存民生公司财产为主要任务。这些决议立刻得到执行，民生在长江中下游的船，开始向上游移动，沿江各口岸的机构也都投入了保护船岸设施的行动。

随后，卢作孚立刻带领何迺仁等飞返重庆，召集总公司和长江上游各港口“民生”分支机构负责人开会，部署应变。长江一线的工作安排好以后，他又迅即南下，部署广州、香港的工作。

4 月 21 日，解放军发起渡江战役。在东起江阴、西至江西湖口长达 500 公里的战线上强渡长江，于作战的第三日，占领了南京。国民党在大陆的统治宣告崩溃。困守在上海的国民党军队开始收缩防线，并向台湾和东南沿海撤退。海上逃窜，需要工具，他们强行扣留了大批在上海的轮船。

民生公司的“民本”、“民丰”、“民众”、“渠江”、“怒江”、“龙江”等轮船，均被扣留，在上海修理的“民万轮”也被抢走，由被国民党军强行征用的“民本轮”拖行出海。在驶到吴淞口附近的浦口镇时，忽遭解放军炮击，国民党军慌忙将“民万轮”放弃，驱使“民本轮”逃脱。5 月 14 日，从事沿海航行的“民俗轮”又被宁波的国民党军扣留。自此，民生公司开始了一段惊险迭出的应变历程。

上海区公司业务部经理奉命于 5 月 18 日赶到宁波，准备与国民党军队交涉放船事宜。但他到了宁波后，遍寻港口，却没见到“民俗轮”的影子！原来，“民俗轮”和民生公司其他几只被扣的主力船，都被强迫运送国民党溃兵，开往了浙江定海。

5 月 27 日，解放军攻克上海。民生公司在上海的员工迎来了解放，可是民生被扣押的几艘轮船连同随船的船员，都还漂泊在定海附近的海面上。不论是被扣留的船只还是船上的船员，卢作孚都不会置之不理。

此时，卢作孚正在广州处理广州分公司的事务。当他得知“民俗轮”等 5 艘主力船都被扣在了定海时心急如焚。卢作孚当即回复电报，要求一定要想方设法保证船员和轮船的安全，并寻找时机将船开出定海，驶往安全地带。

正当卢作孚为被国民党溃兵扣留的轮船和船员忧心忡忡时，国民党当局又来拉拢卢作孚，试图劝说他一并逃往台湾。为了表明他们的诚意，国民党方面由阎锡山亲自出面来劝说卢作孚。阎锡山第一次登门拜访卢作孚时，卢作孚外出未归，阎锡山只好留下名片，声称下次再来。果然，数天之后阎锡山又一次来到卢作孚的住所。这次他见到了卢作孚，并且邀请卢作孚出任交通部长。对于阎锡山的邀请，卢作孚婉言谢绝，对这个国民政府，他早已绝望。为了避免国民党再次来拉拢，卢作孚决定先到香港，从香港遥控处理各项事务。

到达香港之后，卢作孚一边指挥开通由香港到广州和澳门的新航线，一边通过电报时时了解定海被扣船只的动向，期间他一再要求人和船务必都要保证安全。

在卢作孚的指挥下，民生公司负责解救被扣船只的工作人员几经周转总算是到达了定海。定海所在的舟山群岛是我国最大的群岛，当时国民党在大陆大势已去，大批国民党溃兵都逃到了沿海的岛屿，舟山群岛因为面积大，所积聚的国民党溃兵更多。

民生公司的工作人员到达定海后，很快就找到了被国民党溃兵掳走的五艘轮船，这些船停在定海附近的海面上，由国民党溃兵控制着。几艘船上有船员数百人，在国民党溃兵的驱使下不得不为他们开船运货。但国民党溃兵只让他们拼命工作，却拒绝给他们提供补给。船上携带的物资很快消耗殆尽，数艘船，数百人，一时间处于无钱、无水、无粮的境地，如果再不补给，他们很快就将饿死！

得知几艘船即将遇到严重的饮食供应问题时，卢作孚当即指示民生公司在定海的工作人员，一定要为船员提供饮食。为此，他发电报让民生公司的工作人员以他的名义去找国民党方面的负责人，请他们给予援助。

对于民生公司的请求，国民党方面表示战争期间优先考虑军事需求。言外之意就是在说对于民生公司的船员他们不考虑救助。对此，卢作孚电令民生公司的工作人员，无论如何也要说服国民党方面给几艘船的船员提供饮食。于是民生公司的人员反复与国民党方面交涉，不仅要行贿送礼，还威胁说一旦船员出现意外，无人驾船，船只将就此废弃，等共军打来，无人驾船，就只能困守孤岛等死。最终，国民党方面总算是答应了民生公司的要求，给船员每人每月提供 25 斤粮食。

虽然国民党方面答应了提供粮食，但是经过层层克扣，等粮食到达民生公司的船员手中时，只剩下 80%。而且，由于战乱，岛上物资奇缺，价格飞涨，就连淡水都卖到了每吨 3 个大洋。面对如此困境，船员们只得凑钱买水。虽然困难重重，但是船员的生命总算是有了保证。把这个最危急的问题解决后，卢作孚总算是稍稍宽心了。

船员们的生存问题解决之后，卢作孚又开始制订解救五艘船的计划。他以自己的名义，给当时的浙江省政府主席发去电报，说明民生公司的船只适合在内河运输，不宜出海航行。浙江省政府主席看过卢作孚的电报后，告诉民生公司的工作人员，这件事他一定尽力帮忙。卢作孚和民生公司在抗战期间为国家和民族作出的贡献无人不知，凡是良心未泯之人皆不会袖手旁观，更不会落井下石。

尽管得到了浙江省政府主席的帮助，但是战乱期间各种事务都是杂乱无章，真正去办理时依旧遇到重重阻碍。直到一个多月之后，民生公司的工作人员才得到答复，国民党当局同意先让“民本”、“民俗”两艘船离开定海，但是只能开到台湾的基隆港，不能到其他任何港口。为了防止两船逃脱，他们还派了士兵带枪押送。不得已，卢作孚只能让两艘船先到台湾，然后再做打算，至少台湾远离战场，局势相对稳定。

但是“民本”、“民俗”这两艘船是江轮，是为了适应长江的水文特点而设计建造的，同时船上也不曾装备用来在海上航行的导航设备，也没有航海必需的航海图，而且，两艘船的船长只有内河航行的经验，之前从没有在海上航行过。在这种情况下如果要强行渡海，所要面对的风险将会倍增。但是国民党方面并不在乎要冒多大的风险，他们坚持要求把船开到基隆，即使途中沉没也好过落在“共军”手中。

虽然困难重重，但是船员信心十足，他们自信有能力航行到台湾。为此全体船员为了增加渡海时的安全性，他们加固了船体，还请来当地渔船的“船老大”担任领航。准备就绪之后，轮船便起锚出发，向着台湾前进。

其间，他们经过福州，福州民生分公司的负责人早已收到卢作孚在香港发出的电文，要求接待全体船员。船员在福州稍作休整后开始向台湾驶去。两艘江轮迎着台湾海峡的风浪驶向基隆。经过一段有惊无险的海上航行，两艘船总算是安全到达台湾。基隆办事处的工作人员也早已收到卢作孚发自香港的电报，他们接待了全体船员，并且迅速补发了船只被扣期间的全部工资。卢作孚收到人和船都安全的消息后，这才算放下心来。

船虽然到了台湾，暂时免去了毁于战火的危险，但是随着国民党军队的溃败，国民党当局开始加强对台湾的控制，台湾海峡和沿海各处海面都被封锁，任何船只的出入都需要有当局开出的通行证，否则绝不放行，若是硬闯，则由国民党的海空军将其击沉。这两艘船虽然远离了战火，但是依旧不在民生公司的控制范围内，必须离开台湾驶往香港。

卢作孚电报指示在台湾的民生公司工作人员，让他们继续以“民本”、“民俗”两轮是江轮不宜航海为由，请国民党当局放行。经过多次交涉，最终通过国民党方面一些当权人物的帮助，卢作孚总算是给这两艘船申请到了离开台湾的许可证。随后，两船再次横渡台湾海峡，平安抵达香港。至此，这两艘船才算是真正处于安全状态了。

随后，卢作孚再次派人远赴定海，寻机解救另外三艘船和船员。然而，对于另外三艘被国民党扣押在定海的船，国民党方面认为这三艘船是由登陆艇改造的，可以用作军事目的，拒绝放行，甚至还威胁要扣留民生公司的工作人员。不得已，民生公司的工作人员只得撤离，回复卢作孚后再做打算。

卢作孚再次找到国民党方面的当权人物进行交涉，声明民生公司的三艘登陆艇吨位太小，不适合航海，对于大规模军事运输业也无济于事，而且船只也由民生公司进行民用化改装，难以担任军需运输。最后，国民党方面出于卢作孚的个人影响力，不得已只得另派了一艘大型登陆艇，换回了民生公司的三艘小艇。

虽然这三艘船得以逃脱，但是在驶往台湾的途中遭遇台风，其中一艘搁浅在一处海岛，无法再用，只能弃船。最终另两艘到达了台湾，并且得到了前往香港的通行证，于 1949 年末抵达香港。

最终，在卢作孚的运作下，民生公司被国民党当局扣留的五艘船除了一艘因搁浅损失外，其余四艘都顺利抵达香港。

这时候，民生还有一条很重要的船滞留在台湾，即原来行驶上海至台北航线的“民众轮”。上海解放后，航线中断，“民众轮”遂留在台湾修理。卢作孚当然不能让它滞留在台湾，遂以开辟台湾至香港航线为由，与台湾当局交涉，使“民众轮”顺利开到了香港。

这一时期，被国民党军征用，在黄海、东海一带“打兵差”的“太湖”、“宁远”、“定远”等轮船，也都先后开到了香港。营救轮船的工作，终于告一段落。

整个营救过程，从1949年5月起，至1950年2月止，前后经历9个月时间。在此期间，卢作孚殚精竭虑、不敢松懈，每天通过无线电报遥控指挥，依靠中高层干部和广大船员的智慧，终使被挟持的船只绝大部分安全脱险。到1950年初，汇集在香港的民生轮船已有19艘了。

卢作孚考虑到，香港虽然是“安全地带”，但世事乱如麻的年头，什么事都可能发生。为防止意外，他下令，凡从加拿大驶回的新船，仍暂时悬挂来时挂的加拿大旗，其余轮船则暂挂巴拿马旗。

就这样，在卢作孚谨慎的操控下，民生公司大部分船只得以保存，这就为民生公司的再次崛起奠定了坚实的基础，但是究竟是一个什么样的未来在等待着卢作孚和他的民生公司呢？

在香港的日子

1949年夏，香港和重庆方面的局势对民生公司而言都是极为严酷的。渡江战役之后，解放军开始解放大西南的作战行动，设在重庆的民生公司总部，很可能会遭到国民党溃兵的大肆破坏，前期被集中到重庆的大批轮船都将不保。此外，当时民生公司在重庆还集中了8000名职工，在业务完全停顿的情况下，他们的生存也成了大问题。在香港方面，除了要营救被国民党当局扣留的船只外，还要偿还在加拿大的贷款和利息以及留港船员的生活问题。

香港和重庆的问题都需要卢作孚亲自处理，为此他不得不在香港和重庆之间来回奔波。不停的忙碌给他的身体带来了极大的伤害，脉搏间歇症时有发作，他的生命始终被疾病所威胁着。

就在这极其困难的时候，民生公司在重庆的仓库又遭受了一场火灾。一场大火烧毁了民生公司的四大仓库和三大趸船，仓库内的所有物资全部化为灰烬。在大火中，为了撤走装有炸弹的船只，46名民生公司的员工遇难。他们以自己的生命保卫了附近群众的生命和财产安全。

得知此事后，卢作孚立即由香港飞赴重庆亲自处理此次事故。9月21日，民生公司为在火灾中遇难的员工举行了追悼会。会上卢作孚发表讲话，说到根据调查罹难职工人数还有增加时，不禁悲从中来，泣不成声，全场1000多名职工及殉难职工眷属无不痛哭失声！追悼大会举行后的第二天，卢作孚即匆匆飞赴香港。

10月5日，卢作孚再次从香港回到重庆。此次，他在重庆停留了一个多月，主要工作是应对民生公司极为严重的财政问题。在这一个月间，他多次召集会议，提出应对策略，同时还视察了民生公司集中在重庆的轮船及岸上设施，对长江上游上百只轮船的疏散和隐蔽、对趸船驳船和岸上设施的保护等问题，都做了周密部署。他向全公司提出要求：一切船只和船员，都不要因国民党军的溃逃而遭到损失和牺牲。

10 月下旬，解放军发起西南战役，重庆指日可下。许多在重庆的民主人士为避免被无情的战火殃及，都纷纷离开重庆前往香港。到 11 月，留在重庆的知名人士已经寥寥无几。只有卢作孚为了保护好民生公司财产，不顾个人安危，坚持留在重庆不走，直至最后一刻。

亲人们都为卢作孚的安全担心。友人们都劝他赶快离开重庆，去香港暂避。到 11 月中旬，风声日紧，继续留在重庆很可能要遭到不测，卢作孚这才启程飞赴香港。

到了香港后，卢作孚把自己的住所选择在一家旅行社开办的招待所里。开设招待所用的楼房极为普通，房间装饰也是一简再简，仅仅是为匆忙的旅客提供暂住之所而已。卢作孚每次到香港，都住在这里，最主要的原因就是因为招待所便宜，可以节约经费。

在香港期间，卢作孚一直通过电报和基隆分公司以及重庆总公司保持联系，这两处发来的电报卢作孚都要当即批示回复，指挥营救这两处的船只。只有当船只安全的消息送到他手上时，他才会稍稍宽心。

卢作孚在香港期间，前期到达香港避祸的各界名流都先后离港，或是北上回归大陆，或是到欧美定居，或是流亡台湾。对于自己的归属，卢作孚心中早有打算，他所牵挂的只有民生公司，而只有大陆才有民生公司发展的空间。他一直滞留香港，是为了保住民生公司在香港和海上的一批船。如果此时他贸然北上，那么在香港的台湾特工极有可能破坏民生公司的轮船。

民生公司在香港的这批船因为战乱被切断了航线，大多数只能停泊在香港的港口。只有香港到广州和澳门这两条航线有4艘船还在定期运营，其余船只偶尔才有到东南亚的业务。这样的运营条件根本就无法获得足够的盈利，而此时民生公司除了要支付员工工资外，还要偿还加拿大方面的贷款和利息。严重的财政危机让卢作孚寝食难安。

为了解决香港的财政危机，卢作孚一方面想办法增加客源，一方面减少开支，在开源的同时也注重节流。

为了吸引乘客，卢作孚从改善轮船上的服务质量入手。他制定了更加细致入微的服务标准，并且亲自检查执行的情况。每当有民生公司的轮船到港或离港，卢作孚都要到码头检查，亲身体验船上的服务，并且征求乘客的意见和建议。

民生公司在轮船上提供的优质服务，很快就得到了香港民众的认可，他们对“民生”这个从大陆迁来的轮船公司刮目相看，给予高度评价。民生公司在香港的成功对竞争对手而言则是沉重的打击。由于民生公司的高质量服务吸引了大批客源，导致同航线上的其他轮船公司无客可运，很快陷入破产的境地。对此，卢作孚认为应当适当退让，非常时期不宜树敌过多，民生公司毕竟是外来者，若是太过强势，很可能招来当地同行的排挤。为此，卢作孚调整策略，不再对外宣传民生公司，还把最有利的航运时间让给其他轮船公司。最终，在民生公司的主动退让下，其他航运公司才有了继续生存的条件。

为了减少民生公司在香港的开支，卢作孚尽可能减少各种开销。他把公司集中到香港的技术人员组成工程队，公司需要维修的船只就由自己的工程队负责维修，如此一来就省下了去修理厂的费用，节约了大批经费。此外，他还缩减自己的花销，只在招待所住了一个很小的单间。

虽然卢作孚想方设法节约经费，但对于民生公司的员工，他却从来不实行节约政策。在香港期间，他经常到船上慰问船员，保证他们的伙食供应，为他们提供舒适的生活环境，鼓励他们坚守岗位。在这非常时期，卢作孚宁肯委屈了自己也决不让民生公司的船员有一丝委屈，此举令员工深为感动，他们面对巨变依旧不离不弃。

这一期间，他与中国共产党驻港组织保持着密切联系，经常与中国共产党香港工委书记张铁生会面。会面的地点，就在停泊于港内的“虎门”、“石门”两艘轮船上。两人往往一谈就是好几个小时，所谈的内容非常广泛，除了民生公司的前途之外，还涉及中国共产党的发展史、中国共产党对民族资本的政策主张、新中国成立之后的经济与文化建设等问题。

张铁生是一位学者型的领导，早年曾翻译过黑格尔的《历史哲学》和康德的《实践理性批判》，由商务印书馆出版，还曾写过一系列介绍康德哲学的文章。新中国成立后，历任中华人民共和国对外文化联络委员会副秘书长、亚非研究所副所长、亚非学会秘书长、中非友协副会长，西亚非研究所副所长，中国共产党中央对外联络部三局顾问，中国人民政治协商会议第五届全国委员会委员等。

在不断的会谈中，卢作孚加深了对中共当前政策的了解，并与张铁生商定了如何将滞港船只驶回大陆的大致计划。卢作孚与中共的这种密切接触，在民生公司中只有极个别高层人员知晓，其他人并不知道情况。

卢作孚居港期间，国民党方面的人士也纷纷出动，劝说卢作孚前往台湾。有一次，曾任国民政府行政院院长的张群来香港，金城银行总经理、董事长周作民请张群和卢作孚在他家里吃饭。饭后出来，张群与卢作孚同乘民生公司的车返回住处。

在车上，张群说："作孚呀，到台湾去看看吧。"

张群虽是卢作孚的多年老友，但毕竟是国民党的要员，卢作孚的心思不便向他明说，只能婉言谢绝："香港民生公司的事太多，需要处理，走不开。"

1950 年春，台湾方面的"外交部长"叶公超因事来港，几次与卢作孚见面，以"民生"的加拿大借款担保问题为胁迫、以张群、陈诚的名义为劝诱，企图说动卢作孚赴台，但被卢作孚拒绝。

其后，台湾方面即将上任的"行政院院长"俞鸿钧以及"财政部长"严家淦、台湾"省财政厅厅长"任显群，也曾先后赴港劝说卢作孚前往台湾，均被卢作孚婉言谢绝。

卢作孚当年在"少年中国学会"的会友、原"青年党"委员长左舜生，此时正在香港新亚书院任教，曾用了半天时间与卢作孚晤谈，力劝卢作孚不要去大陆。

过去在四川共过事的刘航琛，此时也在香港。他找到卢作孚，力劝卢作孚不要回大陆，说是中国共产党方面公布的 100 多名战犯名单里，恐怕就有卢兄你在里头，还是去台湾为好。卢作孚表示，台湾，绝对不会去！

1950 年初，困扰卢作孚已久的加拿大借款还款付息问题已无可回避。加拿大外交部长皮尔逊来港，在面见卢作孚时表示：加拿大3家银行借款给民生公司，是由加拿大政府担保的，如果民生公司违约，加拿大政府须赔偿3家银行的损失。

言谈之间他流露出，民生公司如到期不能偿还利息和本金，加拿大政府就要扣留民生停泊在香港的7只“门”字号轮船。这种后果，卢作孚自然不愿意见到。他开始考虑，应尽快将停泊在香港的轮船全部开往上海。这批轮船如果长时间滞留香港，前途莫测。

但事情也有另外一面，轮船驶回上海，就要通过国民党军事力量控制的台湾海峡，风险极大。如何解脱这个两难处境，卢作孚陷入了深深的思考。其时，国民党势力退守台湾、海南和东南沿海的几个岛屿，朝不保夕。为保住残存的这一点基础，国民党特工人员在香港十分活跃。香港的处境，对卢作孚来说已相当危险。

卢作孚的好友，著名的平民教育家晏阳初曾劝卢作孚去美国暂避一时。晏阳初认为美国比香港安静，卢作孚可以在那儿写自传或事业发展史，由晏阳初负责组织翻译出版。卢作孚没有同意。

事后，他就此事谈了他的看法：“去美国环境比香港单纯，作为短时间安排不失为一个方案，但我对事业负有责任，怎能丢下就走？其实只要船不受损失，我什么也不怕。”

这是卢作孚的心声，半点也不掺假。他阅尽半世纪的历史沉浮，对很多问题已然看透。此刻，他唯一牵系于怀的，就是民生公司。尽管香港码头上鱼龙混杂，不测事件随时都可能发生，但卢作孚安之若素，并未采取什么特别的防范措施，仍旧住在招待所的那个小单间里，每天到停泊在港内的轮船上去和船员们一起吃饭、谈话，日常工作一如其旧。从这一刻起，他已将生死置之度外，他的心中唯有“民生”。

从1949年11月下旬到1950年6月上旬，卢作孚在香港停留了有半年多的时间。这期间，在卢作孚的领导下，香港民生分公司的各项工作逐渐步入正轨，一系列疑难问题得到解决。此时，对卢作孚而言，也到了离开香港的时候了。

北归

1950年上半年，除西藏、台湾等少数地区外，解放军已经解放全国大部分地区。神州大地战火已熄，一个和平安定的经济发展环境已经出现，这正是民生公司所需要的。当卢作孚在香港处理民生公司的事务时，他也在时刻关注国内局势，研究中国共产党政策。

1950年3月24日，卢作孚通过民生公司在北京的代表向周恩来提出了“公私合营”的建议。卢作孚提出，政府可以作为股东投资民生公司，帮助民生公司渡过难关。但是，作为股东的政府不直接参与民生公司的经营，只参加公司的股东会议。

4月份，中共方面给了卢作孚非常明确的回复：中国共产党充分肯定民生公司对开发产业、便利交通、发展社会生产力的积极作用，欢迎卢作孚先生率领滞港船只回来参加社会主义建设。尽管当前外汇奇缺，但中央人民政府同意设法为民生公司偿付到期外债，并准备在中加建交后继续为民生公司担保。中共中央还建议，卢先生可于6月中旬回到北京，参加全国政协第一届第二次会议。

中国共产党方面的回复让卢作孚大为振奋，新政府答应帮助民生公司偿还贷款并为民生公司提供担保，这就让卢作孚最为担心的事有了着落。

很快，卢作孚离港赴京的计划就制订出来了。此次离港赴京对卢作孚而言是有相当风险的。当时退居台湾的国民党当局在香港派驻了大量特工人员，这些特工的任务之一就是监视暂居香港的社会名流，一旦发现有人有回归大陆的企图，就实施暗杀行动。在卢作孚北归之前，已有社会知名人士被暗杀。为了保证卢作孚的安全，卢作孚北归的一切准备工作，都由中国共产党驻港组织负责人张铁生秘密安排。

1950 年 6 月 10 日，卢作孚在极度保密的情况下，准备离开香港。当天早晨 7 点钟不到，卢作孚一行人便搭车离开。为了避开国民党当局特工的监视，卢作孚等人既没有搭船也没有乘飞机，而是选择了走陆路，以汽车撤离。

一行人乘车穿过九龙进入新界，在一处岔路口处，汽车停了下来。卢作孚等人迅速下车直奔停放在不远处的一辆大卡车。卡车上的人看到卢作孚等也纷纷下车，以极快的速度将卢作孚一行人的行李装车，并安排卢作孚等坐到卡车的车厢里。

很快，卡车就载着卢作孚一行人向前驶去。卡车开出一段时间后，再次停车，卢作孚等人则由卡车转移到了两辆小汽车上。这两辆小汽车一路向前，在当天中午时分，顺利到达深圳。至此，卢作孚等人的安全才算是真正有了保障。深圳所在地的县政府官员迎接了卢作孚，并且按照事先的安排将卢作孚等人送往广州，随后，卢作孚搭乘火车到达北京。

到达北京后，为了避免国民党特工破坏民生公司的轮船，卢作孚要求中国共产党方面不要公开他已经到达北京的消息。在征得周恩来的同意之后，北京的广播和报纸都没有透露卢作孚已经到达北京。随后，卢作孚作为特邀代表出席了6月15日的全国政协第一届第二次会议。

在京期间，政务院总理周恩来和副总理陈云曾经多次约见卢作孚，双方就新中国的建设问题、交通发展问题和航运问题，进行了长时间的会谈。两位中国共产党高级领导人认真听取了卢作孚对这些问题的意见和看法。有一次，时间已是凌晨两点，周恩来突然给卢作孚打电话，提出要立即约见他，有要事相商，接着就派车将卢作孚接过去，两人一直谈到天明。在此期间，卢作孚还经常受邀参加政务院召开的商讨经济问题的会议。

当月，中央人民政府还专门召开了会议，研究解决民生公司加拿大借款到期本息的外汇额度和贷款给民生公司建造铁驳船的问题，此后至1952年初，民生公司陆续获利1600万元。

卢作孚还曾两次应邀参加过毛泽东主席的宴请。一次是宴请工商界有关人士，一次是宴请西南地区民主人士。两次宴会，卢作孚都与毛泽东同席，且被安排在紧靠毛泽东的座位——毛泽东对于与自己同龄的这位民族实业家，有着极好的印象。

此外，时任中央人民政府副主席、中国人民解放军总司令的朱德，也专门在中南海宴请卢作孚，有贺龙、吴玉章、孙越崎等人作陪。孙越崎后来回忆说："席间，作孚先生畅谈了解放后西南地区经济发展的意见，高瞻远瞩，长策在胸，谈得朱总司令、吴玉章同志、贺龙同志等满座欣然。"

中共中央西南局第二书记、西南军政委员会主席刘伯承从西南来北京，曾在颐和园设宴招待卢作孚。卢作孚与刘伯承早年即相识，阔别多年，如今算是故友重逢，两人聊了很长时间。

卢作孚与中国共产党高层会谈的一个重要议题就是民生公司的公私合营问题。卢作孚提议将民生公司交给政府管理，但是交通部不同意卢作孚的提议，只同意尝试公私合营。关于民生公司进行公私合营的问题，经中共中央和毛泽东决策，中央人民政府正式表态，同意接受卢作孚的请求。

7 月间，中央政府交通部派出代表与民生公司的代表协商签订了《民生实业公司公私合营过渡办法》，规定由人民政府派出 7 名公股代表参加民生公司常务董事会，董事会负责清理股权及资产、清理债务、精简机构、配合政府航运计划、调整劳资关系等。

对于此次会谈，交通部并没有拿出具体的公私合营方案，而是告知卢作孚，由民生公司提出公私合营的具体方案，可多至 8 个方案，再由交通部研究决定采取何种方案，并修订其内容。卢作孚不曾想交通部的想法会如此简单，只得按照交通部的要求开始拟订公私合营的方案。

当交通部的代表拿到民生公司的公私合营方案后，给出了回复。交通部表示，卢作孚仍回民生公司任总经理职务，一切人事、行政大权仍由卢作孚主持，交通部只派公股代表 3 人到民生公司，不参加行政工作，属于观察员身份，顺便了解和学习业务，至 3 个月后才可能参加部分工作。交通部代表声明，这种决定显然为了使卢作孚能大胆负责进行工作而不受干扰，是完全相信他、支持他的一种安排。对于这个会谈结果，卢作孚颇为满意。

然而，尽管卢作孚和交通部签订了白纸黑字的合同书，但当交通部的代表接触了民生公司之后，他们的一切行动都不再与合同有关。他们以政府代表的身份对卢作孚进行“夺权”，彻底改变了民生公司维持了数十年的管理体系。但卢作孚此时完全无法预知会有这样一个结果。

1950 年 8 月 10 日，卢作孚与中央交通部部长签订了《民生实业公司公私合营协议书》，就清查股权、清理资产、筹措借款、整顿业务、精简机构、节约开支等各项事宜达成协议，确定了民生公司公私合营的具体过渡办法，启动了“民生”公私合营的程序。由此，民生公司成为共和国第一个公私合营企业。民生公司的公私合营办法，为中国共产党方面接收和容纳民族资本提供了一个模式化的范本。

卢作孚在京期间，周恩来向他提出，希望他统管中央交通部的负责工作，出任中央人民政府的部级领导职务。周恩来的这个提议，显然是中共中央的意见，极富有诚意。卢作孚向周恩来表示：自己创办和经营民生公司几十年，有许多工作还待处理，需要回重庆做一些安排。这是非常合乎情理的要求，民生公司经过 3 年的内战时期，很多问题积累下来未能处理，值此百废待兴之际，卢作孚唯有先处理好民生公司的问题，才能考虑其他事情。

处理完北京的事务之后，卢作孚便返回重庆，着手处理民生公司的问题并实施公私合营。回到重庆以后，按照事先制订的计划，经周恩来同意，在卢作孚的亲自指挥下开始将滞留在香港的轮船转移到大陆。

最先从香港返回大陆的，是“怀远轮”和“宁愿轮”。两船趁国民党方面尚未摸清香港民生船只的动向之时，佯称要运货去韩国仁川港，分别于 1950 年 6 月 7 日、9 日驶离香港，绕过被国民党海军封锁的台湾海峡，在途中折向上海。为了保密，两船的航行情况，香港民生公司不发电报、不打电话，而是直接派人去上海，通告上海区公司负责人，再报告当地政府做好接应。

紧接着，“民众轮”又以开往韩国为名，于6月13日在香港结关。按规定，该船应在中午离港，但船员们故意拖延，迟至深夜，突然驶离，在极端恶劣的天气条件下，强行通过台湾海峡。其间，海上突然出现多盏探照灯直射船身，船长临危不惧，命令船只靠近台湾沿岸行驶，使国民党海军产生错觉，以为是驶往台湾的船只，于是放行。到次日拂晓，该船已远离台湾岛，立刻转向驶往长江口，绕过国民党残军占据的沿海岛屿，通过水雷封锁区，于18日驶抵上海。

这期间，卢作孚夜不能寐，随时与上海民生公司和香港民生公司保持着无线电联络。他根据几艘船的航速，不断估算着北归船舶航行的位置。当这3艘船终于先后抵达上海时，卢作孚兴奋异常。

但第4艘船在北归途中出了问题。这艘船是“太湖轮”。“太湖轮”于6月下旬从印度驶抵香港，6月21日，该船满载为公司购置的五金器材，仍是以开往韩国为名，做好了北驶上海的准备。不料，船上的三副叛变，将该船的北归计划向台湾当局做了密报。6月22日凌晨2点，“太湖轮”刚一开出香港水域，就被国民党海军拦截，劫往台湾高雄。后来，船长被台湾当局判处10年徒刑。除三副等3人外，其余船员被国民党军押赴汕头海面放逐，由我沿海军民救回。

“太湖轮”被劫事件，对民生其余的滞港船只和船员安全也造成了重大威胁。其时卢作孚尚在北京，得知消息后十分焦急。他向中国共产党方面报告以后，命令停止执行向上海发船的计划，改为向广州发船。

计划调整后，从当年的7月31日起，到10月12日，民生公司在香港的“怒江”、“渠江”、“民俗”、“民本”轮相继开回广州。

当时香港的殖民地政府对中国的新政权抱有敌意，因此，如果不是正常营运，港英当局一般不准船只直接驶往大陆。其中“渠江轮”从香港驶出，直奔我方边防站，在途中遭遇一艘驻港英军的巡逻炮艇，询问开往何处，并企图拦截。“渠江轮”未加理会，而是全速前进，巡逻艇紧追不舍，眼看就要被追上。所幸此时离我方边防站已经很近，“渠江轮”立刻升起五星红旗，英军巡逻艇不敢再追，遂掉头离去。

另外，滞留在香港的7艘“门”字号加拿大造新船，也巧妙地归来。

民生公司那时有香港至广州的例行航线，每天有两只小型“门”字号轮船对开。有一天，一艘轮船开抵广州后声称“发生故障”，请求留在广州“修理”。香港公司焉有不允之理？随即派出另一艘新船顶替。过了不久，第一艘轮船还没有“修理”好，第二艘轮船又报“故障”，留在广州“修理”。香港民生公司又派出第三艘小型“门”字号顶上。某日，两艘尚在港穗间对开的轮船突然在广州宣布停航。这样，“石门”、“剑门”、“龙门”、“祁门”四艘小型新造轮船，就全部安然返回广州。

留在香港的还有三艘大型“门”字号新造船——“虎门”、“玉门”和“雁门”，本是行驶香港至澳门航线的，在载客到澳门后，在返程中按惯例要经过广州。实施北归计划后，这三艘船均从澳门空船返回，驶到广州就不走了。

当时，美国右翼势力与加拿大在野党进步保守党，正胁迫加拿大政府起诉民生公司，并企图通过港英当局扣押7艘“门”字号新船。民生公司便佯称，因船员抗议加拿大政府企图扣船而罢工，船已无法驶回香港。加拿大驻香港高级专员公署看到大势已去，也无可奈何。

就这样，经过一年的努力，民生公司在海外的轮船，除“平远轮”长期被国民党军扣作军用、“太湖轮”被劫之外，共有18艘滞留香港和在海上的海船，在卢作孚亲自指挥下顺利返回大陆。这批船只，当时价值2000万美元，而当时的黄金官价为每盎司（28.350克）35美元。无疑，这是一笔巨额的财富。

经由卢作孚的努力，民生公司和新成立的中央政府达成了合作协议，同时，民生公司的在外船只也陆续返回大陆，安全得到了保障。在卢作孚看来，民生公司已经渡过了最大的难关，完成公私合营之后，他就可以再次带领民生公司创造新的航运奇迹。

最后的尊严

1950年10月，回到重庆后，卢作孚的生活开始趋于平静。此时没有了纷飞的战火，没有了气焰嚣张的外国轮船，也没有了肆无忌惮的招商局，他所要做的就是带领民生公司积极融入新环境。

在他离世前的一年多时间里，卢作孚继续在为民生公司的事务操劳。每天他都早早的起床，坚持步行到公司上班。公司考虑到他的年纪，就提议给他配车，每天接送他上下班。但卢作孚不同意，他觉得当前国家刚刚从战乱中走出来，还很不富裕，应该能省即省，把有限的资源用到国家的建设上来。

在公司忙碌了一天的卢作孚晚上回到家里依旧放不下公司的事务，仍是不停地往公司打电话，草拟信函，忙碌一如往时。那时，卢作孚新调来的通讯员关怀也住在卢作孚的家里。关怀是广东人，他给卢作孚当通讯员的时候只有18岁。卢作孚对这个年纪轻轻便远离家乡的孩子很是照顾，他时不时会挤出一些时间教关怀学文化。

这一时期，卢作孚生活中的另一大乐趣就是和自己的孙辈们在一起玩乐游戏，尽享天伦之乐。卢作孚与夫人蒙淑仪育有三儿两女：大儿子卢国维、二儿子卢国纪、小儿子卢国纶以及两个女儿卢国懿与卢国仪。5个子女再为家族添丁加口，卢作孚的孙辈有16人。每当闲暇，卢作孚便会逗孙子孙女，此时往往是他最开心的时候。

每到周末，卢作孚还主动学习中国共产党领导人的著作。当时在重庆大学读书的三儿子卢国纶周末会回到家中，卢作孚就和他一起学习毛泽东的《矛盾论》、《实践论》。此外，卢作孚还抽时间阅读当时国家干部必读的13种书中的《社会主义经济建设》一书。

在重庆期间，卢作孚还多次受邀飞赴北京参加政府会议。每次开会卢作孚都会根据自己的经验，为国家建设献言献计。

1951年2月27日，重庆郊县开始进行“土改”。卢作孚在中国共产党重庆党组织的安排下，到川南去参加了土改运动。此次“土改”旨在实现“耕者有其田”的目标，政府没收地主阶级多余的土地分配给无地和少地的农民耕种，此举赢得了广大农民对新政府的大力支持。经过土改运动，卢作孚对中国共产党的认识进一步加深，这的确是一个值得信任的为民谋利的政党。

1951年10月23日，全国政协第一届第三次会议开幕，已增补为全国政协委员的卢作孚参加了会议。这一次在北京，周恩来在与他见面时再次提出，希望他担任中央人民政府交通部领导职务，并希望他就此留在北京，无须再回重庆了。甚至卢作孚在北京的长期住处，周恩来也为他物色好了。卢作孚接受了周恩来的建议，但提出，准备再返回重庆一趟，将民生公司最后的遗留工作处理完。周恩来同意了卢作孚的请求，并约定不久后在北京见。卢作孚即于1951年12月20日回到了重庆。然而，世人不曾想到，卢作孚此次离京，竟然是永别，他与周恩来的约定再也无法兑现。

1951年12月28日，由公方代表、上级部门代表和私方代表组成了民生公司民主改革委员会，卢作孚任主任委员。这个委员会的任务有两个，首先是清查民生公司内的官僚资本，总计有29.48%，将其收归国有，成为公股的一部分。其次，是协助落实国家对民生公司的资金扶助。在这个关键时刻，卢作孚在对公私合营的理解上，与公方代表发生了严重分歧。

卢作孚提出的公私合营和中共中央提出的公私合营思想并不是同一概念。卢作孚希望政府作为公股，投资民生公司以使之渡过难关。公股代表只是参加董事会，并不直接参加公司的行政工作。而中共中央提出的公私合营不仅仅是要入股民生公司，公方代表除了参加董事会之外，还要参与民生公司的管理，全面领导民生公司，用一种全新的体系改造民生公司，让民生公司成为国家的民生公司而不是卢作孚的民生公司。

双方在公私合营的问题上分歧巨大，卢作孚感到事态的发展已经超出了他的预期，甚至完全不在他的控制范围内了。中共中央在新解放区以秋风扫落叶之势大举开展土改运动，这已经让卢作孚充分认识到了中共中央的决心和控制力。现在民生公司在改革方向上与公方代表产生了如此巨大的分歧，他卢作孚有能力消除这些分歧吗？

正当卢作孚和公方代表商讨如何解决分歧时，一场全国范围内的政治运动开始冲击民生公司。

新中国成立之初，中共中央判断，有不法资本家为了牟取暴利进行违法活动。在资产阶级的腐蚀和影响下，政府机关里的贪污、浪费、官僚主义现象严重滋长，有的干部堕落变质。在1951年10月开始的增产节约运动中，揭发出大量的贪污浪费现象。

12月1日中共中央作出《关于实行精兵简政、增产节约、反对贪污、反对浪费和反对官僚主义的决定》；12月8日，又发出《关于反贪污斗争必须大张旗鼓地去进行的指示》。从此，“三反”运动在全国展开。在“三反”运动中，又揭发出资产阶级不法分子同国家机关中的贪污分子密切勾结、从事犯罪活动的严重情况。1952年1月26日，中共中央发出《关于在城市中限期展开大规模的坚决彻底的“五反”斗争的指示》。2月上旬，“五反”运动首先在各大城市开展起来，并且很快形成高潮。

“三反”、“五反”运动的具体程序，基本上是按照“土改”的运作模式——派工作队、发动群众、开斗争会、审查、勒令交代、退赔，触犯法律的判刑。很快，民生公司也被这些政治运动所冲击，在公股代表的领导下，民生公司内部也展开了激烈的“三反”、“五反”运动。运动中，民生公司的部分高层相继被清洗。

1951 年 3 月 28 日，民生公司业务处经理邓华益在公司人事清理中以“年老体弱”为由被遣散，并被强令搬出民生新村。

邓华益，四川重庆人，出身贫苦，早年曾在英国洋行当买办。1927 年，在全国反帝高潮中，他买下洋行的两只轮船，自己创立了九江轮船公司，成为重庆航业界的翘楚。1931 年民生公司计划联合川江上所有的华轮公司，共同对抗强势的外资轮船公司，因各华轮公司猜忌心重而难以联合，其中实力最强的九江轮船公司率先加盟民生公司，为“统一川江”运动立下大功。邓华益不仅把全部家产投入“民生”，他本人也担任了民生航业部经理。

此人为民生公司贡献不小，是民生公司的有功之臣、重要股东和高级管理人才。卢作孚对他一向是敬重有加。当得知他要被清洗时，卢作孚据理力争，最终为邓华益保留了住房，不至于全家流离失所。

民生总公司主任秘书、公司的元老级人物郑璧成，也曾于 1950 年一度被拘押，原因是“因不得已之原因，保存战犯杨森衣物”。

在“镇反”运动中，民生机器厂厂长陶建中亦被错误镇压惨遭枪决。陶建中是民生公司第一艘船“民生轮”的首任船长，深受卢作孚器重。此事对卢作孚刺激极大。

卢作孚向来重情重义，始终与民生公司的同事同甘苦共患难，如今看到昔日共同创业的朋友屡受冲击，内心有不能排遣的负疚感。

面对公股代表对民生公司高层的大清洗，卢作孚坚决反对，双方矛盾异常激烈，始终僵持不下。为此，卢作孚承受着巨大的心理压力和政治压力。

在应对日渐剧烈的政治运动的同时，卢作孚还要面对民生公司的财政困境。由于公私合营以及政治运动，民生公司的航运业务恢复速度远远低于卢作孚的预期。抗战胜利后他在半年内就恢复并扩大的航运业务，此时已一年有余，仍不见有复苏迹象，公司财政愈加困难。此刻在新环境里，原有的金融界友人已经不复存在，卢作孚唯有向中央政府求援一条路。尽管中央政府答应援助民生公司1000万元，但是由于中共中央决定开展针对资本家的“五反”运动，所有对资本家的资金援助全部暂停。财政困难让民生公司面临破产的危险，卢作孚的压力又加重一层。

卢作孚所面临的压力已经极大，但是事情并没有就此完结。1952年2月5日，民生公司的川江主力船“民铎轮”在丰都附近水域发生事故触礁沉没。2月6日卢作孚亲赴丰都察看，处理善后。当时发生事故的船只远不只这一艘。据《民生公司史》统计，1950年至1952年8月，发生海损事故502件，死亡232人，比战争时期的损失还要大。到最后，甚至隔一天就发生一次海损事故，令人惊心。

事件刚一发生，就开始有传言说此次事故是国民党特工破坏所致。更有传言说卢作孚身边潜伏有大量国民党特务。关于特务的传言令民生公司上下人心惶惶，人们都开始猜测卢作孚身边的这些人谁是特务。原本相互信任、彼此依靠的同事，瞬间成了相互猜忌、彼此提防的敌人。对此，卢作孚无能为力，那几天他守着电话疲惫不堪，通宵睁着眼睛无法入眠，不时喊着公司某几位高级管理人员的名字，情绪极为紧张焦躁。

事实上，事故频发的根本原因是因为政治运动过于频繁，冲击了民生公司正常的业务秩序，导致管理松懈，进而安全事故频发。当时人民政府对国民党残余势力的清剿早已结束，国民党特务在人民群众雪亮的眼睛下根本就无处藏身，何来大量特务之说？

事态还在进一步恶化，最猛烈的暴风雨终于直接降临到卢作孚身上。

2 月6 日，上午 8 点半至中午 12 点，在民生公司资方代理人学习小组会上，卢作孚第一次当众做检讨。

在检讨会上，一生清廉的卢作孚，不得不按照当时的标准，牵强附会地检讨自己在北京应酬请客吃饭、请人看戏、出差住酒店等，是“浪费”、“公私不分”和“旧生活方式”。尽管如此，在言辞之间仍能感觉到他的困惑、压抑与不平之慨。他万万不曾想到，自己英雄暮年，竟然会落得要为看戏吃饭此等琐事检讨的境地。

当天下午，卢作孚前往“民铎轮”失事现场，他望着滚滚江水与破损的轮船，沉默良久。

回到公司，他立即吩咐下属核算公司当月收支情况。民生公司1951 年全年亏损339. 7 万元，1952 年1 月的情况大概也不会太好。计算结束，卢作孚一掌击在桌上，叹一口气，说了一句：“把门关了来搞‘三反’，搞了再开门!”他对公司的经营状况，显然已几近绝望!

2 月8 日上午，由民生公司海员工会发起，召开总公司“三反”动员大会，会议主题是揭发资方腐蚀国家干部，公司高级管理人员坐在台下第一排。工会的意见是，请卢先生来听一听，但卢作孚却被特别安排坐在第一排的正中间的一个沙发上。

在会上，公股代表、民生公司党委书记张祥麟带头做检查，内容是与卢作孚一道赴北京出差时，曾和卢作孚一起去吃饭、洗澡、看戏等。张祥麟检查后，是自由发言程序，有多人在会场上揭发，发言内容有些杂乱。

突然，卢作孚的通讯员关怀在会场大声揭发说，张祥麟在北京时，接受“他人”请吃饭、请看戏，是受了“糖衣炮弹”的袭击，是受了“资本家”的拉拢腐蚀，他还严厉追问张祥麟：“还有什么问题没有交代?”关怀虽然是在“揭发”张祥麟，实际上是暗示卢作孚向公方代表行贿。

此言一出，会场情绪骤变，有人多次带头高呼口号，气氛十分紧张。他虽然没直接点卢作孚的名，但他说的“他人”所指是谁，全场人都清楚，这使坐在台下前排的卢作孚十分难堪，脸色非常不好。

当时关怀给卢作孚当通讯员已有一年时间，这一年来卢作孚让他住在自己家里，还时常教导他学习知识，对他可谓是仁至义尽。然而，就在2月8日大会的前几天，这个19岁的孩子无缘无故地忽然就搬出了卢家。初时，卢作孚不以为然，直到此刻，卢作孚才意识到他搬走的原因，这看似突然的事件，其实并非突然。

那么，卢作孚向公职人员究竟行了什么贿呢？根据张祥麟回忆，关怀在大会上所揭发的“公股代表受贿”一事，实际上是指在北京期间，卢作孚住在东安市场附近一座楼里，张祥麟去和卢作孚谈工作、谈事情，到了吃饭时间，两人一起吃了顿便饭，吃了烧饼，喝了豆腐脑。关怀当场虽没有提卢作孚的名字，但严厉批判“这就是浪费”。

当时，会场上不断有人带头喊口号，群众的情绪很快被点燃，一时间群情激奋，口号震天。台下不断有人要求张祥麟检讨自己的“浪费行为”，却对他究竟浪费了什么毫不关心。在巨大的压力之下，张祥麟不能辩解，只好在大会上继续检讨，说民生公司有时候开会，比如开股东大会时请客吃饭，是一种浪费；还说他与卢作孚在北京一起去洗澡，一起到万寿山逛了一回，是属于“公司浪费行为”，但他并没有说当时是卢作孚付的账，大概算是替卢作孚挡了一下。

会后，卢作孚把关怀找到办公室谈话，劝导关怀发言要负责任，应该实事求是，无中生有的话不要乱说。但关怀拒不接受卢作孚的劝告，有恃无恐，态度非常不好，这对卢作孚的糟糕心情无异是火上浇油。

关怀这个当时只有19岁的孩子为什么会在那样紧张的政治运动中有如此行为，现在已经无法考证。在毫无凭证的情况下我们不能妄言他就是受人蛊惑，或许是只有19岁的他原本就有这样的心机？或者对关怀而言，卢作孚用自己的工资请人吃几个烧饼喝几碗豆浆就是浪费？事情的真相是怎样的，我们将永远无法得知。而前前后后一系列巨大的压力以及关怀的“大义凛然”行为让卢作孚彻底地绝望了。

对于卢作孚的死，卢作孚的儿子卢国纶曾这样说过：“父亲一生光明磊落，洁身自好，对旧社会奸商拉拢贿赂官员、贪污舞弊的行为一向深恶痛绝。此刻，他很难理解用私人工资收入招待同事这样的正常交往怎么就成了腐蚀干部？他身边的工作人员怎么会如此对待他？父亲是一个视人格尊严为生命的人，这样无端的侮蔑和侵犯，他绝对不能接受。可以说，2 月 8 日的大会对于父亲是一个极大的刺激，直接成为他当晚自尽的导火索。”

2 月 8 日上午散会后，卢作孚继续照常上班，下午处理了一些日常事务。傍晚时，他下班回到家里。当天下午卢作孚的夫人外出参加政府组织的妇女会议，直到晚上 7 点多钟才到家里。

到家后，厨工对卢夫人说，卢先生回来时，对他和保姆交代说要睡一下，招呼孩子们不要吵闹，也不要唤醒他。说完就进入卧室，关上房门睡了。

卢夫人问睡了多久，厨工答道，约摸有一个小时。卢夫人考虑到近来卢作孚过于劳累，难得有这样的机会休息，便认为这个情况完全正常，并没有意识到会出事。她还叮嘱孙子孙女保持安静，让爷爷好好睡个觉。

又过了半个多小时，到了大约晚上 8 点，卧室内仍没有动静，卢夫人这才觉得不对，连忙去推门，发现里面已经闩上了。她同其余人一起大声敲门、呼喊，但室内毫无反应。

卢夫人急忙让厨工从窗口翻进去，打开了门。众人进了卧室后，见卢作孚仰卧床上，呼吸极度微弱，床头柜上有两个小空瓶。

卢夫人一看，就知道那是安眠药瓶，其中一个是平日服用的，只装有少数几片，另一瓶是深藏在一只衣箱里的。再看那只衣箱已被打开，里面的衣物也翻乱了。

这样的变故让卢夫人不知所措，她第一时间想到的就是向民生公司求助。然而，电话打了数次之后才有人接听。20 多分钟后，民生公司的副总经理带着公司的医务人员从一公里外的公司赶到卢作孚家里。

当时距离卢家不足百米处有一家一流的医院。然而，看到卢作孚生命垂危，并没有人把卢作孚送到这家医院进行救治，而是在卢家自行抢救3个多小时。

如今在民生公司旧档案中，仍能查到一份“关于卢作孚自杀的报告”，无时间、抬头与落款。从内容看，这应该是民生公司的基层组织写给上级报告的底稿。上面清楚地写明：“八点多家人发觉，十一点我们得知，正拟急行抢救，因服毒过重，十一点四十分自杀逝世。”

一个毕生为理想奋斗，长期受人尊重，享有巨大社会声望的人，在被刻骨的绝望包围时，保持尊严和体面的道路却是狭窄又局促的。当时上海“三反”运动中，被捕的企业家有200多人，其中自杀的48人，许多人选择了最简单的跳楼方式，那些自杀未死的，未来的命运如何？我们不得而知！对于卢作孚而言，自杀对他是一种解脱，而以今人的视角去看，甚至可以说这是明智之举。当我们在为中国少了一位伟大的企业家而惋惜时，或许也要为这位伟大企业家的解脱感到丝丝辛酸的欣慰。